외국인을 위한

대학 한국어 2

비판적 읽기와 학문적 쓰기

고려대학교 기초교육원 사고와표현 교재편찬위원회

개정판

KOREA UNIVERSITY PRESS
고려대학교
출판문화원

저자 노정은
고려대학교 문학 박사
(전) 고려대학교 기초교육원 초빙교수
(현) 한성대학교 크리에이티브인문학부 한국어교육트랙 조교수

류선숙
고려대학교 문학 박사
고려대학교 기초교육원 초빙교수

박현진
고려대학교 문학 박사
(전) 고려대학교 기초교육원 초빙교수
(현) 전주대학교 인문대학 한국어문학과 조교수

오선경
고려대학교 문학 박사
(전) 고려대학교 기초교육원 초빙교수
(현) 고려대학교 한국어센터 전임강사

이선영
고려대학교 문학 박사
(전) 고려대학교 기초교육원 초빙교수
(현) 고려사이버대학교 한국어학과 조교수

이유경
고려대학교 문학 박사
(전) 고려대학교 기초교육원 초빙교수
(현) 경기대학교 융합교양대학 교양학부 조교수

한하림
고려대학교 문학 박사
고려대학교 기초교육원 초빙교수

감수 최호철
고려대학교 국어국문학과 교수

김정숙
고려대학교 국어국문학과 교수

머리말

한국 대학에 입학하는 외국인 유학생의 수가 해마다 증가함에 따라 외국인 유학생의 학문 활동과 대학 생활 적응에 대한 관심도 높아지고 있습니다. 특히 학문적인 글을 읽고 한국어로 표현하는 능력은 대학에서 공부하기 위해 반드시 필요합니다.

고려대학교 기초교육원에서는 외국인 유학생들을 위해 사고와표현 외국인특별반을 개설하여 운영하고 있습니다. 외국인 유학생들이 순조로운 대학생활을 영위하고 성공적인 학업 수행을 할 수 있도록 돕기 위해서입니다. 그간 외국인 유학생들을 위해 노력해 온 기초교육원은 이들의 기초 교양과 언어 능력을 배양하기 위해 『외국인을 위한 대학 한국어 1, 2』를 개발하게 되었습니다.

『외국인을 위한 대학 한국어』는 대학에서 갖추어야 할 교양 지식과 학문적인 담화공동체 안에서 통용될 수 있는 표현을 가르치기 위해 개발되었습니다. 이 교재의 가장 큰 특징은 비판적 사고를 위한 〈이해〉와 학문적 글쓰기를 위한 〈표현〉으로 구성을 분리하였다는 것입니다. 외국인 유학생들은 이 교재를 통해 대학에서 접할 수 있는 실제적인 텍스트로 비판적 사고를 연습하고 학문적으로 글을 쓰는 것을 배우게 될 것입니다.

이 교재는 오랫동안 많은 분들의 노력이 축적된 결과물입니다. 우선 강의와 연구를 병행하며 대학 강의 현장에 맞는 교재를 쓰고자 고심해 오신 저자들께 감사드립니다. 또한 이 책의 완성도를 더 높일 수 있도록 조언해 주신 국어국문학과 최호철, 김정숙 교수님께도 깊은 감사의 마음을 전합니다. 아울러 출판과 관련된 제반 업무를 도와주신 기초교육원 식구들과 고려대학교 출판문화원 관계자 여러분께도 큰 감사를 드립니다.

이 교재가 국내외 대학에서 한국어를 공부하는 외국인들과, 그들의 학문적 의사소통 능력 향상을 위해 노력하고 있는 교수자들에게 도움이 될 수 있기를 바랍니다.

2019년 2월 25일

고려대학교 기초교육원장 **장동천**

제1부: 이해

『외국인을 위한 대학 한국어 2』〈이해〉에서는 인문학, 사회과학, 자연과학의 주요 담론을 주제로 한 읽기 자료를 통해 대학 수학에 필요한 기초 교양을 쌓을 수 있도록 한다. 다양한 주제의 텍스트를 사실적, 추론적, 비판적, 창의적으로 이해함으로써 학문적 맥락에서의 읽기를 경험한다. 또한 전략을 활용한 읽기를 연습하고 주제와 관련된 심화 활동을 통해 사고를 확장하여 자신의 견해를 표현한다.

> **이 장에서는**
>
> **역사**는 인류 사회의 변천 과정을 기록한 것이다. 역사를 **기록**하기 위해서는 과거의 사실을 **해석**하는 **역사가**가 필요하다. 여기에서 과거의 사실을 해석한다는 것은 어떤 의미일까? 또한 관점에 따라 다르게 **평가**되는 역사를 우리는 어떻게 봐야 할까? 이 장에서는 현대를 살아가는 사람으로서 역사를 바르게 보는 방법에 대해 고민해 보자.

이 장에서는

이 장의 학습 목표를 확인한다.

> **들어가기**
>
> 1. 아래에 제시된 단어의 의미를 생각해 보자.
>
> 역사, 사실, 해석, 평가, 기록, 역사가
>
> 2. 위의 단어를 적절한 위치에 넣어 보자.

들어가기

주제와 관련된 핵심어와 핵심어가 사용된 그림을 통해 배경지식을 활성화하고 배울 내용에 대해서 생각해 본다.

> **이해하기 [1]**
>
> **1.** 역사가가 역사로 기록하는 대상은 무엇일까?
>
> **2.** 핵심어에 밑줄을 치며 글을 읽어 보자.

이해하기 [1], [2]

주제와 관련된 학문적 텍스트를 전략적으로 읽고 글의 내용을 사실적, 추론적, 비판적, 창의적으로 이해한다.

> **심화하기**
>
> 광해군은 1623년 폐위당하여 왕으로 기록되지 못하였다. 그런데 최근 광해군이
> 라마의 소재로 사용되면서 '성격이 나쁘고 악한 왕', '로맨티스트이자 백성을 사
> '독살을 두려워하며 예민한 왕' 등으로 다양하게 재해석되고 있다.

심화하기

이해하기 [1], [2]에서 이해한 내용을 바탕으로 이와 관련된 글을 읽고 주제에 대한 이해를 심화한다. 그리고 이에 대한 자신의 견해를 다양한 방식으로 표현한다.

> **자기평가**
>
> 자신이 이 장의 내용을 잘 이해했는지, 주제에 대한 이해를 확장하여 자신의 견해를 이야기할 수 있는지 아래의 질문에 답해 보자.
>
> - 역사 기록과 사관에 대해 이해했는가?
> - 글의 주제와 내용을 파악할 수 있었는가?
> - 역사를 보는 관점에 대한 자신의 견해를 말할 수 있었는가?

자기평가

이 장의 내용을 잘 학습하였는지 스스로 점검한다.

제2부: 표현

『외국인을 위한 대학 한국어 2』〈표현〉에서는 학문적 글쓰기를 위한 실제적인 방법과 전략을 공부할 수 있다. 전반부에서는 보고서의 유형과 목적을 이해하고 인용, 요약 등 학문적 글쓰기에 필요한 기술을 배운다. 후반부에서는 다양한 참고자료를 활용하여 한 편의 보고서를 완성할 수 있다.

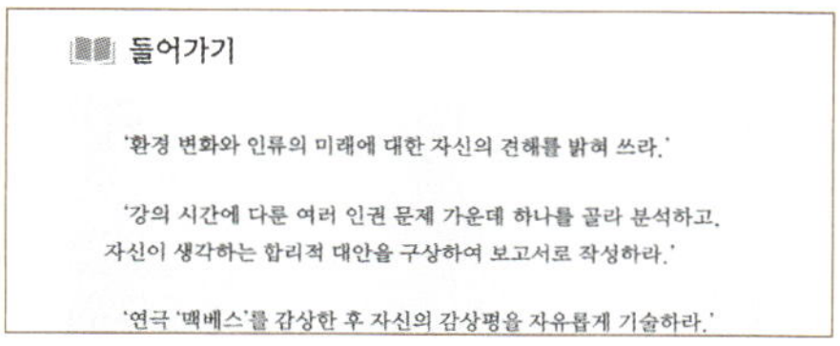
들어가기

'환경 변화와 인류의 미래에 대한 자신의 견해를 밝혀 쓰라.'

'강의 시간에 다룬 여러 인권 문제 가운데 하나를 골라 분석하고, 자신이 생각하는 합리적 대안을 구상하여 보고서로 작성하라.'

'연극 '맥베스'를 감상한 후 자신의 감상평을 자유롭게 기술하라.'

들어가기

실제 보고서 과제의 예시를 보면서 이 장에서 배울 내용이 어떤 글쓰기 맥락에 필요한 것인지 알아본다.

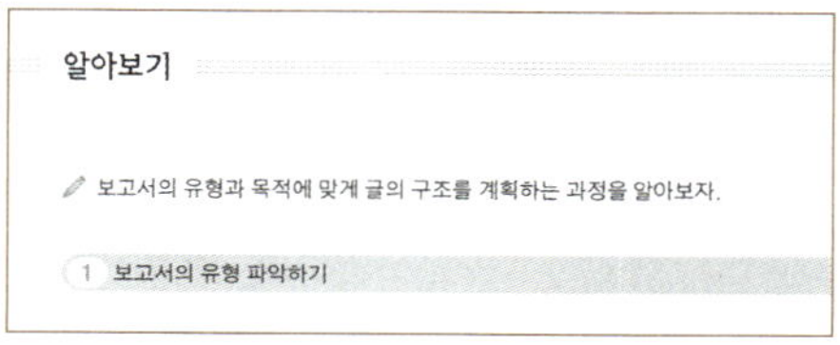
알아보기

보고서의 유형과 목적에 맞게 글의 구조를 계획하는 과정을 알아보자.

1 보고서의 유형 파악하기

알아보기

글쓰기의 절차를 알아보고 구체적인 예를 통해 글쓰기를 할 때 필요한 전략과 표현을 이해할 수 있다.

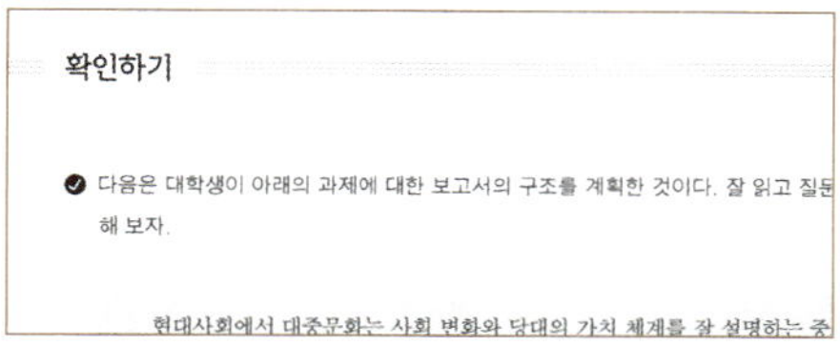
확인하기

다음은 대학생이 아래의 과제에 대한 보고서의 구조를 계획한 것이다. 잘 읽고 질문 해 보자.

현대사회에서 대중문화는 사회 변화와 당대의 가치 체계를 잘 설명하는 중

확인하기

대학생이 쓴 보고서의 예를 읽고 **알아보기**에서 배운 내용을 확인한다.

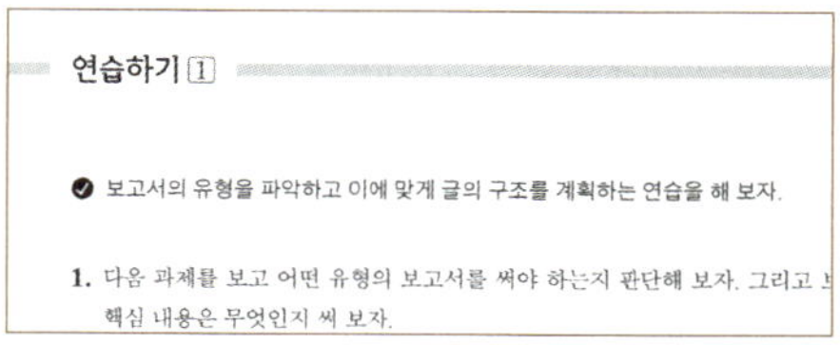
연습하기 1

보고서의 유형을 파악하고 이에 맞게 글의 구조를 계획하는 연습을 해 보자.

1. 다음 과제를 보고 어떤 유형의 보고서를 써야 하는지 판단해 보자. 그리고 핵심 내용은 무엇인지 써 보자.

연습하기 1

알아보기에서 배운 글쓰기의 전략과 표현을 단계별로 연습한다.

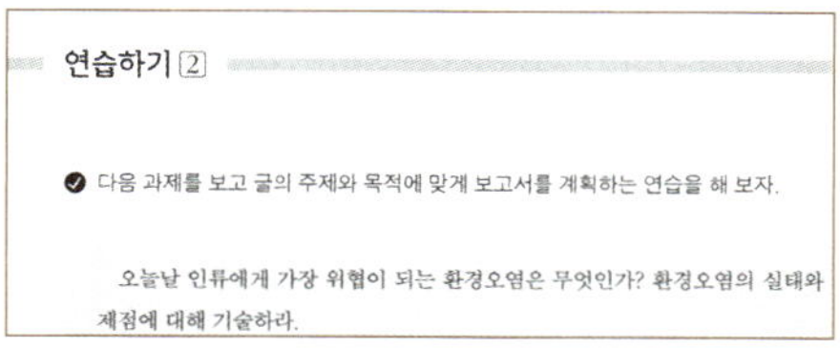
연습하기 2

다음 과제를 보고 글의 주제와 목적에 맞게 보고서를 계획하는 연습을 해 보자.

오늘날 인류에게 가장 위협이 되는 환경오염은 무엇인가? 환경오염의 실태와 제점에 대해 기술하라.

연습하기 2

알아보기에서 배운 내용을 바탕으로 글을 쓰기 위한 준비를 하고 실제로 글을 써 본다.

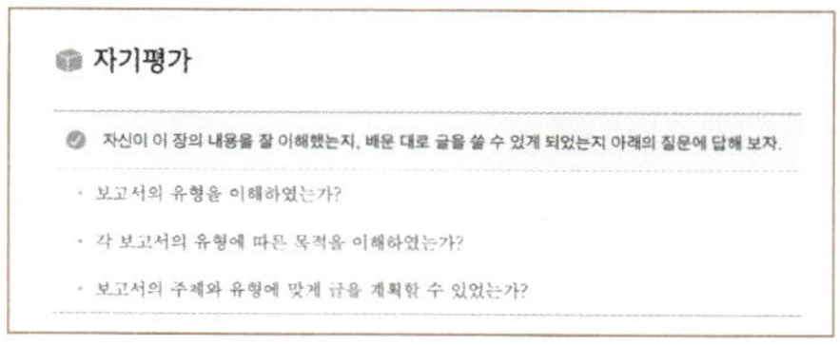
자기평가

자신이 이 장의 내용을 잘 이해했는지, 배운 대로 글을 쓸 수 있게 되었는지 아래의 질문에 답해 보자.

- 보고서의 유형을 이해하였는가?
- 각 보고서의 유형에 따른 목적을 이해하였는가?
- 보고서의 주제와 유형에 맞게 글을 계획할 수 있었는가?

자기평가

이 장의 내용을 잘 학습하였는지 스스로 점검한다.

차례

1부 이해

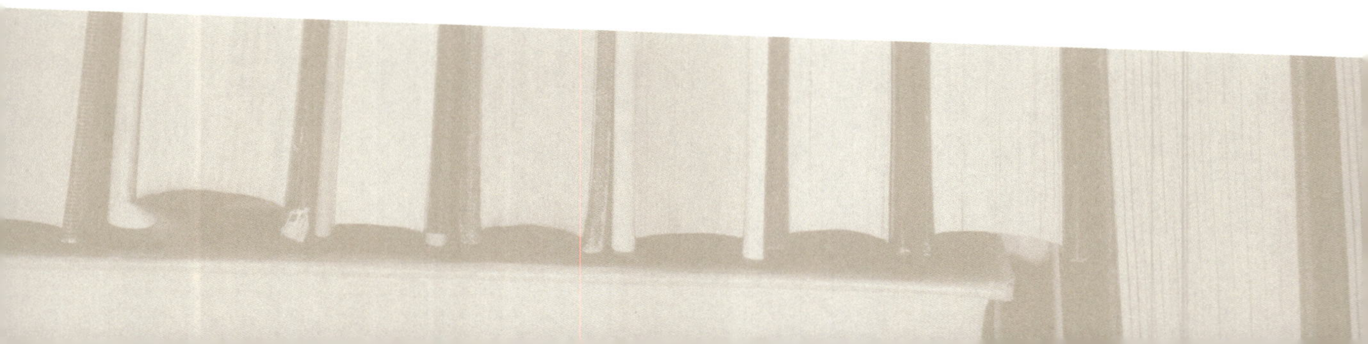

2부 표현

외국인을 위한 대학 한국어 2

비판적 읽기와 학문적 쓰기

1부 이해

1

역사와 사관

이 장에서는

역사는 인류 사회의 변천 과정을 기록한 것이다. 역사를 **기록**하기 위해서는 과거의 사실을 **해석**하는 **역사가**가 필요하다. 여기에서 과거의 사실을 해석한다는 것은 어떤 의미일까? 또한 관점에 따라 다르게 **평가**되는 역사를 우리는 어떻게 봐야 할까? 이 장에서는 현대를 살아가는 사람으로서 역사를 바르게 보는 방법에 대해 고민해 보자.

들어가기

1. 아래에 제시된 단어의 의미를 생각해 보자.

역사, 사실, 해석, 평가, 기록, 역사가

2. 위의 단어를 적절한 위치에 넣어 보자.

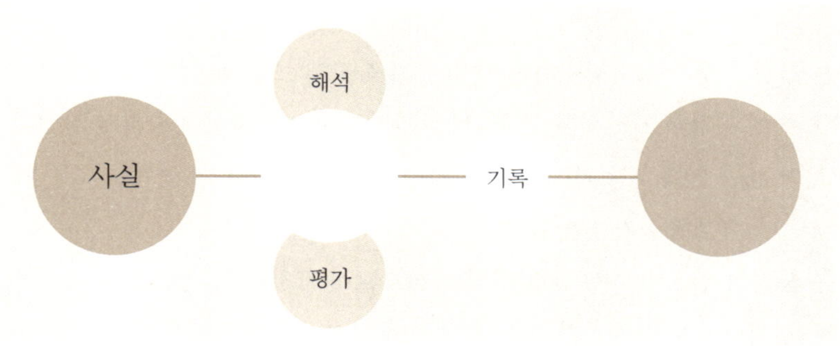

3. 단어들의 관계를 설명해 보자.

이해하기 ①

1. 역사가가 역사로 기록하는 대상은 무엇일까?

2. 핵심어에 밑줄을 치며 글을 읽어 보자.

이렇게 역사가와 역사상의 사실 사이의 관계를 살펴보면, 우리는 두 가지 난관 사이를 아슬아슬하게 항해하는 불안정한 상태에 있다는 것을 알 수 있다.

두 가지 난관이란 역사를 사실의 객관적 편집이라 생각하고 해석보다는 사실의 무조건적 우월성을 주장하는 지지하기 어려운 이론의 난관과, 역사란 역사상의 사실을 밝히고 그것을 해석 과정을 통하여 정복하는 역사가의 주관적 산물이라고 생각하는 이 또한 지지하기 어려운 이론을 말하는데, 즉 역사의 중심은 과거에 있다는 견해와 역사의 중심은 현재에 있다는 견해이다.

그러나 우리의 상황은 겉으로 나타난 것만큼 불안정한 것은 아니다. 게다가 우리는 사실과 해석이라는 동일한 대립이 강연을 통해 여러 가지로 모습을 바꾸어서 특수한 것과 일반적인 것, 경험적인 것과 이론적인 것, 객관적인 것과 주관적인 것으로 나타나게 되는 것을 알게 된다.

역사가가 처한 곤경은 인간 본성의 반영이다. 갓 태어난 유아나 아주 고령인 경우를 제외하고, 인간이란 결코 완전히 환경에 얽매여 있는 것도 아니고, 환경에 무조건 순종하는 것도 아니다. 반면에 인간은 또 환경에서 완전히 독립된 것도 아니고, 절대적인 주인도 아니다.

인간과 환경의 관계는 역사가와 주제의 관계이다. 역사가는 사실의 미천한 노예도 아니고, 군림하는 주인도 아니다. 역사가와 사실의 관계는 주고받는 평등한 관계이다.

역사가는 자기가 생각하고 집필하는 것을 잠시 숙고해 보면 알 일이지만, 역사가는 자신의 해석에 따라서 자신의 사실을 만들어 내고, 자신의 사실에 따라서 자신의 해석을 만들어 내는 연속적인 과정에 놓여 있는 것이다. 따라서 ㉠ 한쪽을 다른 쪽 위에 올려놓는다는 것은 불가능한 일이다.

역사가는 사실의 잠정적 선택과 잠정적 해석으로—그것이 타인에 의한 것이든 자의에 의한 것이든—일을 시작하는 것이다. 일이 진척됨에 따라 해석도, 사실의 선택과 정리도, 그 상호작용을 통하여 거의 무의식적인 미묘한 변화를 일으키게 된다.

역사가는 현재의 일부이고, 사실은 과거에 속하므로, 이 상호작용은 또한 현재와 과거의 상호 관계를 포함하고 있다. 역사가와 역사상의 사실은 서로가 필요한 것이다. 사실을 소유하지 못한 역사가는 뿌리도 없고 열매도 맺지 않는다. 역사가가 없는 사실은 생명도 없고 의미도 없다.

여기서 '역사란 무엇인가?'라는 질문에 대한 내 첫 대답을 하겠다.

"역사란 역사가와 사실 사이의 부단한 상호작용의 과정이며, 현재와 과거 사이의 끊임없는 대화이다."

E.H. 카. 『역사란 무엇인가?』. 1961. 이화승 역. 서울: 베이직북스, 2009.

3. 핵심어를 사용하여 위의 글을 요약해 보자.

4. 글을 다시 읽고 다음 질문에 답해 보자.

(1) 역사가와 역사상 사실의 관계를 보는 입장에는 어떤 것들이 있으며 각각의 견해들은 어떤 문제를 야기할 수 있겠는가?

(2) ㉠이 불가능한 이유는 무엇이겠는가?

5. "역사란 역사가와 사실 사이의 부단한 상호작용의 과정이며, 현재와 과거 사이의 끊임없는 대화이다"는 역사에 대한 정의 중에 가장 많이 인용되고 있는 문구이다. 이 정의에서 가장 중요한 부분은 무엇이라고 생각하는가?

이해하기 2

1. 역사적 사건을 이해할 때 도움이 되는 것에는 어떤 것이 있는가?

2. 글의 단락을 구분할 수 있는 표현에 밑줄을 치며 글을 읽어 보자.

먼저 이 강의에서는 왜 이 전쟁을 6.25전쟁이라 부르는가에 대한 설명이 필요할 것 같습니다. 이 전쟁은 남한에서는 전에 '6.25동란' 혹은 '6.25사변'이라 불리다가 최근에는 '한국전쟁'으로 많이 불리고 있습니다. 이는 다른 나라에서 통용되는, 영어의 'Korean War'를 번역한 용어입니다.

북쪽에서는 이 전쟁이 '조국해방전쟁'으로 불립니다. 이 명칭이 객관성과 보편성에 논란의 여지가 있는 것처럼, '동란'이니 '사변'이니 하는 명칭 역시 그 의미에 문제가 있으며, 외국어로 번역할 경우를 생각해 보면 보편성에도 문제가 있습니다. 최근 '한국전쟁'이라 부르는 경우가 많아진 것도 그 때문이라 하겠습니다.

그러나 'Korean War'라 했을 때의 'Korea'는 한반도 전체를 가리키는 것이므로 문제가 없지만, 우리말로 번역해서 '한국전쟁'이라 할 경우 '한국'은 공식적으로 38도선 혹은 휴전선 이남의 대한민국만을 가리킵니다.

따라서 '한국전쟁'이란 명칭은 대한민국이 어느 나라와 싸운 전쟁인지를 분명히 나타내지 못하며, 어쩌면 대한민국 안에서만 일어난 전쟁을 말하는 것처럼 될 수도 있습니다.

일본에서는 대체로 '조선전쟁'이라 하는데, 이 경우의 '조선'은 '북조선'을 가리키는 것이 아니라 한반도 전체를 지칭하는 것입니다.

영어의 'Korean War'라는 명칭은 설사 가능하다 해도, 미국의 남북전쟁은 'American War'라 하지 않는 것처럼, 'Korean War'라는 명칭도 적당하지 않다고 생각하지만, 우리말로 '한국전쟁'이라 하는 것은 더욱 문제가 있다고 생각합니다.

이 강의에서는 궁여지책으로 '6.25전쟁'이라 부르겠습니다. 그러나 이 명칭도 꼭 적합한 것은 아니라고 생각합니다. 통일된 후 우리 역사학계가 적당한 명칭을 찾아내겠지요.

6.25전쟁을 얘기할 때 지금까지는 흔히 이 전쟁을 누가 먼저 일으켰는가 하는 문제가 초점이 되었습니다. 이 문제를 두고 학계에서는 흔히 전통주의적 관점이니 수정주의적 관점이니 하는 용어를 사용해 그에 대한 입장을 나누곤 하지요.

쉽게 말해서 전통주의적 관점이란 소련의 공산주의 세력 확대정책과 김일성정권의 적화통일정책이 전쟁의 원인이라 보고, 북쪽 인민군의 남침이 전쟁의 발단이라 주장하는 것입니다.

수정주의적 관점이란 이 같은 전통주의적 관점을 수정한 것으로서, 미국에 의한 남쪽의 단독정부 수립 자체가 혁명적 민족주의운동 및 통일민족국가 수립운동을 방해한 것이며, 미국이 북쪽 정권을 붕괴시키기 위해 전쟁을 유도했다고 보는 것입니다.

지난날 세계의 공산주의 세력권은 주로 북침설을 주장했고, 자본주의 세력권에서는 대체로 전통주의적 관점이 우세했지요. 그러다가 미국인 학자 브루스 커밍스 등의 연구가 발표되면서 자본주의권에서도 수정주의적 관점이 강하게 대두했습니다.

그러나 요즈음에는 ㉠ 미국 및 소련 쪽 비밀문서들이 일부 공개되면서, 종래의 전통주의적 관점에 실증성이 강화된 '신전통주의적' 관점이 우세해지고 있다고 할 수 있습니다. 자료가 좀더 공개되어야 그 진실이 더 많이 밝혀질 것입니다.

지금까지 6.25전쟁사 연구는 대체로 이 전쟁을 침략전쟁이라 규정하고, 남침이냐 북침이냐를 밝히는 문제에 치중해왔다고 할 수 있습니다. 그러나 이 전쟁은 남과 북 어느 쪽 처지에서 봐도 단순한 침략전쟁이라기보다 민족통일전쟁이었다고 봐야 할 것입니다.

통일을 위한 전쟁이 아니었다면 가령 남쪽의 북침이었다 해도, 북쪽은 그 '북침군'을 38도선 남쪽으로 격퇴했으면 됐지, 그 이남으로 쳐내려갈 이유는 없었던 것입니다. 북쪽 인민군이 부산까지, 나아가서 제주도까지 남진하려 한 것은 이 전쟁을 통일전쟁으로 삼으려 했기 때문입니다.

반대로 북쪽의 남침이었다 해도, 남쪽의 국군이나 이들을 도운 유엔군 역시 그 '남침군'을 38도선 북쪽으로 물리쳤으면 됐지, 압록강까지, 백두산까지 하며 더 올라갈 이유는 없었던 것입니다. "백두산 상상봉에 태극기 휘날리려"한 것은 역시 이 전쟁을 통일전쟁으로 삼으려 했기 때문입니다.

6.25전쟁에는 남북을 막론하고 분단된 민족을 무력으로라도 통일하려 한 1950년대식 통일 의도가 담겨 있습니다. 평화통일이 아닌 무력통일을 위한 전쟁을 어느 쪽이 먼저 시작했는가를 밝히는 일도 물론 중요합니다. 그러나 남과 북 모두 3년간

의 치열한 전쟁과 그로 인한 엄청난 희생을 겪고도, 또 미국을 중심으로 한 유엔군과 중국군까지 참전하고도 그 무력통일 의도가 왜 실현되지 않았는가 하는 문제를 아는 일이 한층 더 중요하다고 하겠습니다.

강만길. 『20세기 우리 역사』. 서울: 창작과비평, 1999.

3. 글을 단락으로 구분한 후 각 단락의 주제를 써 보자.

4. 글을 다시 읽고 다음 질문에 답해 보자.

(1) '6.25 전쟁'이란 용어를 사용하게 된 이유는 무엇인가?

(2) 최근 신전통주의적 관점이 우세해지고 있다는 것으로 볼 때 ㉠은 어떤 내용이겠는가?

5. 역사적 사건의 이름을 붙이는 것은 왜 중요한가? 역사적 사건의 이름이 바뀌면서 사건에 대한 해석과 의의도 달라지게 된 예를 찾아보자.

심화하기

광해군은 1623년 폐위당하여 왕으로 기록되지 못하였다. 그런데 최근 광해군이 영화나 드라마의 소재로 사용되면서 '성격이 나쁘고 악한 왕', '로맨티스트이자 백성을 사랑한 왕', '독살을 두려워하며 예민한 왕' 등으로 다양하게 재해석되고 있다.

〈가〉 1592년 임진왜란 중 활약

광해군은 세자였을 때 전쟁하고 있는 의병들을 찾아가 위로하고 실질적인 지원을 하였다. 백성들은 친히 찾아온 왕을 보며 기뻐하였다.

〈나〉 궁궐을 가장 많이 지은 왕

임진왜란으로 많은 궁궐들이 불타 없어지거나 망가졌다. 나라 사정이 좋지 않았지만 광해군은 궁궐을 다시 짓기로 결심했다. 우선 망가진 창덕궁과 창경궁을 보수하였다. 이뿐만 아니라 덕수궁과 경희궁도 새로 지었다.

〈다〉 의리 없는 왕 vs 현명한 외교를 한 왕

명은 후금과의 전쟁을 위해 조선에 군사 지원을 요구한다. 신하들은 임진왜란 때 명에게 진 빚을 갚아야 한다고 주장한다. 그러나 광해군은 파병을 망설인다. 국제정세로 보았을 때 지는 싸움에 백성들을 보내는 것이라 생각했기 때문이다.

〈라〉 동생을 죽이고 어머니를 폐위시킨 왕

광해군은 후궁의 둘째 아들이라는 약점을 가지고 있었다. 광해군의 약점은 정통성을 가진 영창대군이 태어나면서 더 부각되었다. 결국 광해군은 여덟 살 된 영창대군이 왕이 되려 한다고 의심하게 된다. 그 결과 영창대군은 강화도에서 살해되고 영창대군의 어머니도 폐위된다.

1. 이해하기 ①의 역사에 대한 정의를 통해 보았을 때 광해군에 대한 해석이 다양해질 수 있었던 이유는 무엇이라고 생각하는가?

2. 이해하기 ②를 통해 보았을 때 광해군이 '왕'이 아닌 '군'이라고 불리게 된 데에는 어떤 것들이 영향을 미쳤겠는가?

3. 자신이 정의한 역사의 의미를 토대로 광해군이라는 인물을 재해석해 보자.

자기평가

자신이 이 장의 내용을 잘 이해했는지, 주제에 대한 이해를 확장하여 자신의 견해를 이야기할 수 있는지 아래의 질문에 답해 보자.

- 역사 기록과 사관에 대해 이해했는가?
- 글의 주제와 내용을 파악할 수 있었는가?
- 역사를 보는 관점에 대한 자신의 견해를 말할 수 있었는가?

2

언어와 사회

이 장에서는

언어를 사용하는 것은 인간만이 가지고 있는 선천적인 능력이다. 그러나 **환경**이나 **사회**의 영향을 받는다는 점에서 후천적인 능력으로 보기도 한다. 인간의 언어 습득에 영향을 미치는 요소는 무엇일까? 또한 인간의 **역사**와 **문화**를 고려할 때 하나의 언어를 보존하는 것이 중요한 이유는 무엇일까? 이 장에서는 언어와 인간 사회와의 관계에 대해 생각해 보자.

들어가기

1. 아래에 제시된 단어의 의미를 생각해 보자.

언어, 문화, 역사, 환경, 사회

2. 위의 단어를 적절한 위치에 넣어 보자.

3. 단어들의 관계를 설명해 보자.

1. 인간은 태어난 후 언어를 어떻게 배우는가?

2. 각 단락의 핵심 내용을 파악하며 글을 읽어 보자.

말은 일상생활에서 만나는 매우 친숙한 행동 특성이기 때문에 누구든 말의 정의를 내려 보라는 질문을 받고 망설이는 경우란 거의 없을 것이다. 말은 적어도 우리 인간에게 숨쉬기까지는 아니더라도 걷기만큼은 자연스러워 보인다. 하지만 조금이라도 이 문제를 깊이 생각해 본다면 이와 같은 말의 자연스러움이란 정작 구체적 실체가 없는 막연한 느낌에 지나지 않는다는 사실을 깨닫게 된다. 말하기를 습득하는 과정은 걷기를 습득하는 과정과 전혀 다르다. 이건 엄연한 사실이다. 걷기 같은 기능의 경우에는 실제로 문화, 즉 사회적인 쓰임새라는 전통의 집합체가 심각하게 작용하지는 않는다. 어린 아이는 저마다 생물학적 유전 형질이라 부르는 복잡한 인자들에 의해 걷기에 필요한 모든 근육과 신경계가 조절되는 신체 구조를 가지고 태어난다. 실제로 이들 근육과 적절한 신경 부위의 구조 자체가 기본적으로 보행이나 이와 유사한 활동에서 일어나는 각종 움직임에 적응되어 있다는 학설도 있다. 지극히 현실적인 의미에서 정상인은 걸을 수 있는 운명을 타고 났다고 할 수 있는데 그것은 주변 사람들이 걷는 기술을 습득하도록 도와주어서가 아니라 신체 기관이 출생 때부터 아니 임신의 순간부터 걷는 데 들어가는 신경 에너지의 소모와 모든 근육의 적응을 감당할 준비가 되어 있어서 가능한 것이다. 간단히 말해서 보행이란 인간에게 내재된 생물학적 기능이다.

그러나 언어는 전혀 그렇지 않다. 물론 어떤 의미에서 보면 개개인이 말을 할 수 있는 운명을 타고 났다는 것도 사실이지만 그것은 개개인이 그냥 대자연에 태어난 것이 아니라 당사자를 확실하게 사회적 전통 안으로 이끌어주는 사회라는 안락한 장소에 태어났기 때문에 가능한 일이니 결과적으로 환경의 덕분이라고 할 수 있다. 개인은 살아남으려면 사회라는 인자를 제거해도 어떻게든 걷는 방법을 배우게 될 것이다. 하지만 말하는 방법은 사회라는 인자를 제거하면 절대 배우지 못하고 그에 따라 특정 사회의 전통적 체계에 맞추어서 남들과 의사소통을 하는 일도 전혀 불가능하게 되고 말 것이다. 다시 한 가지 예를 더 들어 보자. 새로 태어난 아기를 태어난 (사회)환경에서 떼어내 전혀 낯선 (사회)환경으로 집어넣어 보라. 이 아이는 예전

환경에서 발달시켰을 법한 보행 기술을 새로운 환경에서도 전혀 문제없이 발달시킨다. 하지만 이 아이의 언어 능력은 주변 사람들의 언어 사용 양상에 따라 천차만별 달라진다. 그렇다면 보행은 일정한 테두리 안에서 개인별 편차만 보이는 보편적 인간 활동이라고 할 수 있다. 여기서 드러나는 편차란 무의식적이고 무의도적이다. 반면에 언어는 사회 집단들 사이에서 일정한 한계를 설정하기 어려운 차이를 보이는 전형적인 인간 활동이라고 할 수 있는데 그것은 말이 전적으로 특정 집단의 역사적 전승, 곧 오랫동안 특정 사회에서 지속적으로 사용된 역사적 산물이기 때문이다. 말은 모든 창조적 노력이 그렇듯이 대단히 다양하게 나타나는 바, 그러한 다양성은 우리의 의식 속에서 추상적으로 형성되는 것이 아니라 서로 다른 민족의 종교와 신념, 관습과 예술이 서로 다르게 드러나듯이 그처럼 매우 사실적으로 발현되는 것이다. 결론적으로 걷기는 신체 기관이 좌우하는 본능적 기능(물론 그 자체가 본능이라는 뜻은 아님)인 반면, 말하기는 본능적 기능이 아니라 후천적으로 습득된 '문화적' 기능인 셈이다.

에드워드 사피어. 『언어, 말의 연구를 위하여』. 1921. 김정우 역. 창원: 경남대학교출판부, 2015.

3. 각 단락의 핵심 내용을 바탕으로 글을 요약해 보자.

4. 글을 다시 읽고 다음 질문에 답해 보자.

(1) 언어를 배우는 것과 걷는 방법을 배우는 것은 어떤 점에서 차이를 가지는가?

(2) 언어가 가지는 문화적 기능의 예에는 어떠한 것들이 있겠는가?

5. 환경은 언어를 배우는 데에 매우 중요한 영향을 미친다. 환경 외에 언어 학습에 영향을 주는 요소에는 어떠한 것들이 있는가?

이해하기 2

1. 언어는 새로 생기기도 하고 사라지기도 한다. 언어가 소멸되는 이유는 무엇이겠는가?

2. 질문의 의미를 파악하며 글을 읽어 보자.

세실 **오늘날 사용되는 구어의 다양성에 대해 다시 이야기해 보겠습니다. 긴 역사가 맺은 열매인 언어의 풍부함은 위협받고 있는 건가요? 사람들은 언어의 멸종이 임박했다고 끊임없이 경고하고 있습니다.**

로랑 그런 경고가 현실화될 가능성은 큽니다. 언어의 미래를 조망하는 전문가들은 금세기 말이면 지금 사용되는 언어의 절반인 약 3,000여 개 언어가 사라질 거라고 말합니다. 가장 비관적인 전망을 하는 학자들은 90퍼센트에 달하는 언어가 사라질 거라고 주장하고요! 한 언어의 소멸을 예견하기는 쉽습니다. 언어 사용자들의 연령대별 피라미드를 살펴보는 것으로 충분하거든요. 피라미드의 맨 아랫부분이 감소하고 젊은 세대가 더 이상 그 언어를 배우지 않으면 그 언어는 시한부를 선고받게 됩니다. 불행하게도 오늘날 상당히 많은 언어가 이러한 상황에 있습니다.

세실 **그런데 언어의 소멸을 꼭 재앙이라고 봐야 할까요? 앞서 보았듯 언어의 역사에서 이러한 소멸이 처음 있는 일은 아니지 않습니까?**

로랑 한 언어의 소멸은 언제나 비극입니다. 그것은 기나긴 진화의 산물인 복잡한 구조가 사라지는 일이며 하나의 문화와 모든(글로 남아 있지 않은) 구전문학, 전통, 노래, 이야기 그리고 전설의 최종적인 상실을 의미합니다. 아마도 인류의 가장 중요한 생각들을 잃어버리는 거겠죠. 앞서 살펴보았듯이 한 언어의 어휘와 문법은 한 나라의 역사, 다른 언어와 접촉한 경로, 언어들의 친연 관계를 복원해 줄 만큼 많은 정보를 담고 있습니다. 이러한 관점에서 볼 때 일부 언어들의 소멸은 인류 역사를 이해하는 데 있어 굉장한 손실입니다. 저는 태즈메이니아에 대해 생각해 봤습니다. 19세기에 영국인들이 태즈메이니아에 와서 태즈메이니아인들을 몰살했습니다. 원주민들은 해로운 짐승들처럼 제거되었고 아무도 그들의 언어를 기록하지 않았기 때문에 그들의 문화와 역사는 말살되었습니다. 지금 남아 있는 몇몇 단어들은 이웃한 오스트레일리아어와 분명한 친연 관계를 보이지 않습니다. 우리는 태즈메이니아어라는 퍼즐의 중요한 조각을 잃어버린 겁니다.

세실 **그러면 언어는 왜 소멸되는 걸까요?**

로랑 언어를 버리기로 선택한 것이 해당 언어의 화자 자신이기 때문에 언어는 소멸합니다. 2개 국어를 말하는 어른들은 자신들의 제1차 언어를 아이들에게 가르쳐 주려고 하지 않습니다. 아이들이 더 지배적인 언어를 말하고 사회에서 더 좋은 기회를 갖게 하기 위해서죠. 사람들은 절대로 불리한 계산을 하지 않습니다. 어쨌든 도덕적으로 이들을 비난할 수 없습니다. 카이사르가 골족을 정복했을 때 이런 일이 있었습니다. 골족은 켈트어족에 속하는 골어를 사용했는데 카이사르에 정복당한 뒤로 대부분의 골족 주민들은 아이들이 로마 사회에 더 쉽게 융화할 수 있도록 더 이상 골어를 가르치지 않았습니다. 첫 번째 밀레니엄의 한가운데인 500년경 말 프랑스에서 골어를 말하는 사람은 더 이상 아무도 없었습니다. 모든 사람들이 라틴어에서 나와 지금의 프랑스어로 변해가는 언어를 말했죠. 프랑스어에는 chêne나 alouette(종달새)와 같은 켈트어 단어가 몇 십 개 남아 있을 뿐입니다. 오늘날 멕시코에서도 이와 같은 현상이 벌어지고 있습니다. 아메리칸인디언들이 그들의 언어를 버리고 에스파냐어를 사용하고 있어요. 이는 개인적인 선택의 문제지만, 언어학자들은 국가 차원에서 모국어를 버리기보다 간직하도록 종용하기를 바라고 있습니다.

세실 **오늘날 새롭게 대두된 언어들이 이러한 소멸을 가속화하는 건 아닌가요?**

로랑 맞습니다. 인간의 역사는 사라진 언어 속에 산재되어 있지만 소멸하는 언어와 태어나는 언어의 대차대조표는 적자 상황입니다. 이는 사실 세계화의 부차적인 현상이라고 할 수 있습니다. 산업화와 발전, 시장경제의 확대를 주도하는 국가들이 자신들의 언어를 퍼뜨리고 다른 언어를 죽이고 있어요. 가장 발전된 기술을 지닌 농경민들의 언어가 퍼져 나갔던 신석기 시대 이후의 상황과 비슷합니다. 지금 우리는 이러한 과정의 연장선상에 있습니다.

파스칼 피크 외. 『언어의 정원』. 2008. 조민영 역. 서울: 알마, 2011.

3. 각 질문에 대한 대답을 간략하게 써 보자.

4. 글을 다시 읽고 다음 질문에 답해 보자.

(1) 로랑이 언어의 소멸을 가속화시키는 요인으로 본 것은 무엇인가?

(2) 로랑은 언어의 소멸에 대해 어떤 태도를 가지고 있는가?

5. 세계 시장의 확대를 주도하는 국가들의 언어 확장으로 인해 발생하는 언어 소멸의 문제에 대해 자신의 생각을 이야기해 보자.

심화하기

언어는 사회적 · 문화적 · 역사적 산물이다. 우리는 언어를 통해 해당 언어를 사용하는 사람들의 역사와 문화를 이해할 수 있다. 그러나 세계화는 언어가 가지는 경계를 허물고 있으며 국제 공용어라고 하는 지배 언어의 등장은 소수 언어의 소멸이라는 문제를 야기하고 있다.

언어를 보면 해당 언어를 사용하는 사람들이 속해 있는 사회가 어떤지를 이해하는 데에 도움이 된다. 예를 들어 북극 지역에 거주하는 이누이트족은 어떤 종류의 얼음과 눈이 사람과 개, 또는 카약의 무게를 지탱할 수 있는지를 파악하기 위해 얼음과 눈의 강도에 따라 각기 다른 이름을 붙여 사용한다. 만약 이누이트족의 언어를 다른 언어로 대체하고자 한다면 이누이트족과 같이 얼음을 세분화하여 설명할 수 있는 용어를 새로 만들거나 이미 있는 언어 중 가장 근접한 의미를 가지는 말로 적당히 사용할 수밖에 없을 것이다.

그런데 세계화는 많은 사회에서 영어를 공용어로 채택하게 만들었다. 예를 들어 아프리카나 동남아 지역에서는 영어를 공식석상에서 사용하는 언어로 정하고 있다. 또한 점점 더 많은 사람들이 영어를 사용하게 되면서, 결국 세계 인구의 90%가 영어를 사용할 것이라고 보는 사람들도 있다. 영어는 각종 국제회의나 올림픽, 유엔의 공식 언어이며, 국제교역, 정보통신 컴퓨터언어, 항공관제탑이나 해상선박의 언어로도 사용된다. 로봇도 영어를 사용하게 될 것이라는 전망이다.

그런데 만약 이누이트족의 사회에도 영어가 공용화된다면 얼음을 나타내는 그 많은 말들은 어떻게 될 것인가.

1. **이해하기** ①을 통해 볼 때 '이누이트족'의 언어에 영향을 미친 것은 무엇이겠는가?

2. **이해하기** ②를 통해 볼 때 영어 공용화는 언어 소멸의 진행에 어떤 역할을 한다고 볼 수 있겠는가? 이로 인한 문제는 어떤 것이겠는가?

3. 언어가 인간의 역사와 문화에 미치는 영향에는 어떤 것들이 있는가? 한 국가의 공용어 제정, 민족 · 국가의 통합과 분열 등 구체적인 사례를 들어 이야기해 보자.

자기평가

자신이 이 장의 내용을 잘 이해했는지, 주제에 대한 이해를 확장하여 자신의 견해를 이야기할 수 있는지 아래의 질문에 답해 보자.

- 언어와 사회의 관계에 대해 이해했는가?
- 글의 주제와 내용을 파악할 수 있었는가?
- 언어와 사회 변화에 대한 자신의 견해를 말할 수 있었는가?

3

철학과 사유

이 장에서는

철학은 **진리**가 무엇인지를 탐구하는 학문이다. 철학자들은 인간이 처한 문제의 해답을 찾기 위해 **인간**과 **자연세계**, **신**과 **우주**에 이르기까지 모든 것에 대해 **사유**해 왔다. 이 장에서는 철학자가 진리를 어떻게 탐구하는지 그리고 현대 사회에서 철학적 사유가 필요한 이유는 무엇인지 고민해 보자.

들어가기

1. 아래에 제시된 단어의 의미를 생각해 보자.

신, 자연세계, 인간, 사유, 진리

2. 위의 단어를 적절한 위치에 넣어 보자.

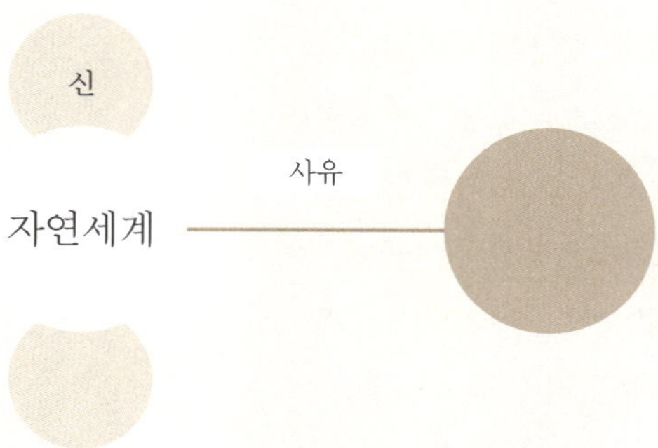

3. 단어들의 관계를 설명해 보자.

1. 지식이란 무엇이며, 지식을 얻기 위해서는 어떻게 해야 할까?

2. 핵심어를 파악하며 글을 읽어 보자.

두 개의 코기토

데카르트가 근대철학을 열었으며, 따라서 '근대철학의 비조', '근대철학의 아버지'라고 불리는 데 반대하는 사람은 별로 없습니다. 그러니 근대철학에 대해 이야기하려면 데카르트에 대해 이야기하면서 시작할 수밖에 없습니다. 또한 데카르트에 대해 말하려면, 근대철학을 연 '제1원리'인 코기토에 대해 말하는 것에서 시작해야 합니다.

코기토(cogito)라는 말은 '생각하다'를 뜻하는 라틴어 cogitare의 1인칭 형태입니다. 즉 '나는 생각한다'는 뜻입니다. 이 cogitare는 영어에서 생각하는 것과 관련된 단어들, 예컨대 cognition, recognize와 같은 단어들의 어원이 되는 단어입니다. 철학에서 '코기토'라고 말할 때, 그것은 데카르트의 코기토를 가리키는데, 이 말은 '코기토 에르고 숨(cogito ergo sum)'이란 문장을 한 단어로 줄여 부르는 말입니다. 그 뜻은 알다시피 '나는 생각한다, 고로 나는 존재한다'입니다.

이 명제는 데카르트가 보기에 결코 의심할 수 없는 확실한 명제입니다. 그리고 나중에 다시 말하겠지만, 이 명제는 '나'라고 하는 주체가 존재하는 것은 바로 내가 생각하기 때문이라고 본 점에서, '나'라는 존재를 신의 피조물로 본 중세적인 관점과 결정적으로 갈라서는 것입니다. 그래서 흔히 코기토란 명제가 근대철학을 연 것으로 이야기됩니다.

그런데 여기에는 상당히 당혹스런 아이러니가 있습니다. 그것은 중세를 연 철학자 아우구스티누스(Augustinus, 4~5C)가 철학(형이상학)의 제1원리라고 생각했던 명제가 바로 '나는 생각한다, 고로 존재한다'였다는 것입니다. 즉 동일한 명제가, 서로 대비되고 대립됨으로써만 구별되는 근대와 중세를 열었다고 하는 매우 아이러니한 사실이 철학사에 존재하는 것입니다. 어떻게 그것이 가능했는가? 이걸 이해하려면 잠시 아우구스티누스의 견해를 보아야 합니다.

중세철학을 연 사람, 중세 전체를 통틀어 가장 중요한 철학자는 아우구스티누스(어거스틴)입니다. 중세철학은 '아우구스티누스의 그늘'이었고 근대철학은 '아우구스티누스의 그늘을 벗어나는 것'이라고 감히 말을 해도 될 정도로, 그의 사고는 중세철학 구석구석에 스며들어 있습니다.

아우구스티누스에게 인식의 목표는 신과 영혼이었습니다. 그에게 자연물의 인식이나 기타 유사한 지식은 그 자체로는 불필요한 것이었고, 오직 신학적인 명제를 증명하기 위해 필요한 것이었습니다. 그리고 그에게서 이성의 출발점은 '계시진리'였습니다. 그래서 아우구스티누스에게 가장 중요한 것은 "이해하려면 믿어라"라는 것이었습니다(이는 뒤에 스콜라 철학에서는 "믿기 위해선 이해하라"는 명제로 바뀝니다). 따라서 그에게는 믿음을 위한 요구를 확립하는 것이 바로 이성의 의무였습니다. (중략)

결국 아우구스티누스는 확실한 판단, 즉 진리는 초인간적인 것, 인간을 넘어서는 어떤 근원에서 나온다고 합니다. 그는 이것을 인간의 내면적 교사인 그리스도라고 합니다. 요컨대 '확실한 지식'은 그리스도가 우리에게 가르친 것이라는 거죠. 코기토처럼 확실한 지식을 통해 우리는 그리스도라는, 신이라는 확실하고 완전한 존재가 분명히 존재하고 있음을 증명할 수 있다고 합니다.

아우구스티누스에게 '코기토'는 이처럼 신의 존재를 확증하고 증명하는 출발점이었습니다. 이런 식으로 '코기토'는 중세철학의 기반을 마련할 수 있었습니다.

데카르트의 문제설정

데카르트에게도 '확실한 지식'은 매우 중요합니다. 그에 따르면, 철학은 불확실한 지식에 확실한 기초를 제공해 주어야 합니다. 특히 과학적 지식이 확실한 기초에 서도록 도와주어야 합니다. 그런데 철학 자신이 확실하지 못한 기초에 서 있다면 대체 이런 일을 어떻게 할 수 있겠습니까? 따라서 철학의 출발점은 더없이 자명하고 확실한 것이어야 했습니다.

당연한 얘기겠지만 이 자명한 기초는 어떤 의심과 질문에도 견뎌낼 수 있어야 하지 않겠습니까? 바로 이런 이유에서 데카르트는 스스로 회의론자가 됩니다. 즉 확실한 것에 이르기 위해 의심, 회의라는 방법을 사용하는 것입니다. 그래서 이것을 '방법적 회의'라고 합니다.

그는 모든 것을 의심하고자 합니다. 그런데 그 역시 아우구스티누스와 마찬가지로 모든 것을 다 의심해도, 의심하는 내가 없다면 의심한다는 게 불가능하다는 생각에 도달합니다. 따라서 "나는 생각한다, 고로 존재한다"고 말합니다. 여기까지만 보면 아우구스티누스와 다를 게 없습니다. 아우구스티누스는 회의론자를 반박해야 했지만, 데카르트는 스스로 회의론자가 되었다는 것 말고는.

그러나 유심히 보면 이미 출발하는 전제가 아우구스티누스와 다르다는 걸 알 수 있습니다. 신에 대한 인식을 목표로 믿음을 공고히 하고자 했던 아우구스티누스와 달리, 데카르트는 '코기토'를 통해서 신이 아니라 확실한 지식에 이르고자 했던 것입니다. 아우구스티누스에게는 이 확실한 출발점(코기토)을 그리스도 혹은 신이 제공해 주었다는 사실이 가장 중요합니다. 반면 데카르트에게는 그걸 누가 주었는가가 별로 중요하지 않습니다. 정작 중요한 것은 인간이, '나'라는 자아가 자신의 능력으로써 확실한 것을 생각할 수 있다는 사실이며, 확실한 지식에 도달할 수 있는 이 능력이 인간 자신에 내장되어 있다는 사실입니다.

내 안에 있는, 이 확실한 지식에 이르는 능력을 데카르트는 '타고난 관념' 즉 '본유관념(innate idea)'이라고 합니다. 그리고 그에게 중요한 것은 이 본유관념이 어디에서 연유하는가가 아니라, 그것이 인간의 이성 안에 '내장되어 있다'는 사실입니다. 이처럼 확실성을 보증해 주는 이성의 능력이 바로 자연에 대한 확실한 지식의 원천입니다. 즉 이성은 자연을 비추어 주는 빛이 되는 것입니다.

이런 점에서 똑같은 코기토가 아우구스티누스에게서와는 정반대의 역할을 하게 됩니다. 아우구스티누스에게는 그것이 신의 존재를 입증해 주는 확실한 출발점이었다면, 데카르트에게는 '나'라는 존재의 연원이 바로 내가 생각한다는 사실임을 확인해 주는 출발점이요, 그래서 나 혼자만의 힘으로 확실한 지식에 이를 수 있게 해 주는 출발점이었던 것입니다. 다시 말해서 전자에게 그것은 신학의 기초를 제공해 주는 것이었다면, 후자에게 그것은 과학의 기초를 마련해 주는 것이었습니다. 이처럼 상반되는 역할을 하는 것은 그것이 어떤 맥락 속에 자리 잡고 있느냐, 어떤 '문제 설정' 속에 위치하고 있느냐에 따라 다른 의미를 갖기 때문입니다. ㉠ 마치 똑같은 사다리가 전봇대에 오르는 데 쓰이기도 하고, 불난 건물에서 빠져나오는 데 쓰이기도 하듯이 말입니다.

여기서 중요한 것은 의심할 수 없는 확실한 주체, 즉 '나'라는 것이 신이 없어도 스스로 사고할 수 있다는 점입니다. '나'라는 주체는 신이 없어도 내장되어 있는 본유관념 때문에 확실하게 사고할 수 있고, 확실한 판단을 할 수 있는 존재가 됩니다.

그런 점에서 데카르트에게 '생각하는 나'는 신으로부터 독립된 존재고, 신으로부터 독립된 '주체'를 의미하는 것입니다. 바로 이러한 신으로부터의 독립 때문에 데카르트의 사고는 '중세에서 벗어나는 사고'라는 의미를 갖게 됩니다. 이럼으로써 철학은 신으로부터 벗어날 수 있는 계기를 마련합니다.

이진경. 『철학과 굴뚝청소부』, 제3판. 파주: 그린비, 2005.

3. 핵심어를 중심으로 이 글의 내용을 요약해 보자.

4. 글을 다시 읽고 다음 질문에 답해 보자.

(1) 데카르트와 아우구스티누스의 '확실한 지식'에 이르는 과정은 서로 어떻게 다른가?

(2) ㉠에서 '사다리'는 무엇을 의미하는가?

5. 필자는 데카르트의 근대적 철학 개념을 통해 인간이 신으로부터 벗어날 수 있었다고 하였다. 인간이 신으로부터 독립한다는 것은 어떤 의미를 갖는가?

1. 인간으로서 꼭 지켜야 할 도리에는 어떤 것들이 있는가?

2. 글의 제목을 먼저 읽고 내용을 추측하며 읽어 보자.

사람다운 사람

공자의 중심 사상은 인(仁)입니다. 《논어》에는 인이라는 글자가 무려 106번이나 나옵니다. 인은 보통 '어질다'는 뜻으로 새기지만 사실 그 풀이만으로는 공자가 말한 인의 진정한 뜻을 다 담을 수 없습니다. 서양 사람들은 인을 자비심, 인정, 박애로 해석되는 'benevoience'라고 번역하기도 하였습니다. 그러나 이 단어도 '어질다'는 해석처럼 공자가 말한 의미를 다 담지 못합니다.

역대 학자들은 인을 나름대로 해석했습니다. 맹자는 '사람이 사는 편안한 집'이라고 했고, 주자는 '하늘과 땅이 만물을 만들어내는 마음'이라고 했습니다. 근대 중국의 학자 캉유웨이는 '사랑의 힘'이라고 했고, 후스는 '사람이 가야 할 길을 다하는 것'이라고 했습니다. 그밖에도 평유란은 '완전한 덕'이라고 풀었고, 차이 위안페이는 '완성된 인격'이라고 했습니다. 그러나 대부분 현대적인 어감이 아니어서 쉽게 이해가 되지 않습니다.

그렇다면 인을 어떻게 새겨야 공자의 사상이 잘 표현될까요? 공자는 어떤 점에서는 그리스의 철학자 소크라테스와 비슷합니다. 소크라테스 이전의 철학은 소아시아 대륙을 중심으로 한 자연철학이었습니다. 당시 철학자들의 관심은 자연에 관한 것이었으며, 그들은 만물의 본질을 자연에서 찾으려 했습니다. 대표적인 학자가 만물의 본질을 물이라고 했던 탈레스 같은 사람이고, 그밖에도 여러 사람들이 물, 불, 흙, 공기 등을 가지고 자연의 본질을 설명하려 했습니다. 이 같은 자연에 대한 관심을 인간에 대한 관심으로 돌려놓은 사람이 바로 소크라테스였습니다. 소크라테스는 비록 델포이 신전에 쓰여 있던 말을 인용한 것이었지만 "너 자신을 알라"라는 유명한 명제를 제기함으로써 문제의 핵심을 바꾸어 놓았습니다.

공자도 그런 점에서 마찬가지였습니다. 공자 이전의 관심은 자연이나 귀신에 있었습니다. 그런데 공자가 문제의 중심을 인간으로 돌려놓은 것입니다. 이 점은 《논어》〈선진〉편에 잘 나타나 있습니다.

어느 날 자로가 공자에게 물었다.

"죽음에 대해 알고 싶습니다."

"삶도 아직 다 모르는데 어찌 죽음을 말하겠느냐?"

자로가 다시 물었다.

"귀신 섬기는 법을 말씀해 주십시오."

"사람도 다 못 섬기는데 어찌 귀신을 말하겠느냐?"

이 대화를 통해 공자의 관심이 귀신이 아니라 사람에, 사람에서도 죽음이 아니라 삶에 있었음을 알 수 있습니다. 공자가 주의를 기울였던 문제는 사람의 삶이었습니다. 그리고 여기에서 공자가 얻는 해답이 인이었던 것입니다.

《논어》에 보이는 인은 대부분 공자 스스로 말한 것이거나 남의 질문에 답한 것입니다. 그런데 어떤 경우에도 철학적인 말을 쓰면서 어렵게 설명하지 않았습니다. 다만, 이렇게 또는 저렇게 행동하라고 했을 뿐입니다. 인(仁)은 두 이(二) 자와 사람 인(人)자를 합해 놓은 것으로, 두 사람 사이의 관계를 나타내는 말입니다. 공자의 관심은 사람 이상이나 사람 이하에 있지 않았습니다. 그런 의미에서 그는 신본주의자가 아니라 인본주의자였습니다.

그렇다면 인을 어떻게 풀어야 할까요? 《중용》에서는 인을 '사람다움'이라고 풀었습니다(仁者人也). 이 말은 《맹자》에도 나옵니다(仁也者人也). '사람답다'는 말이 무슨 뜻일까요? 앞서 말한 것처럼 인을 '어질다'로 풀어서는 의미가 제대로 살지 않습니다. 인은 '사람다움'이라고 풀어야 합니다. 공자의 관심은 어떻게 사는 것이 사람다움을 실현하는 길(道)인가를 밝히는 데 있었던 것입니다.

그러면 공자가 추구한 사람다운 사람은 어떠한 사람일까요? 공자는 사람을 네 등급으로 나누었습니다. 그중 맨 아래가 소인이고, 그 다음이 군자입니다. 《논어》에서는 군자와 소인을 여러 곳에서 대비합니다. 소인은 이로우냐 해로우냐를 따지는 데 밝은 사람입니다. 그래서 공자는 이로움이 될 만한 일을 보면, 먼저 그 일이 옳은 일인가를 생각해 보라고 했습니다. 또 소인은 남들과 같아지는 일은 잘하지만, 남들과 어울리지는 못합니다. 그러나 군자는 남들과 잘 어울리되 같아지지는 않습니다. 남과 같다면 자신의 존재 의미가 없습니다. 자신에게 참다운 가치가 있으려면, 자신의 역할을 누구도 대신할 수 없어야 합니다. 군자는 바로 그런 사람입니다. 반대로 소인은 누구라도 그 사람을 대신할 수 있습니다. 사실 남들과 참답게 어울린다는 것은 모든 사람이 주체가 될 때에만 가능합니다. 어느 한 사람이라도 주체를 잃고 남에게 얽매인다면, 그것은 참답게 어울리는 것이 아닙니다.

본래 군자는 다스리는 계층, 즉 군주의 자식이라는 뜻입니다. 따라서 지배 계층을 의미했습니다. 그러나 공자는 군자의 의미를 지배 계층이 아니라 덕을 쌓은 사람으로 바꾸어 놓았습니다. 그런데 공자는 "군자도 때로는 사람답지 못한(不仁) 짓을 하는 경우가 있지만, 소인으로 살아가는 사람이 사람다운(仁) 일을 하는 경우는 없다"라고 했습니다. 그렇다면 군자도 항상 사람다운 것은 아니며, 군자 위에 사람다운 사람(仁人)이 있다는 얘기가 됩니다.

군자가 되기도 어려울 텐데 그보다 한 차원 더 높은 '사람다운 사람'은 과연 어떤 사람일까요? 공자는《논어》〈이인〉편에서 "오직 사람다운 사람만이 정말 남을 좋아할 수도 있고 남을 미워할 수도 있다"라고 했습니다. 이 말은 예수가 "너희들 중 죄 없는 자, 이 여인을 돌로 쳐라"라고 한 말과 비슷합니다. 정말 사람다운 사람은 사리사욕이 없습니다. 그렇기 때문에 남을 좋아하거나 미워하더라도 치우치지 않을 수 있는 것입니다.

공자는 또 "사람다운 사람은 반드시 용기가 있지만, 용기 있는 사람이 반드시 사람다운 것은 아니다."라고 했습니다. 사람다운 사람의 용기는 참용기입니다. "진정한 용기란 아니라고 말해야 할 때 아니라고 말하는 것"이라는 서양 속담이 있습니다. 보통 우리는 분명히 그것이 옳지 않다는 것을 알면서도 그렇게 말하지 못하는 경우를 많이 겪습니다. 그러나 사람다운 사람은 정말 그 일로 해서 피해를 입거나 죽을 수밖에 없는 상황에 처하더라도, 아니라고 해야 할 자리이면 아니라고 하는 사람입니다. 이처럼 참다운 용기를 갖고 있기 때문에 "사람다운 사람은 맞설 자가 없다(仁者無敵)"라고 한 것입니다. (중략)

공자는 사람다운 사람 위에 다시 성인을 두었습니다. 사람다움의 완성이 성인인 것입니다.《논어》〈옹야〉 편에 공자와 제자 자공의 대화가 나옵니다.

"만일 백성들에게 널리 베풀어서 모든 사람을 구제할 수 있다면, 사람다운 사람이라고 할 수 있습니까?"

"어찌 사람답다고만 할 수 있겠느냐. 반드시 성인의 경지일 것이다. 요순도 오히려 그렇지 못할까 봐 항상 근심했다."

이 대화를 통해 공자의 목표가 성인에 있고, 성인이란 현실을 떠나 존재하는 것이 아니라 사회를 향한 큰 실천에서 나오는 것임을 알 수 있습니다.

김교빈 · 이현구.『동양철학 에세이』. 파주: 동녘, 2008.

3. 제목을 통해 파악한 내용이 맞는지 확인해 보자.

4. 글을 다시 읽고 다음 질문에 답해 보자.

(1) 필자에 따르면 공자의 '인(仁)'은 어떻게 해석해야 하는가?

(2) 공자는 사람의 등급을 어떻게 나누었는가? 각각의 특징은 무엇인가?

5. 현대 사회에서 공자가 말하는 '사람다운 사람'이 되기 위해서는 어떻게 살아야 하겠는가? 자신은 그렇게 살고 있다고 생각하는가? 그렇게 생각한 이유는 무엇인지 이야기해 보자.

'진리란 무엇인가?', '도는 무엇인가?'는 오랜 시간 동안 철학에서 제기되어 온 풀리지 않는 질문이다. 그렇다면 왜 철학자들은 이렇게 정답이 없는 문제에 골몰하는 것일까? 아래의 글은 철학의 존재 이유와 가치에 대해 이야기하고 있다.

> 철학의 가치는 사실상 주로 그 불확실성에서 찾아야 한다. 철학적 소질이 없는 사람은 일평생 상식에서 생겼거나, 연령 또는 국적에 의한 습관적 신념에서 생겼거나, 신중한 이성의 협력 또는 동의가 없이 마음속에서 자라난 확신에서 생긴 편견에 사로잡힌다. 이러한 사람에게는 세계는 명확하고 유한하고 분명하다. 보통의 대상은 문제를 일으키지 않고 익숙지 못한 가능성은 경멸하며 거부한다. 반대로 우리는 철학적 사색을 시작하자마자 아주 일상적인 사물조차도 매우 불완전한 대답밖에 할 수 없는 문제로 되는 것이다.
>
> 철학은 스스로 제기한 의심에 대해 확실성을 갖고 무엇이 참된 대답인가를 말할 수는 없더라도 우리들의 사고를 확대하고 관습의 전제(專制)로부터 해방시키는 많은 가능성을 시사할 수 있다. 따라서 한편으로는 사물이 어떠한 것인가 하는 데 대한 우리들의 확실성의 느낌을 감소시키면서, 철학은 사물은 어떤 것일 수 있는가 하는 데 대한 우리들의 지식을 크게 증대시킨다. 철학은 인간을 자유롭게 하는 회의의 영역에 한 번도 발을 들여놓지 못한 사람들의 약간 거만한 독단론을 제거하고 친숙한 사물을 친숙하지 못한 측면에서 보여 줌으로써 우리의 경이감을 생생하게 유지한다.
>
> 버트런드 러셀. 『철학이란 무엇인가』. 1997. 황문수 역. 서울: 문예출판사, 2008.

1. **이해하기** ①에서 데카르트는 인간은 확실한 지식을 얻을 수 있는 내재된 이성을 가지고 있다고 보았다. 그러나 우리는 사물에 대해 편견을 갖기도 하며 때로는 그 사물이 무엇인지 대답을 하지 못하기도 한다. 그 이유가 무엇일지 이야기해 보자.

2. **이해하기** ②에서 공자는 인간이 나아가야 할 최종 목표를 '성인'에 두고 있으며 성인은 결코 현실을 떠나 존재하는 것이 아니라고 하였다. 이를 통해 보았을 때, 철학자들이 풀리지 않는 문제들에 대해 계속 의심하고 사고하는 이유는 무엇일지 이야기해 보자.

3. 사람들이 보편적으로 공유하고 있는 지식이나 진리에 대해 의심해 본 적이 있는가? 의심의 대상이 된 지식이나 진리는 무엇이었는지, 왜 그것에 대해 다시 생각해 보게 되었는지 이야기해 보자.

자기평가

자신이 이 장의 내용을 잘 이해했는지, 주제에 대한 이해를 확장하여 자신의 견해를 이야기할 수 있는지 아래의 질문에 답해 보자.

- 철학의 학문적 성격과 가치에 대해 이해했는가?
- 글의 내용과 주제를 파악할 수 있었는가?
- 철학적 사유를 바탕으로 어떤 현상이나 문제에 대한 자신의 생각을 말할 수 있었는가?

4

법의 의미

이 장에서는

법은 한 사회를 이루는 구성원들 사이의 **약속**이다. 그래서 법의 내용을 보면 그 사회에서 어떠한 **가치**를 우선시하는지 알 수 있다. 한 사회의 구성원들에게 법은 어떤 의미일까? 우리가 법에 관심을 가져야 하는 이유는 무엇일까? 이 장에서는 인간 사회에서의 법의 의미와 필요성에 대해서 생각해 보자.

들어가기

1. 아래에 제시된 단어의 의미를 생각해 보자.

공공의 가치, 사회질서, 헌법, 법률, 합의, 준수

2. 위의 단어를 적절한 위치에 넣어 보자.

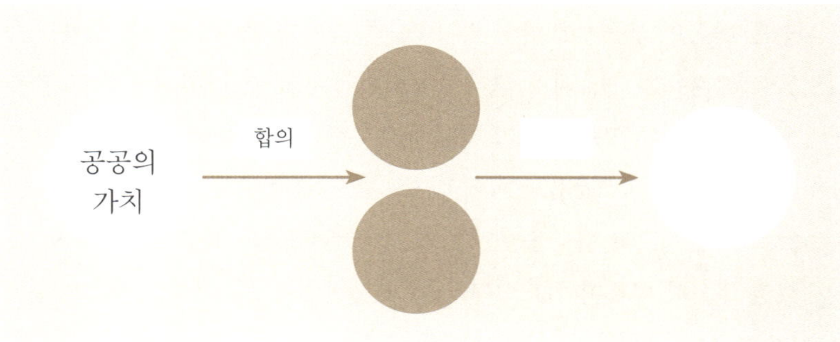

3. 단어들의 관계를 설명해 보자.

이해하기 1

1. 민주주의 사회에서 법은 누구에 의해서 만들어지는가?

2. 핵심 문장을 찾으며 글을 읽어 보자.

세계 4대 문명 발상지 중 하나인 바빌론이 인류문명에 공헌한 것은 공중정원과 설형문자만이 아니다. 이외에도 바빌론 문명은 인류 역사상 최초의 성문법전인 '함무라비 법전'을 남겨 주었다.

법률의 완성도와 현대성을 고려했을 때 함무라비 법전은 인류의 법치 발전에서 하나의 이정표로 기록되기에 부족함이 없다. 이 법전은 당시 바빌론 왕국의 통치자였던 함무라비 왕의 주도하에 수많은 현자가 함께 완성한 것으로 집단의 지혜가 결집된 결정체인 셈이다.

함무라비 왕은 이 법전을 어떠한 방식으로 세상에 반포할지 수없이 고민했다. 그는 심사숙고 끝에 석공들을 비밀리에 불러 모은 뒤 법조문을 거대한 비석에 세우도록 했다. 비석의 윗부분에는 태양신이 권력을 의미하는 지팡이를 함무라비 왕에게 내리는 그림이 자리 잡고 있으며 그 아래에는 법전의 구체적인 조문이 새겨졌다.

비석이 완성된 후 함무라비 왕은 궁정 근위대에게 시켜 비석을 신묘(神廟) 부근에 묻었다. 이 모든 일이 끝나자 왕은 다른 군사들을 시켜 비석 작업에 참여한 모든 석공과 비석을 묻었던 근위대를 살해했다.

이로부터 얼마간 시간이 흐른 어느 날 낮잠에서 깨어난 함무라비 왕은 모든 신하를 불러 모은 뒤 자기가 기묘한 꿈을 꾸었다고 말했다. 그는 꿈속에서 태양신이 자기에게 지팡이를 하나 건네주었는데, 어딘가에 신의 뜻이 있으며 신이 인류를 위하여 제정한 법률을 자신이 신을 대신하여 집행하도록 신에게 명령받았다고 말했다.

물론 사람들이 지켜보는 가운데 비석이 출토되었다. 모든 사람이 비석의 그림과 문자를 신의 뜻이라 믿으며 땅에 엎드려 이를 받들었다. 함무라비 왕은 비석을 신묘로 옮기도록 한 뒤 비석의 법조문을 전국에 반포하고 시행했다.

함무라비 왕이 이런 식으로 법률을 반포한 것에 대해 이상하게 생각할 수도 있다. 이렇게 현대적인 내용의 법률이 반포되면 국가와 국민에게 모두 이로울 텐데 당시 현군(賢君)이라 불리던 함무라비 왕이 어째서 이처럼 많은 수고를 들이며 신의 뜻을 받은 것처럼 꾸몄을까?

사실 제아무리 한 나라의 군주라 하더라도 그 나름대로의 어려움이 있는 것이다. 노예사회와 봉건사회에서 통치자들은 무력에 의하여 국가를 세우고 유지했기 때문에 지배 권력은 자신의 권력을 합리화할 수 있는 장치가 필요했다. 따라서 왕권이 신의 의탁으로부터 비롯된 것이라는 이론을 만들어 내게 되었던 것이다. 즉 국왕이 현세에서 신의 대리자이며 왕의 권력은 신으로부터 나온 것이기 때문에 국왕을 반역하는 것은 곧 신을 반역하는 것이며 반드시 신의 벌을 받게 된다는 것이다. 이러한 이유 때문에 함무라비 법전은 신의 힘을 빌어 세상에 반포되고 시행되었던 것이다.

그러나 ㉠ 신을 빙자한 이러한 트릭은 한시적으로 사람을 속일 수는 있으나 영원할 수는 없다. 르네상스 시기에 들어서자 자본가 계급의 계몽 사상가들은 국가 권력은 신이 부여한 것이 아니라 모든 사회 구성원들이 자신의 권한 일부를 양보하여 공공관리 기능을 갖도록 만든 정부로부터 나오는 것이라고 생각했다. 이들의 주장에 따르면 국가는 계약에 의하여 성립되며 모든 사람은 태어날 때부터 평등하다. 국왕이라고 해서 치외법권을 가질 수 없으며 왕실의 행위 역시 법의 제약을 받아야 한다. 천부인권 이론은 왕권신수설을 뒤엎고 보편적인 권력이론으로 받아들여졌다. 이러한 사상 계몽은 자본가 계급의 근대혁명이라는 폭풍을 촉발시키는 역할을 했다.

법은 자신을 알 수 없는 것으로 감추려는 베일을 벗어 버리고 인류 생활의 한 부분이 되어야 한다. 법은 인문정신을 바탕으로 하는 실용적 제도이며 더 나아가서는 일종의 신념이다. 사람들이 법을 준수하는 것은 법에 대한 경외감 때문이지 더 이상 신에 대한 두려움과 복종 때문이 아니다. 따라서 현대 입법기관은 법률을 제정할 때 더 이상 함무라비 왕처럼 ㉡ 신의 힘을 빙자하는 연극을 하지 않는다.

황밍허. 『법정의 역사』. 2006. 이철환 역. 서울: 시그마북스, 2008.

3. 핵심 문장을 중심으로 글의 내용을 요약해 보자.

4. 글을 다시 읽고 다음 질문에 답해 보자.

(1) 함무라비 왕은 어떠한 방식으로 법을 반포하였는가?

(2) ㉠과 ㉡으로 알 수 있는 함무라비 법의 반포 방식에 대한 필자의 태도는 무엇인가?

5. 필자는 현대인들이 법에 대한 경외감 때문에 법을 준수한다고 하였다. 이러한 필자의 의견에 동의하는가?

1. 헌법은 다른 법들과 비교할 때 어떠한 권위를 갖는가?

2. (나)는 (가)의 법 조항을 해석한 글이다. (가)를 읽고 (나)의 내용을 추측한 후 전체 글을 읽어 보자.

(가) **제1조 〔국호 · 정체 · 주권〕**

① 대한민국은 민주공화국이다.

② 대한민국의 주권은 국민에게 있고, 모든 권력은 국민으로부터 나온다.

(나) **제1조 ①항**

대한민국은 나라 이름이고, 민주공화국은 국가의 성격과 정부의 운영 형태를 말한다. 헌법 제1조 제1항은 이렇게 시작한다. 헌법 제1조라고 하여 다른 조문보다 특별한 의미를 지니거나 우선적 효력을 갖는 것은 아니다. 상징적 의미가 강할 뿐이다.

모든 나라의 헌법 제1조가 국가의 이름이나 성격을 밝히는 것은 아니다. 다만 그런 형식이 헌법을 시작하는 데 가장 적합하다고 생각했기 때문일 것이다. 프랑스, 러시아, 그리스, 중국, 쿠바가 그렇고, 미국도 비슷하다. 일본은 천황에 대한 규정부터 시작한다. 국가의 이름이나 국가의 성격을 앞에 내세우는 현상만 보더라도 헌법은 국가를 전제로 만든 것이라는 사실을 알 수 있다.

하지만 헌법의 시작을 반드시 그렇게 할 필요가 있을까라는 의문도 든다. 국가 이름과 성격으로 시작하면 왠지 국민보다 국가를 중시하는 느낌을 주기 때문이다. 헌법의 주인이 국가가 아니고 국민이라면 국민 또는 인간에 관한 규정을 제1조로 삼을 수 있다. 독일 헌법은 보통 기본법이라고 번역하는데, 제1조는 "인간의 존엄성을 침해할 수 없다. 그것을 존중하고 보호하는 것은 국가의 의무다"라고 하고 있다. 네덜란드 헌법도 이렇게 시작한다. "네덜란드의 모든 국민은 평등한 환경에서 평등한 대우를 받아야 한다."

우리 헌법 제1조 1항에서 국호를 규정하고 있으므로, '대한민국'이라는 이름을 바꾸는 일은 헌법 개정을 통해서만 가능하다. 지금은 당연한 듯 여겨지지만, 대한민국이라는 국호는 1948년 헌법을 제정하고 정부를 수립하면서 비로소 사용하기 시작한 이름이다. 유진오의 헌법 초안에만 하더라도 국호는 조선이었는데, 사전 심의 과정에서 한국으로 바뀌었고, 다시 국회헌법기초위원회에서 대한민국으로 확정됐다.

우리나라를 지칭하는 이름으로는 대체로 한국, 조선, 고려 세 가지가 있었다. 조선은 단군 이래로 사용해 온 가장 오래된 국호다. 한국은 마한, 진한, 변한 이 세 종족의 명칭에서 유래했다. 고려시대에는 고구려, 신라, 백제 세 나라를 한꺼번에 일컬어 삼한이라 하였다. 그러다가 1897년 고종이 청나라에 대하여 독립국가임을 선언하는 뜻으로 스스로 황제라 칭하면서 조선이란 국호를 대한제국으로 변경하였다. 이 명칭이 1919년 3·1운동 이후 상해 임시정부에 이어져 대한민국이 되었다. 고려는 당연히 고구려에서 비롯한 이름이다. 삼국 중 가장 먼저 수립된 고구려를 언젠가부터 고려라고 표기하였고, 중국에서도 광개토왕과 장수왕 즈음 이후의 고구려는 모두 고려라고 불렀다. 지금도 외국에서는 대한민국을 고려(Korea, Corea)라고 하고 있다. 북한은 조선을 국호로 하고 있지만, 외국어로는 우리와 마찬가지로 고려라고 표기한다.

민주공화국은 민주국가와 공화국이 합쳐진 말이다. 민주주의란 의사 결정을 구성원들이 직접 하거나, 구성원에 의해 선출된 대표들이 대신 행하는 형태를 일컫는다. 그리고 민주국가란 국가의 주권이 당연히 국민에게 있다는 의미다. 그렇지 않고 어느 특정한 한 사람의 권력자에 의해 의사가 결정되는 형태는 독재주의다. 사회주의나 공산주의는 소유나 생산물의 분배와 관련한 사상 또는 제도를 말하는 것이므로, 민주주의에 대응한 반대 개념이 아니다.

공화국이란 원래 주권이 국민에게 있는 나라 형태를 말한다. 주권이 왕에게 주어진 나라는 전체주의 국가 또는 참주국, 군주국이라고 한다. 군주국은 왕이 있는 나라라는 의미이므로, 군주국 중에서도 왕이 전권을 휘두르는 나라는 전제군주국, 왕이 존재하되 헌법에 따라 민주적으로 국정을 운영하는 나라를 입헌군주국이라 한다. 분류상으로는 몇몇 특정인이나 계급에 주권을 부여한 나라를 과두국가, 귀족국가 도는 계급국가라고 하기도 한다.

한때 일본 학자들의 영향을 받아 정체와 국체를 나누어 설명하던 시절도 있었다. 정체는 정부 형태를, 국체는 국가의 성격을 의미한다면서, 민주는 정체를 공화국은 국체를 말한다고 도식화하여 규정했다. 하지만 주권이 국민에게 있음을 전제로 한 근대 입헌국가의 헌법에서 여전히 그런 식으로 나누는 일은 아무런 의미가 없다. 민주주의 국가나 공화국이나 같은 뜻으로 이해해도 무방하다.

차병직 · 윤재왕 · 윤지영. 『지금 다시, 헌법』. 고양: 로고폴리스, 2016.

3. 예측한 것과 (나)의 내용이 일치하는지 이야기해 보자.

4. 글을 다시 읽고 다음 질문에 답해 보자.

(1) 민주공화국의 의미는 무엇인가?

(2) 대한민국 헌법 제1조 1항이 갖는 상징적인 의미는 무엇이겠는가?

5. 자기 나라 헌법의 첫 번째 조항은 무엇인가? 그 조항이 갖는 의미에 대해 이야기해 보자.

법은 국가마다 다르다. 그리고 한 국가 안에서도 법의 시행과 관련하여 사람들마다 가진 의견이 다를 수 있다. 다음은 법 제정과 관련하여 다양한 견해가 있는 한 법률에 대해 다루고 있다.

착한 사마리아인법의 필요성

2016년 8월, 택시 기사 이모(62)씨가 승객을 태우고 운전하다 심장마비 증세로 사망하였다. 택시에 탑승했던 승객 두 명은 택시 기사가 갑자기 쓰러졌는데도 불구하고 골프를 치러 가야 한다며 자신의 짐을 꺼낸 뒤 현장을 떠났다. 택시 기사는 뒤늦게 병원으로 옮겨졌지만 결국 숨을 거두고 말았다. 승객들은 사회적으로 비난 받았지만 법적으로는 아무런 처벌도 받지 않았다. 위험에 처한 사람을 도와주지 않은 사람을 처벌하는 법률이 없기 때문이었다.

착한 사마리아인법의 정의와 유래

착한 사마리아인법은 자신과 제3자에게 특별한 위협이 없는데도 다른 사람을 구조하지 않았을 때 이를 처벌할 수 있는 법이다. 또한 이 법은 위험에 처한 사람을 도와주다가 불의의 상황에 처한 경우, 도와준 사람이 면책을 받을 수 있다. 착한 사마리아인법이라는 용어는 성경에 기록된 한 일화로부터 유래되었다. 강도를 만나 길에 죽어가는 사람이 있었다. 다른 사람들은 그를 모른 척하며 지나갔으나 한 사마리아인은 가는 길을 멈추고 그를 도와주었다. 성경에는 사마리아인이 강도를 만난 이의 참 이웃이라고 기록되어 있다.

착한 사마리아인법을 시행하고 있는 나라들

착한 사마리아인법을 시행하고 있는 나라로는 '미국, 독일, 프랑스, 오스트리아, 스위스' 등이 있다. 이들 나라에서는 위험한 상황에 처한 사람을 적극적으로 돕지 않는 행위를 일종의 범죄로 규정하고 있다. 한국의 경우에는 착한 사마리아인법 대신 '응급의료에 관한 법률'이 제정되어 있다. 이 법에 따르면 의료인은 응급환자에게 최선의 처치를 해야 하며 누구든지 응급 환자를 발견하면 즉시 신고해야 한다. 그러나 문제는 이를 지키지 않아도 전혀 처벌 받지 않는다는 것이다.

착한 사마리아인법에 대한 찬반 견해

착한 사마리아인법 도입에 찬성하는 입장에서는 본인에게 피해가 없는데도 위험한 상황에 처한 사람을 돕지 않는 것은 처벌의 대상이 될 수 있다고 본다. 왜냐하면 이는 사회 공동체 구성원으로서 행해야 할 최소한의 의무를 지키지 않는 것이기 때문이다. 그러나 착한 사마리아인법 도입을 반대하는 입장에서는 다른 사람을 돕는 것은 개인의 의지의 문제로서 도덕적 의무를 법적으로 강제하는 것은 옳지 않다고 주장한다.

1. **이해하기** ①을 통해 볼 때 민주주의 사회에서 법률은 민주적 절차에 따라 제정된다. 따라서 법률 제정은 그 사회에서 합의된 가치를 담아내는 과정이라고도 볼 수 있다. '착한 사마리아인법'을 시행하고 있는 나라들은 어떠한 가치를 중시하는 사회인지 이야기해 보자.

2. **이해하기** ②에서 살펴본 헌법은 여러 규범들 중 가장 큰 권위를 갖는다. '착한 사마리아인법'의 경우처럼 법률 제정과 관련된 논란이 있을 때 헌법이 기준이 되는 이유는 무엇인가?

3. '착한 사마리아인법'이 필요하다고 생각하는가? 그렇게 생각하는 이유는 무엇인가?

자기평가

자신이 이 장의 내용을 잘 이해했는지, 주제에 대한 이해를 확장하여 자신의 견해를 이야기할 수 있는지 아래의 질문에 답해 보자.

- 법의 의미와 기능에 대해 이해했는가?
- 글의 주제와 내용을 파악할 수 있었는가?
- 법의 필요성에 대한 자신의 견해를 말할 수 있었는가?

5

인권에 대한 이해

이 장에서는

인권은 인간이라면 누구나 가지는 **기본적 권리**이다. 인간은 스스로의 인권을 보장받기 위해 오랜 시간 노력해 왔다. 모든 국민, 국가에 공통적으로 적용되어야 할 인권에는 무엇이 있을까? 인권이 보장되는 사회를 만들기 위해서는 어떻게 해야 할까? 이 장에서는 인권에 대해 이해하고 이를 보장하기 위해 어떻게 해야 할지 고민해 보자.

들어가기

1. 아래에 제시된 단어의 의미를 생각해 보자.

자유권, 참정권, 인권, 존엄성, 평등권

2. 위의 단어를 적절한 위치에 넣어 보자.

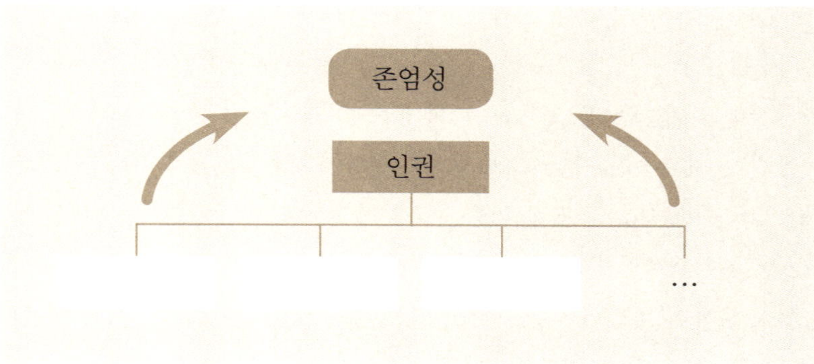

3. 단어들의 관계를 설명해 보자.

1. 인권이 보장되어야 한다는 생각은 언제부터 하게 되었을까?

2. 핵심어를 파악하며 글을 빠르게 읽어 보자.

인권의 탄생

아이제이아 벌린은 인권이라는 개념은 "상당히 현대적인 것"이라고 주장했다.

> 일찍이 장 코도르세는 그리스·로마 시대의 법에 개인의 권리에 관한 개념은 없었다고 결론을 내렸다. 유대·중국 등 그 뒤에 나타난 다른 모든 고대 문명권도 사정은 마찬가지였던 듯하다. 인권사상이 득세하게 된 것은 서구의 역사에서도 예외에 속하는 일이다.

인권은 따지고 보면 겨우 18세기 계몽운동 시대에 등장한 개념이다. 인간의 이성이 종교를 압도하기 시작하고 개인적 자유와 사회적 평등에 대한 자각이 일어나면서 생겨난 사상이다. 미국 캘리포니아 주립대학 유럽 근대사 교수인 린 헌트는 자신의 1996년 저서 〈프랑스 혁명과 인권〉에서 이렇게 말했다. "하나의 사상은 영원한 진리가 아니라, 특정한 시기에 특정한 장소에서 일어난 사회적 대변동에 의한 반응으로 생겨나는 것이다." 헌트는 "보편적인 인권 사상의 발원지는 서구였다"고 설명한다. 인권 역시 갑자기 나타난 것이 아니라 18세기 천천히 모습을 드러내기 시작했다. 이는 크게 볼 때 당시 대영제국 내부에서, 또 대영제국과 북아메리카 식민지 사이에서, 그리고 프랑스 내부에서 동시다발적으로 터져 나온 정치적 갈등에 대한 반작용이었다.

혁명을 암시하는 이 새로운 철학은 곧 행동으로 옮겨졌다. 파리 시민들이 바스티유를 공격한 지 6주가 지난 1789년 8월 26일 프랑스 입법의회는 '인권선언'(Declaration of the Human Rights)을 통과시켰다. 이는 계몽운동의 중요한 해방원칙들을 담은 역사적인 문서였다. 이 선언은 "프랑스 국민 대표들…인권에 대한 무지, 무시, 모독이 국민의 피폐와 정부의 부패를 낳았다고 믿는 바, 이에 인간의 자연적이고 양도할 수 없으며, 신선한 권리를 엄숙히 선언하기로 결정했다"는 문구로 시작된다. 그리고 선언 1조에 상상 속에 그려왔던 사상을 담았다.

인간은 나면서부터 자유로우며 평등한 권리를 가진다.

이 단순하면서도 위대한 문장은 귀족 엘리트들의 특권을 넘어 모든 인간이 가지는 가장 높은 곳에 있는 권리를 주장했다. 지금껏 사람들은 신이 내린 사회적 신분 체계를 통해 매겨진 지위로 인간을 정의해왔다. 그러나 인권이 선언되는 순간, 적어도 이론적으로나마 사람들은 자유와 평등이라는 보편적 권리에 의해 인간을 정의하게 되었다. 인권이 이 세상에 온 것이다.

혁명의 열기는 곧 사그라들었다. 그리고 한 세기 반이 흐르는 동안 인권의 진보는 국가라는 장벽 안에서 더디게 이루어졌다. 노예제나 전족(纏足), 전쟁범죄 등을 반대하는 국제적인 운동도 산발적으로 펼쳐졌다. 하지만 큰 흐름에서는 개개 국가의 통치권이 압도하는 형편이었다. 인권을 세계무대에 올라서게 한 결정적인 계기는 바로 ㉠ 제2차 세계대전이었다. 그제야 비로소 지금 우리에게 익숙한 국제법과 조약들이 생겨나 개인의 권리를 옹호하고 인권탄압죄를 단죄하는 인권시대가 모습을 갖추기 시작했다.

커스틴 셀라스. 『인권 그 위선의 역사』. 2002. 오승훈 역. 서울: 은행나무, 2003.

3. 핵심어를 중심으로 글을 요약해 보자.

4. 글을 다시 읽고 다음 질문에 답해 보자.

(1) 인권은 언제 등장한 개념인가?

(2) ㉠은 인권 형성에 어떤 영향을 미쳤는가?

5. 인권은 시대를 거치며 그 중요성이 강조되어 왔다. 미래 사회에는 어떠한 요인들이 인권에 영향을 줄 것이라고 생각하는가?

이해하기 2

1. 인간으로서 반드시 보장받아야 할 권리에는 어떤 것들이 있는가?

2. 다음 글에서 '세계인권선언'의 조항을 몇 개의 범주로 나누고 있는지 파악하며 읽어 보자.

〈세계인권선언〉에서는 근대 시민혁명을 전후해서 정착되어 온 여러 권리들과 함께 사회적·경제적 권리까지 열거하고 있습니다.

중요한 내용들을 몇 가지만 살펴보겠습니다. 첫 번째로 제2조에서 차별 금지에 대해 규정합니다. 인종, 피부색, 성, 언어, 종교, 정치 또는 그밖의 견해, 민족 또는 사회적 출신, 재산, 출생 또는 다른 사회적 지위 등에 관계없이 〈세계인권선언〉에서 정한 권리와 자유를 누릴 수 있다고 명시하고 있습니다.

두 번째로 제3조부터 제21조까지는 주로 근대 시민혁명(1차 인권 혁명)을 통해 발전되어 온 자유권과 참정권에 대해 열거합니다. 생명권, 노예제도 금지, 고문이나 비인간적인 처우와 형벌 금지, 법 앞에서 평등할 권리, 인권을 침해당할 때 법적 구제를 받을 권리, 자의적인 체포·구금·추방을 당하지 않을 권리, 공정한 재판을 받을 권리, 유죄판결이 확정될 때까지 무죄로 추정받을 권리, 사생활·명예·신용을 보호받을 권리, 거주 이전의 자유를 누릴 권리, 박해를 피해 외국에서 피난처를 구할 권리, 국적을 취득할 권리, 결혼할 권리, 재산을 소유할 권리, 사상과 양심과 종교의 자유, 의견의 자유와 표현의 자유, 평화적인 집회·결사의 자유, 참정권, 보통·평등·비밀·자유투표의 원칙 등이 포함됩니다.

세 번째로 제22조부터 제27조까지는 경제·사회·문화적 권리들에 대해 규정하고 있습니다. 이 권리들은 19세기 후반 이후로 발전해 온 것들입니다. 제22조에서는 모든 인간은 사회보장제도를 누릴 권리를 가지며, 또한 "자신의 존엄성과 인격의 자유로운 발전을 위해 경제, 사회, 문화적 권리들을 실현할 수 있다."라고 선언하고 있습니다. 그리고 제23조에서는 자유로운 직업 선택, 실업에 대한 보호, 동일한 노동과 동일한 임금, 정당한 보수를 보장받을 권리 등을 비롯하여 노동과 관련된 권리에 대해 규정하고 있습니다. 제24조에서는 휴가와 여가를 누릴 권리를 규정하고 있습니다. 제25조에서는 의식주와 의료 등에서 자신과 가족의 건강과 안녕을 위해 적합한 생활수준을 누릴 권리와 실업·질병·불구·노령 등의 경우에 사회보장을 누릴 권리를 규정하고 있습니다. 모성보호母性保護와 어린이 보호에 대해서도 명시하고 있습니다. 제26조는 교육권에 관한 것으로, 초등교육은 무상이자 의무적으로 제공되어야 한다고 규정하고 있습니다. 기술교육 · 직업교육 · 고등교육도 모든 사람에게 개방되어야 한다고 명시하고 있습니다. 제27조에서는 문화생활에 참여하고 예술을 감상하는 등의 문화적 권리에 대해 규정하고 있습니다.

논의는 되었지만 빠진 권리들도 있습니다. 자신이 속해 있는 국가나 유엔에 청원서를 제출할 권리인 청원권은 빠졌습니다. 유엔에 청원할 권리를 인정하면 국가의 주권이 침해될 수 있다는 반발이 있었기 때문입니다. 소수민족의 권리나 억압에 대한 저항권도 명시되지 못했습니다. 여러 다른 의견들이 존재했기 때문입니다.

이 〈세계인권선언〉 자체는 그야말로 하나의 선언일 뿐이었습니다. 선언이라는 것은 일반적으로 그것에 따를 도덕적 의무를 발생시키지만, 법적 의무까지 발생시키는 것은 아닙니다. 그래서 〈세계인권선언〉의 실효성에 대해 의문을 제기하는 사람도 있었습니다.

그러나 〈세계인권선언〉의 기초 작업에 참여한 사람들은, 자신들이 법적 구속력이 있는 협약으로 가는 첫걸음에 동참하고 있다고 느꼈다고 합니다. 총회에서 처음 선언을 채택할 당시에는 법적 구속력을 갖는다고 주장하는 사람이 거의 없었지만, 차츰 그렇게 발전해 갈 것이었기 때문입니다. 실제로 1948년 이후에 헌법을 제정한 많은 국가들이 〈세계인권선언〉을 자국의 헌법에 인용함으로써 선언 내용을 그 안에 포함시켰습니다. 그리고 여러 국제조약들이 제정되고, 많은 결의문과 선언들이 채택되면서 〈세계인권선언〉은 사실상 법적인 구속력까지 갖추게 되었습니다.

따라서 〈세계인권선언〉은 ㉠ 인권에 대한 보편적 합의를 만들어 내고, 그 합의를 법적 구속력까지 갖춘 것으로 발전시키는 중요한 출발점이 되었습니다.

하승수. 『젊은 지성을 위한 세계인권사』. 서울: 두리미디어, 2012.

3. '세계인권선언'의 핵심 내용을 범주별로 정리해 보자.

4. 글을 다시 읽고 다음 질문에 답해 보자.

(1) '세계인권선언'의 실효성에 의문이 제기된 이유는 무엇인가?

(2) ㉠의 의미는 무엇이겠는가?

5. 시대에 따라 인권의 보장 범위가 어떻게 변해 왔는지에 대해 이야기해 보자.

다음은 우리 사회에 여전히 불평등이 존재하고 있음을 보여주는 그림이다. 인간이라면 누구나 평등하게 살아갈 권리가 있지만 이 사회에는 여전히 차별이 존재하고 있다.

1. **이해하기** ①에서 확인하였 듯이 인권이 형성된 지는 오랜 시간이 지났다. 그럼에도 불구하고 위와 같은 그림이 나오게 된 이유는 무엇일지 이야기해 보자.

2. 위의 그림은 '세계인권선언'의 어떠한 조항과 관련된 것인가? **이해하기** ②에서 그 조항을 찾아보자.

3. 자기 나라에서는 인권을 어떻게 보장하고 있는지 이야기해 보자.

자기평가

자신이 이 장의 내용을 잘 이해했는지, 주제에 대한 이해를 확장하여 자신의 견해를 이야기할 수 있는지 아래의 질문에 답해 보자.

- '세계인권선언'에 대해 이해했는가?
- 글의 주제와 내용을 파악할 수 있었는가?
- 인권에 대한 자신의 견해를 말할 수 있었는가?

6

인간에 대한 이해를 위한 심리학

이 장에서는

한 사람의 **성격**은 어떻게 형성되는 것일까? 그리고 사람들은 무엇을 기준으로 다른 사람의 성격이나 **행동**을 판단할까? **심리학**에서는 사람들의 성격과 행동에 영향을 미치는 것이 무엇인지 연구한다. 이 장에서는 인간의 심리를 이해하기 위해 성격 형성과 행동에 영향을 미치는 요인이 무엇인지 알아보자.

들어가기

1. 아래에 제시된 단어의 의미를 생각해 보자.

행동, 성격, 환경, 유전

2. 위의 단어를 적절한 위치에 넣어 보자.

3. 단어들의 관계를 설명해 보자.

1. 다른 사람들의 행동을 이해하고자 할 때 무엇을 고려해야 할까?

2. 핵심어를 파악하며 글을 빠르게 읽어 보자.

우리의 사회행동은 사회인지로부터 발생한다. 특히 예상치 않았던 일이 발생하면 우리는 왜 사람들이 그렇게 행동했는지를 이해하고 설명하고자 원하게 된다. 사람들이 상대방 행동을 어떻게 설명하는 것인지를 연구한 후에 프리츠 하이더(1958)는 귀인 이론(attribution theory)을 제안하였다. 즉, 우리는 행동을 개인의 안정적이고 지속적인 특질에 귀인하거나(성향 귀인), 아니면 상황에 귀인할 수 있다(상황 귀인).

예컨대, 수업시간에 영숙이는 거의 말을 하지 않는다. 커피를 마시면서 철수는 끊임없이 말한다. 우리는 이들이 그런 부류의 사람이기 때문이라고 결정한다. 영숙이는 수줍어하며 철수는 외향적임에 틀림없다. 이러한 귀인, 즉 성향 귀인은 타당한 것일 수 있다. 사람들은 지속적인 성격 특질을 가지고 있기 때문이다. 그렇지만 때때로 우리는 성격의 영향력을 과대평가하고 상황의 영향력을 과소평가하는 근본적 귀인 오류(fundamental attribution error)의 희생양이 되기도 한다(Ross, 1977). 강의실에서는 철수도 영숙이 못지않게 조용할 수 있다. 파티장에서 영숙이를 보면, 조용하기만 하였던 영숙이를 몰라볼는지도 모른다.

㉠ 데이비드 나폴리탄과 조지 괴달스(1979)가 수행한 실험은 이 현상을 잘 예증한다. 이들은 윌리엄스대학의 학생들에게 한 번에 한 사람씩 젊은 여자와 이야기를 나누도록 하였는데, 젊은 여자는 냉담하고 비판적이거나 따뜻하고 친절하게 연기하는 실험 협조자였다. 사전에 절반의 학생들에게는 여자의 행동이 자발적인 것이라고 알려주었으며, 다른 절반의 학생들에게는 여자가 친근하게(또는 냉담하게) 행동하도록 지시받았다는 사실을 알려주었다.

사실을 알려준 것이 그 여자에 대한 학생들의 인상에 영향을 미쳤겠는가? 전혀 효과가 없었다. 두 집단 모두 여자가 친근하게 행동할 때에는 그녀가 정말로 따뜻한 사람이라고 추론하였으며, 냉담하게 행동할 때는 정말로 냉담한 사람이라고 추론하였다. 다시 말해서 학생들은 그녀의 행동이 상황적인 것이라는 사실을 말해주었을 때조차도, 즉 그녀는 단지 실험 목적을 위해서 그런 행동을 한 것이라는 사실을 알려주었을 때조차도 그녀의 행동을 개인 성향에 귀인하였던 것이다.

근본적인 귀인 오류는 특정 문화에서 더 자주 나타난다. 개인주의적인 서구인들은 행동을 개인 특질에 더 자주 귀인한다. 동아시아 문화권의 사람들은 상황의 위력에 더 민감하다(Heine&Ruby, 2010; Kitayama et al., 2009). 이러한 차이는 커다란 물고기가 헤엄치는 것과 같은 장면을 사람들에게 보여준 실험에서 나타났다. 미국인들은 개별 물고기에 더 많은 주의를 기울이는 반면, 일본인들은 전체 장면에 더 많은 주의를 기울였다(Chua et al., 2005; Nisbett, 2003).

우리는 모두 근본적인 귀인 오류를 범한다. 다음을 생각해 보자. 여러분의 심리학 교수는 내성적인가, 아니면 외향적인가?

만일 여러분의 답이 '외향적이다'라면, 여러분은 그 교수를 강의실이라는 특정 상황을 통해서만 알고 있는데, 강의실은 교수에게 외향적 행동을 요구하는 장소라는 사실을 기억하기 바란다. 자신의 행동을 강의실뿐만 아니라 가족과 함께 있을 때, 회의에서, 여행을 할 때도 관찰하는 여러분의 교수는 이렇게 말할지도 모른다. "내가 외향적이라고요? 상황에 따라 다르지요. 강의실이나 친한 친구와 있을 때는, 그렇지요, 외향적입니다. 그렇지만 학회와 같은 전문적인 모임에서는 조금 소극적이지요." 자신에게 부여된 역할을 벗어나면, 교수는 덜 교수답게, 대통령은 덜 대통령답게 그리고 변호사는 덜 법조인답게 보인다.

자신의 행동을 설명할 때 우리는 행동이 상황에 따라 매우 가변적이라는 사실을 민감하게 느낀다(Idson&Mischel, 2001). 한 가지 중요한 예외가 있다. 사람들은 자신의 의도적이고 바람직한 행위는 상황이 아니라 자신의 좋은 의도에서 더 자주 귀인한다(Malle, 2006; Malle et al.,2007). 또한 사람들은 자신이 잘 알고 있는 사람의 행동을 설명할 때 상황의 위력에 민감해진다. 낯선 사람이 나쁜 행동을 할 때 근본적 귀인 오류를 범할 가능성이 매우 높다. 시합의 열기가 뜨거울 때 얼굴이 벌게져서는 심판에게 야유를 퍼붓는 열성 팬만을 보았을 때는 그가 형편없는 사람이라고 생각할 수 있다. 그렇지만 경기장 밖에서 그는 좋은 이웃이며 대단한 부모일지도 모른다.

우리가 행동할 때 눈은 바깥쪽을 향한다. 자신의 얼굴이 아니라 상대방의 얼굴을 본다. 만일 관찰자의 견지를 취할 수 있다면, 우리 자신의 개인적 스타일을 더 잘 자각하게 되겠는가? 이 생각을 검증해보기 위하여 연구자들은 두 사람이 상호작용하는 장면을 각자의 뒤쪽에서 녹화하였다. 그런 다음에 각 참가자에게 상대방의 조망에서 녹화한 장면을 보여주었다. 이것은 효과가 있었다. 상대방의 입장에서 자신의 행동을 봄으로써, 참가자들은 상황의 위력을 보다 잘 이해하게 되었다(Lassiter& Irvine, 1986; Storms, 1973).

David G. Myers 외. 『마이어스의 심리학』, 제11판. 2015. 신현정 외 역. 서울:시그마프레스, 2015.

3. 핵심어를 중심으로 글을 요약해 보자.

4. 글을 다시 읽고 다음 질문에 답해 보자.

(1) 사람들이 귀인 오류를 범하는 이유는 무엇인가?

(2) 필자가 ㉠의 실험을 예로 든 이유는 무엇이겠는가?

5. 사람의 행동은 개인적인 성향 혹은 개인이 놓인 상황의 영향을 받는다. 이 중 사람의 행동에 더 많은 영향을 미치는 것은 무엇이라고 생각하는가?

1. 사람들의 성격이 서로 다른 이유는 무엇이겠는가?

2. 각 단락의 핵심 내용을 파악하며 글을 빠르게 읽어 보자.

성격의 본질과 발생

성격 특징은 삶의 과제를 해결하려는 어떤 사람의 심리가 특정한 표현 형식으로 나타난 것이다. '성격'은 사회적인 개념이다. 따라서 그 사람이 속한 환경과의 관계를 파악하지 않고서는 성격에 대해 논의할 수 없다. 로빈슨 크루소처럼 주변 세계와 동떨어진 사람이 어떤 성격의 소유자인지는 중요하지 않다. 성격은 정신이 결정하는 태도이며, 사람이 주변 세상과 관계를 맺는 방법이자, 인정받고 싶다는 욕구와 공동체 의식이 맞물려 이루어지는 행동방침이다. 사람이 취하는 모든 행동이 목표에 따라 결정된다는 사실은 분명하다. 이 목표는 우월함, 권력, 다른 사람을 압도하려는 정복 심리에서 비롯된다. 이러한 목표가 세계관에 영향을 끼쳐 인생관과 생활방침을 제공하고 그에 맞는 표현을 이끌어 낸다.

성격은 생활 방식이 외부로 표현된 형태이다. 따라서 성격을 살펴보면 어떤 사람이 자신이 속한 주변 세상과 삶, 공동체 그리고 자신의 삶의 과제를 어떠한 방식으로 인식하는지 알 수 있다. 성격은 개성을 발휘하기 위한 수단이다. 또한 성격이 어떻게 나타나느냐에 따라 살아가는 방법이 달라진다. 성격은 일반적으로 생각하듯이 자연으로부터 부여받은, 즉 태어날 때부터 지닌 선천적인 것이 아니다. 성격은 그림자처럼 인간에게 달라붙어 어떤 상황이 닥치더라도 일관성 있는 반응을 보이도록 하는 행동방침이다. 아직 나이가 어린 아이도 일정한 생활 방식을 유지하기 위해 스스로 성격을 습득한다. 예를 들어, 여기 몹시 게으른 아이가 있다. 이 아이의 게으른 성격은 태어날 때부터 타고난 것이 아니다. 안락함을 추구하는 자신의 가치를 내세우기 위해 가장 적합한 수단으로 게으름을 선택한 것뿐이다. 이처럼 게으름 속에도 권력을 추구하는 본능은 존재한다. 그리고 자신의 게으름이 선천적인 결함 때문이라고 변명한다. 이렇게 되면 아이의 내면적 가치는 전혀 손상되지 않는다. 이러한 자기 관찰의 결론은 대개 다음과 같다.

'내게 이 결함이 없다면 내 능력을 거침없이 발휘했을 텐데. 하지만 안타깝게도 내겐 결함이 있어.'

또한 권력 추구에 눈이 멀어 주변 사람과 늘 다툼을 벌이곤 하는 사람은 투쟁에 필요한 성격을 습득한다. 바로 야심, 시기, 불신이다. 우리는 이러한 성격 특징을 인격과 분리해서 바라보지 못하며, 선천적이기 때문에 변할 수 없다고 생각한다. 그러나 자세히 관찰해 보자. 성격은 생활 방식에 따라 필요하다고 생각했기 때문에 습득하는 것이다. 그렇다면 근본적인 제1차 요인이 아니라 부수적인 제2차 요인이다. 또 개인의 내밀한 목표에 따라 만들어진 것이기 때문에 목적론적인 관점에서 관찰해야 한다. 사람이 살아가고 행위를 하며 행동 방식을 결정하는 데는 개인의 목표가 밀접하게 관련되어 있다. 만약 사람에게 일정한 목표 의식이 없다면 무언가를 생각하지도 않을 것이고 어떤 일에 착수하려고 들지도 않을 것이다. 이 목표는 유년기 때부터 아이의 마음속에 자리 잡아 심리적 발달에 방향을 제시한다. 즉 목표 의식은 아이의 삶을 이끌고 표현하는 힘이고 개인의 일관된 통일성, 즉 타인과는 다른 인격을 형성하는 힘이다. 사람의 모든 행동과 표현은 늘 같은 방향(목표)을 지향하기 때문에, 우리는 그 사람의 목표와 행동에 따라 그가 어떠한 사람인지 판단할 수 있다.

심리적인 현상, 특히 성격 특징의 형성에 유전적인 영향은 그다지 중요하지 않다. 유전학설을 내세울 만한 근거가 전혀 없다. 사람이 무엇인가를 표현하는 현상의 기원을 거슬러 올라가 보면 당연히 처음 태어나는 순간에 도달한다. 따라서 모든 현상에는 선천적인 원인이 있다고 착각할 수 있지만, 이것은 눈속임일 뿐이다. 가족, 민족, 인종 간에 공통적인 성격 특징이 있다면, 이는 한 사람이 다른 사람에게 보고 듣고 배운 특징을 자신의 내부로 받아들여 따라 하기 때문이다. 모든 문화에는 한참 자라나는 아이들이 모방하고자 하는 어떤 절대적인 사실이나 심리적인 특징, 그리고 신체적인 표현 양식이 있는 법이다. (중략)

우리는 매우 복잡한 문화적 상황 속에서 살고 있다. 올바른 삶을 위한 교육이 어려운 상황이다. 우리는 '사람에 대한' 예리한 통찰력을 개발할 수 있는 가장 중요한 수단을 잃었다. 지금까지의 학교는 아이들 앞에 지식을 그저 펼쳐놓기만 하고, '억지로 주입하는 교육'밖에 하지 못했다. 아이들의 관심을 자극하려는 시도조차 하지 않았다. 게다가 이런 주입식 교육이라도 해 주는 학교조차 부족해서 더 나은 교육에 대한 기대는 덧없는 바람에 지나지 않는다. 또한 학교에서는 인간 이해를 위해 필요한 중요한 전제를 지금까지 등한시했다. 우리는 이런 교육을 받으며 인간을 판단하는 기준을 습득했다. 또한 세상만사를 선과 악으로 이분하여 구별하는 법을 배웠다. 그러나 이러한 잘못된 지식을 수정하는 방법은 배우지 못했다. 따라서 우리는 잘못된 생각을 지닌 채로 사회로 나갔으며 그 때문에 지금도 고생하는 중이다. 어린 시절에 주입된 편견을 우리는 어른이 되어서도 신성한 법칙처럼 신용한다. 고도로 복잡하고 혼란스러운 문명 속에 살아가면서도 우리는 이러한 편견이 올바른 인식을 갖추지 못하도록 방해하는 요인임을 깨닫지 못한다. 왜냐하면 우리는 자신의 평가를 높이고 더 큰 권력을 얻고 싶다는 욕망에 가득 차 살아가기 때문이다. 이 때문에 우리의 시각은 너무도 객관적이다.

알프레드 아들러. 『성격 심리학』. 1927. 윤성규 역. 서울: 지식여행, 2012.

3. 각 단락의 핵심 내용을 중심으로 주제문을 써 보자.

4. 글을 다시 읽고 다음 질문에 답해 보자.

(1) 성격이 선천적으로 형성되는 것이 아닌 이유는 무엇인가?

(2) 필자는 성격 형성에 영향을 미치는 요인에 대해 어떤 견해를 갖고 있는가?

5. 사람들은 환경적 요인의 영향을 받아 편견을 갖기도 한다. 이렇게 생긴 편견을 가지고 다른 사람을 평가하는 사례에는 어떤 것이 있겠는가?

심화하기

심리학에서는 개인의 성격 형성을 설명할 때 환경의 영향에 주목한다. 특히 가족 구성원들은 개인의 성격 형성에 많은 영향을 주는 환경적 요인으로 꼽힌다.

아들러는 출생순위에 따른 전형적인 성격 차이에 주목한 최초의 심리학자이기도 하다. 아들러는 한 가족 안의 아이들이 같은 부모 아래서 자란다고 해서 모두 동일한 가족환경에서 성장하는 것이 아니라고 생각했다. 실제로 각 아이들의 심리사회적 환경은 출생순위에 커다란 영향을 받는다. 출생순위와 가족 내 위치는 아이가 성인이 되었을 때 사회와 상호작용하는 방식에 큰 영향을 준다.

형제 중 가장 큰아이의 경우, 그 아이의 심리사회적 조건은 폐위된 왕에 비유될 수 있다. 다시 말해 세상의 모든 권위를 누리고 온갖 칭송을 한 몸에 받다가 어느 날 갑자기 폐위되는 왕의 신세가 바로 아이의 처지라는 것이다. 이런 심리사회적 환경 덕분에 큰아이는 책임감과 배려심 같은 긍정적 특성을 발달시키기도 하지만 때로는 자신감 부족, 비관주의, 적대적 성향, 보수적이고 규율을 중시하는 성향을 나타내기도 한다.

둘째 아이가 처하게 되는 심리사회적 조건은 언제나 손위의 형제들이 삶의 모델이 되고 생애 초기부터 부모의 관심과 애정을 다른 형제 또는 자매와 나누어야 한다는 것이다. 그 덕분에 둘째는 야심에 찬 경쟁자이자 공동체 지향적인 특성을 나타낼 수 있다. 하지만 동시에 이들은 반항적이고 질투심이 많으며 승부에 집착하고 추종자가 되는 것을 거부할 수 있다.

막내가 처하게 되는 심리사회학적 조건은 본받아야 할 다수의 모델들이 있고 여러 사람에게서 많은 애정을 받으며 설사 애정을 다른 형제자매와 나눈다고 하더라도 가족들 사이에서 대우받는 지위가 흔들리지 않는 것이다. 그 덕분에 이들은 항상 많은 자극과 경쟁 속에 성장하게 되어 다른 형제를 앞지르고자 하는 욕구가 강할 수 있다. 하지만 너무 이른 시기에 다른 형제들과 비교 및 경쟁에 노출되기에 잠재적으로 열등감을 품을 수 있고 또 가족들의 과잉보호로 인한 부적응 문제에 처할 위험이 있다.

외동아이의 경우, 이들이 처하는 심리사회적 조건은 부모의 애정을 독차지할 수 있다는 것이다. 외동아이들은 자부심이 강하고 자기중심적이며 독립적인 특성을 발달시킬 수 있다. 하지만 부모로부터 지나친 관심이 집중될 경우 공주병이나 왕자병과

같은 문제 행동을 나타낼 수 있고 유아독존적이고 경쟁을 회피하려는 특성을 나타낼 수 있다. (후략)

고영건. 『그림으로 이해하는 심리학』. 서울: 개마고원, 2013.

1. **이해하기** ①의 내용에 따르면 일반적으로 첫째 아이와 둘째 아이를 평가할 때 사람들이 일으키는 귀인 오류는 무엇이겠는가?

2. **이해하기** ②의 내용에 따르면 첫째 아이와 둘째 아이의 성격 형성에 영향을 준 환경적 요인에는 어떤 것들이 있겠는가?

3. 가족 구성원이 개인의 성격 형성에 어떤 영향을 줄 수 있는지에 대해 자신과 주변 사람들의 사례를 들어 이야기해 보자.

자기평가

자신이 이 장의 내용을 잘 이해했는지, 주제에 대한 이해를 확장하여 자신의 견해를 이야기할 수 있는지 아래의 질문에 답해 보자.

- 귀인 이론과 성격 형성에 대해 이해했는가?
- 글의 주제와 내용을 파악할 수 있었는가?
- 성격 형성과 환경의 관계에 대한 자신의 견해를 말할 수 있었는가?

7

기업의 혁신

이 장에서는

기업은 살아남기 위해 끊임없이 변화하고 혁신해야 한다. 혁신에 성공하기 위해서 기업은 조직을 어떻게 관리해야 할까? 최고경영자와 중간관리자, 일선 직원 등 구성원들의 역할은 무엇일까? 이 장에서는 기업 경영에서 혁신의 중요성과 혁신을 위한 조직 관리 방법, 구성원들의 역할에 대해 고민해 보자.

들어가기

1. 아래에 제시된 단어의 의미를 생각해 보자.

혁신, 효율, 기업, 장기적 발전

2. 위의 단어를 적절한 위치에 넣어 보자.

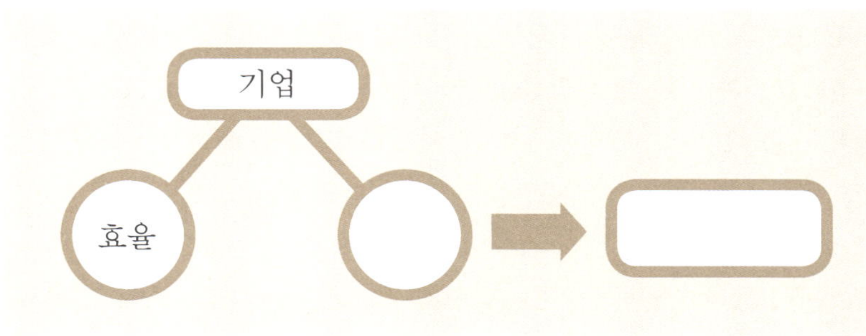

3. 단어들의 관계를 설명해 보자.

이해하기 1

1. 기업이 성공하기 위해서는 효율과 혁신 중 어느 것을 추구해야 하는가?

2. 3번의 표에 들어갈 정보를 찾으면서 글을 빠르게 읽어 보자.

효율이냐 혁신이냐

그렇다면 기존 업무의 효율을 극대화하기 위한 조직 운영 방식과 창의와 혁신을 강조하는 조직 운영 방식은 어떻게 다른가? 〈표 5-1〉은 그동안의 연구 결과를 바탕으로 효율을 추구하는 조직과 혁신을 추구하는 조직의 업무 특성과 조직 운영 방식을 정리하고 있다.

혁신을 추구하는 조직이 효율을 추구하는 조직과 다른 점은 혁신 업무와 운영 업무의 차이에서 비롯된다. 일상적인 운영 업무는 기존 지식을 반복 활용하고 분업 효과를 극대화하며 전문화할수록 효율이 높아지고 단기적인 성과 창출이 가능하며 신뢰성을 높일 수 있다. 반면 창의적이고 혁신적인 업무는 다양한 경험과 아이디어를 결합해 새로운 지식을 창출하는 것이 중요하고 상대적으로 실패 가능성이 높으며 성과가 나타나기까지 오랜 시간이 소요된다.

이런 업무 차이를 고려해 조직 운영에 있어 서로 다른 접근 방법이 필요하다. 효율을 추구하는 조직은 분업의 원리에 기반해 업무를 세분화하고 전문화하며 의사결정 권한을 경영자에게 집중하고 하향식 소통과 수직적 조직관리를 통해 일사불란하게 움직일 수 있도록 하는 것이 바람직하다. 모든 구성원이 지켜야 하는 행동 규범이나 절차를 표준화하고 문제 해결에 있어서도 기존의 검증된 방식에 집중하는 수렴적 사고방식이 효율적이며, 실패를 최소화하고 구성원의 동질성을 강조하는 것이 효율적으로 조직 관리를 하는 데 도움이 된다.

반면 혁신을 추구하는 조직은 다양성을 확장하는 동시에 이런 다양성을 통합할 수 있어야 한다. 이를 위해 실무자에게 의사결정 권한을 위임하고 쌍방향 소통과 부서 간의 협력을 강조하는 수평적 조직관리가 필요하다. 구성원의 유연한 사고와 자율성을 허용하며 문제 해결에 있어서도 다양하고 참신한 대안을 찾는 확산적 사고방식이 도움이 된다. 이 과정에서 발생하는 정직한 실패에 대해서는 관용을 베풀고 서로 다른 지식, 관점, 경험이 생산적으로 결합될 수 있도록 팀워크를 강조하는 것이 바람직하다.

기업은 혁신과 효율을 동시에 추구해야 하는데 이를 위해 제안된 조직관리 방식이 양손잡이조직ambidextrous organization이다. 여기에는 구조적 양손잡이structural ambidexterity 조직과 환경적 양손잡이contextual ambidexterity 조직이 있다.

구조적 양손잡이 조직은 창의와 혁신을 추구하는 조직과 효율과 운영을 추진하는 조직을 구조적으로 분리하고 각각의 조직에 적합한 조직 운영 방식을 차별적으로 적용한다. 동시에 경영진이 두 조직을 아우르는 공통의 비전과 핵심 가치를 제시하고 조직 전체의 성과에 따라 보상을 제공해 원활한 협조와 통합을 유도한다. 중소 중견기업에서는 서로 다른 조직 운영 방식을 동시에 적용하는 데 현실적으로 어려움이 따른다.

반면 환경적 양손잡이 조직은 조직관리 및 인적자원관리 시스템에 의해 조성된 환경이 구성원으로 하여금 기존 업무의 생산성을 높이는 업무와 새로운 혁신을 창조하는 업무 사이에 균형 있게 시간과 역량을 적용할 수 있도록 자율성과 동기부여를 해준다.

캘리포니아주립대학의 클라크 깁슨Clark Gibson 교수와 런던정경대학의 줄리언 버킨쇼Julian Birkinshaw 교수는 규율discipline, 도전stretch, 지원support, 신뢰trust의 네 가지 속성을 가진 조직에서 환경적 양손잡이 방식이 적용 가능하다고 주장한다.

규율이란 목표가 분명하고, 신속하고 공개적인 피드백을 제공하며, 일관된 원칙에 따라 구성원을 관리할 때 생겨난다. **도전**이란 구성원이 자발적으로 목표 수준을 높이는 것을 의미한다. 일반적으로 명확한 목표가 주어지고 이에 상응하는 보상과 긍정적인 피드백이 주어지는 경우 업무 성과가 높아진다. 게다가 구성원이 능동적으로 더 높은 목표에 도전할 기회가 주어지고 그 결과로 인해 자신감과 추가적인 보상이 주어지면 지속적으로 더욱 높은 성과를 낼 수 있다. 성과지향 조직에서는 이 두 가지 속성을 모두 강조한다.

반면 **지원**은 구성원 사이에 지식이나 자원이 공유되고 협업이 원활하게 이루어지며 스스로 의사결정을 할 수 있는 자율성을 제공하는 것을 말한다. **신뢰**는 구성원이 조직의 공정성을 의심하지 않고 경영자의 리더십에 대한 믿음이 있으며 스스로 존중받는다고 느낄 때 생긴다. 구성원에게 고용 안정성과 공정한 승직 기회를 제공하고 참여와 임파워먼트를 강조할 때 조직에 대한 믿음이 높아진다. 조직에 대한 구성원의 신뢰가 커지면 실패의 두려움이 줄고 구성원들이 상호 교류를 통해 다양한 지식과 경험을 나누면서 자발적으로 혁신을 시도한다. 이 같은 속성은 공동체를 강조하는 조직에서 자주 볼 수 있다.

요약하자면 도전적인 목표와 엄격한 규율을 강조하는 성과지향 문화와 구성원 간의 상호 협력과 신뢰를 강조하는 공동체 문화가 동시에 구축된 조직 환경에서는 구성원이 새로운 혁신을 창조하는 노력과 기존 업무의 효율을 높이는 노력을 스스로 선택할 수 있다. 여기에는 단순히 두 가지 상반된 업무에 대해 시간과 자원을 자율적으로 선택하는 것을 넘어 이에 필요한 역량이나 지식을 학습하고 자발적으로 헌신하는 동기부여가 뒤따라야 한다.

김영배 · 정구현 외. 『혁신의 시간』. 서울: 알에이치코리아, 2016.

3. 찾은 정보를 확인하며 아래의 표를 완성해 보자.

	효율 추구 조직	혁신 추구 조직
업무 특성		
조직 운영 방식		

4. 글을 다시 읽고 다음 질문에 답해 보자.

(1) 구조적 양손잡이 조직과 환경적 양손잡이 조직은 어떻게 다른가?

(2) 환경적 양손잡이 방식을 적용할 수 있는 조직은 어떠한 특성을 가지고 있는가?

5. 필자는 효율과 혁신을 동시에 추구하는 조직관리 방식을 제안하고 있다. 효율만을 추구하다 실패한 사례, 혁신을 추구해 성공한 사례, 효율과 성공을 동시에 추구해 성공한 사례 등 다양한 기업의 사례를 찾아 이야기해 보자.

1. 기업에서 의사결정을 하는 사람은 누구인가?

2. 이 글은 다른 사람이 쓴 글의 일부를 인용하고 있다. 인용한 부분을 찾으면서 글을 빠르게 읽어 보자.

지금까지 살아남은 기업들은 그들의 생존전략에 대해 이렇게 말한다. "끊임없이 변화해 위기에 대응했고 자기 변신을 이뤄 왔다." 그러나 여러 기업에서 변화를 추진하기 위해 노력했지만 적절한 성과를 내지 못하고 비효율적인 경우가 대부분이었다.

변화는 일하는 방식이 바뀌고 그것이 기업 내에 체질화되었을 때 정착된다. 새로운 행동이 사회 규범과 공유 가치로 뿌리내리지 못하면 변화 압력이 제거되자마자 곧 퇴화해 버린다. 경영혁신은 극적인 성과를 달성하기 위해 기업 업무를 기본적으로 다시 생각하고 근본적으로 재설계하는 것을 말한다.

일반적으로 '변화' 하면 안정적이지 못하고 비정상적인 것으로 보는 경향이 있는데 여기서 탈피해 오히려 변화가 일상적이고 안정적인 것임을 깨달아야 한다. 우리 주위에 있는 모든 것들은 지금 이 순간에도 변화하고 있다. 기업 환경도 마찬가지다. 따라서 기업이 변화에 대응하는 것은 이처럼 일상적인 것임을 깨달아야 할 것이다.

코터는 리더에게는 자신의 권력을 강제적으로 사용하지 않고 직원들의 자발적인 충성을 끌어내는 기술이 필요하다고 지적한다. 아울러 중간관리자들은 상사와의 불화 때문에 생기는 성과 저하 등의 낭비 요인을 없애기 위해 상사와의 관계를 능동적으로 관리해 나가야 한다.

㉠ 대부분의 리더십 연구나 사례에서는 리더를 주로 한 국가의 수반이나 기업의 최고경영자 등 조직의 책임자로 국한시키는 경향이 있다. 그런데 저자는 "개혁과 변화가 최고경영자의 힘만으로 되는 것은 아니다."라고 주장한다. 개혁과 변화가 성공하기 위해서는 전체 기업 차원의 노력이 필요하다. 이를 위해서는 최고경영자의 리더십이나 개인적 노력 외에 강력한 추진 세력의 참여와 활약이 필수적이다.

그렇다면 개혁과 변화를 성공시키기 위한 강력한 추진 세력은 어디에 있으며 그들은 어떤 사람들이어야 하는가? 미래에는 최고경영자나 조직의 원로들보다는 조직 내부에서 변화를 실천하는, 알려지지 않은 수많은 리더들이 진정한 리더가 될 것이다. 특히 그들 대부분은 종업원들을 조용히 격려하고 보살펴 주는 중간관리자들이다. 이들은 공식적으로 눈에 띄지는 않지만 고객 한 사람 한 사람에게는 매우 중요한 존재임에는 틀림없다.

한 조직에 있어서 최고경영자는 조직의 가장 높은 자리에 존재한다. 조직이나 기업의 규모가 클수록 현장과 최고경영자의 거리는 멀어지게 마련이다. 급박하게 돌아가는 현장의 상황을 알지 못하고서는 올바른 의사결정을 내릴 수 없다. 그렇다고 현장의 정보를 모두 흡수해서 의사결정을 내린다면 신속성이 떨어져 문제가 될 것이다. 정보가 전달되는 동안 내용이 왜곡되는 것도 문제다. 이제는 현장에서 일하는 누군가가 신속하고 정확한 의사결정을 내리고 그에 따라 행동해야 한다. 그리고 그러한 사람들이 바로 중간관리자다. 중간관리자는 더 이상 상부의 지시를 전달하기만 하는 부가가치 없는 사람이 되어서는 안 된다. 그들 나름대로 가치를 창출할 수 있는 사람이 되어야 하는 것이다.

이처럼 기업이 개혁과 변화를 추진할 때는 최고경영자와 일선 직원을 연결하는 중간관리자의 역할과 노력이 매우 중요하다. 특히 변화의 리더는 중간관리자급에서 배출되어 적재적소에서 스스로의 역량을 충분히 발휘해야 한다. 이런 점들을 고려한다면 최고경영자는 변화의 리더를 발굴하고 육성하는 데 최우선 순위를 두고 이 일을 적극 지원해야 할 것이다. 특히 어려운 시기일수록 변화를 주도하는 리더의 활동이 위축되거나 소멸되지 않도록 더욱 강력하고도 지속적인 지원이 있어야 한다. 또한 진정한 변화 리더들을 발굴, 육성, 활용해야 하며 그들의 성장을 가속화시키는 공식적인 프로그램을 만들고 그것을 제도화해야 한다.

박기찬 외. 『경영의 교양을 읽는다』. 서울: 더난출판, 2005.

3. 인용한 부분의 내용은 무엇인가?

4. 글을 다시 읽고 다음 질문에 답해 보자.

(1) 개혁과 변화를 추진할 때 최고경영자와 중간관리자의 역할은 어떻게 다른가?

(2) ㉠과 같은 관점이 갖는 한계는 무엇이겠는가?

5. 필자는 알려지지 않은 수많은 중간관리자가 진정한 리더라고 하였다. 이러한 관점에 동의하는가?

심화하기

기업은 혁신을 위해 중요한 의사결정을 내려야 하는 상황이 수없이 많다. 그리고 혁신의 성패가 기업 전체의 성공과 실패를 좌우할 수도 있다. 〈가〉와 〈나〉는 기업들의 혁신과 관련된 의사결정의 사례들이다.

〈가〉

131년의 역사를 자랑하는 코닥은 전 세계 필름카메라 시장에서 독보적인 존재였다. 1975년에는 세계 최초로 디지털카메라 기술을 개발하기도 하였다. 하지만 코닥은 새로운 시장에 대한 투자보다는 자신들이 점유하고 있던 시장을 유지하는 데에 더 초점을 두었다. 이렇게 시대의 흐름과 변화를 읽기 못한 코닥은 다른 기업에 시장을 내주어야 했고, 결국 파산에 이르게 되었다.

〈나〉

혁신의 대명사 3M의 수석 부회장 신학철이 기업 경영에서 가장 중시하는 것은 현장이다. 그는 기업이 처한 현실을 정확하게 알기 위해서는 현장을 많이 돌아보는 것이 최선이라고 말한다. 현장에 있는 중간관리자들의 목소리가 중요하기 때문이다. 그는 기업이 혁신하려면 중간관리자가 이를 주도할 수 있는 조직의 분위기를 만들어야 한다고 강조한다.

1. **이해하기** 1에 따르면 기업 〈가〉는 혁신에 어떠한 태도를 갖고 있었으며, 그 결과는 어떠하였는가?

2. **이해하기** 2의 내용을 바탕으로 할 때 기업 〈나〉와 같이 중간관리자가 혁신을 주도하는 분위기를 만들기 위해 최고경영자는 어떻게 해야 하는가?

3. 혁신으로 유명한 기업들의 성공 요인은 어디에 있는가? 최근 주목받고 있는 국내외 기업들의 사례를 찾아보자.

자기평가

자신이 이 장의 내용을 잘 이해했는지, 주제에 대한 이해를 확장하여 자신의 견해를 이야기할 수 있는지 아래의 질문에 답해 보자.

- 혁신을 추구하는 기업의 조직 관리에 대해 이해했는가?
- 글의 주제와 내용을 파악할 수 있었는가?
- 혁신을 추구하는 조직에서의 구성원 역할에 대해 자신의 견해를 말할 수 있는가?

8

인간을 위한 의인문학

이 장에서는

의학은 **인간**의 **질병** 치료와 예방에 대해 연구하는 학문이다. 그 중 **의인문학**은 인간이 보다 **건강한 삶**을 살기 위해 의학이 해야 할 일들에 관심을 기울인다. 그래서 현대 의학교육에서는 의인문학의 중요성이 커지고 있다. 이 장에서는 의인문학의 목표를 알아보고 의학교육에서 중요하게 다루어져야 할 것들에 대해 생각해 보자.

들어가기

1. 아래에 제시된 단어의 의미를 생각해 보자.

의학, 질병, 인간, 사회

2. 위의 단어를 적절한 위치에 넣어 보자.

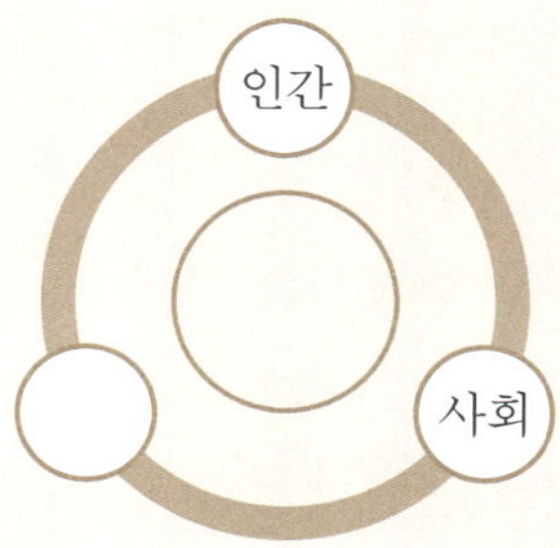

3. 단어들의 관계를 설명해 보자.

1. 의과대학에서는 학생들에게 무엇을 가르칠까?

2. 각 단락의 핵심 내용을 파악하며 글을 빠르게 읽어 보자.

의학의 급속한 발전과 함께 의과대학에서 가르치고 배워야 할 의학지식도 기하급수적으로 증가하고 있다. 의과대학에서 4년이라는 제한된 기간 동안 기초의학과 임상의학을 가르치는 데에도 시간이 너무도 부족한 상황인데, 왜 갑자기 인문사회의학이라는 그 개념조차 모호한 내용을 가르치는 데 귀중한 교육 시간을 할애하여야 하는가? 이 질문은 과거부터 현재까지 끊임없이 제기되고 있고, 앞으로도 지속될 것으로 보인다. 따라서 여기서는 인문사회의학을 교육시켜야 하는 이유를 정리해 보고자 한다. 실제로 의학교육학적 측면에서 무엇을 가르칠 것인가에 대한 교육내용은 학문, 학습자, 사회라는 세 가지 축에 의해 결정되므로(Tyler, 1949; 성태제, 2007), 여기서도 그 틀을 갖고 그 이유를 설명해 보고자 한다.

지금까지 의학 및 의학교육이 가장 많이 비판받는 것 중 하나는 의사가 환자를 보는 것이 아니라 질병에 초점을 맞춘 생의학적(biomedical) 모델에 기반했다는 점이었다. 기본적으로 의학이라는 학문은 자연과학적 의학을 표방하고 있으나 그것이 절대적인 것은 아니며 과학기술의 발전과 함께 그 개념은 변화하고 발전해 왔다. 대표적인 패러다임의 변화로 건강과 질병에 대한 생의학적 모델(biomedical model)로부터 생심리사회적 모델(bio-psycho-social model)로의 변화를 들 수 있다. 전통적인 생의학적 모델은 네 가지 측면(질병의 정의, 특정적 병인론, 보편적 질병 가정, 의학의 가치중립성 가정)에서 한계를 가진다. 첫째, 생의학적 모델에서는 질병을 측정 가능한 생물학적 변이의 기준에서 멀리 벗어난 상태, 즉 일탈된 상태로 규정하고 있으며, 이 기준에 의하면 건강은 '질병이 없는 상태'를 의미한다. 이 건강개념은 '단순히 질병이 없는 상태가 아니라 신체적, 정신적, 사회적 건강 상태'로 정의하는 세계보건기구(WHO)의 건강 개념과 동떨어져 있음을 알 수 있다. 또한 질병을 일탈로 보고, 정상 범주에서 벗어난 상태라고 정의할 때, 과연 정상이라는 것이 이상적인 상태인지 아니면 모집단의 평균값을 의미하는지 불분명하다. 둘째, 생의학적 관점에 입각한 병인론에 의하면 질병은 특정한 세균(미생물)이 인체에 침투함으로써 발생한다고 본다. 현대 사회에 만연한 질병은 더 이상 이러한 세균침입설로 설명되는 전염성 질환이나 급성질환이 아니며, 생활양식의 변화로 생겨나는 만성질환(chronic disease)이 대부분이며, 질병에 대한 진단도 객관적으로 규정되는 것이 아니라 의사와 환자 간 협상과 합의의 결과(Bilint, 1957)라는 사실은 병인론의 주장을 일축하고 있다. 셋째, 모든 질병이 인류에게 보편적인 형태로 나타난다는 가정 역시 질병을 규정하고 치료하는 방식 면에서 사회문화적 요인을 간과하고 있다. 넷째, 의학의 가치중립성에 대한 가정은 과학적 의학에 기초를 두고 있고, 사회제도 내에서 질병을 통제한다는 점에서는 공통적인 기능을 하고 있지만, 실제 어떤 사회제도인가에 따라 의사의 권위, 치료방법이 달라지는 점을 간과할 수 없다. 이와 같이 인간의 몸과 질병은 생물학적 측면뿐만 아니라 사회문화적, 심리적 측면을 함께 갖고 있기 때문에 기존의 생의학적 모델은 한계를 가질 수밖에 없다.

한편, 의학교육에서 패러다임의 변화는 의학교육과정에 대한 Harden의 SPICES 모델에 잘 나타나 있다. 이 모델에 의하면 의학교육과정이 교수중심에서 학생중심, 정보수집학습에서 문제중심, 과목중심 교육에서 학제 간 통합 교육, 병원 중심에서 지역사회 중심, 획일화된 교육과정에서 선택교육과정, 도제식 교육에서 체계적 교육으로 전환되는 것이 바람직하다고 한다. 하지만 각각의 스펙트럼에서 어느 한쪽의 극단적 방향으로의 전환은 한국적 상황에서는 가능하지 않으므로, 한쪽으로 치우치지 않고 어느 정도 균형적인 상태를 유지하는 것이 바람직하다고 생각된다.

전우택 외. 『인문사회의학』. 서울: 청년의사, 2010.

3. 핵심 내용을 중심으로 글의 주제문을 써 보자.

4. 글을 다시 읽고 다음 질문에 답해 보자.

(1) 전통적인 생의학적 모델이 갖는 한계는 무엇인가?

(2) 새로운 의학교육의 패러다임에 따르면 '질병'과 '건강'이라는 개념은 어떻게 설명할 수 있겠는가?

5. 필자는 한국에서의 바람직한 의학교육과정은 의학의 스펙트럼이 균형을 유지하는 것이라고 하였다. 필자가 말하는 균형이란 어떤 의미이며 이 균형이 깨지면 의학교육에 어떠한 영향을 미칠까?

이해하기 2

1. 의사가 환자의 질병을 치료할 때 지켜야 할 원칙에는 어떤 것이 있는가?

2. 각 단락의 제목이 갖는 의미를 파악하며 글을 읽어 보자.

고독한 영웅, 제멜바이스

우리는 이미 4장에서 죽은 환자를 부검한 손을 씻지도 않은 채로 산모의 분만 과정에 개입해 많은 산모를 죽음에 이르게 한 산부인과 의사들의 이야기를 한 바 있다. 그리고 이런 사실을 과학적 방법으로 밝혀낸 다음 손을 씻지 않는 의사들을 맹렬히 비판한 제멜바이스가 결국은 병원에서 쫓겨나 비참한 최후를 맞았다는 이야기도 했다. 그가 산모들이 죽는 원인을 시신에서 옮겨진 '무엇' 때문일 것이라 추론하게 된 계기는 아마도 시신에서 나는 냄새 때문이었을 것이다. 조셉 리스터가 오수를 정화하는 데 페놀이 효과적이라는 사실로부터 상처의 감염을 막는 소독을 생각해낼 수 있었던 것도, 오수에서 나는 악취와 곪아가는 상처의 냄새를 무의식적으로 관련지었기 때문일 것이다. 냄새는 이렇게 우리의 생각과 행동을 본능에 가까운 쪽으로 이끈다. 이처럼 기록할 수도, 재현할 수도 없는 후각은 이성적이거나 합리적인 추론이 아닌 직관적 통찰을 준다.

그런 직관적 통찰은 이성적이고 합리적인 세계에 뿌리내리기가 쉽지 않다. 부패와 감염의 원인은 말할 것도 없고 세균의 존재조차도 몰랐던 당시 상황에서 이성이 할 수 있었던 것은 원초적 감각에서 얻은 제멜바이스의 통찰을 억압하는 것 말고는 없었다. 물론 제멜바이스가 직관에만 의존해 그런 결론에 이른 것은 아니다. 그는 손을 씻고 담당 병동을 바꾸는 등의 실험과 관찰을 통해 자신의 직관이 옳았음을 확인했다. 직관과 합리적 추론의 결합으로 새로운 합리적 이성을 만들어낸 것이다.

지금이라면 너무나 당연한 이 방법을 당시의 주류 의료계가 받아들이지 않았던 것은 당시로서는 이 방법이 너무 낯설었기 때문이다. 하지만 역사학자들은 제멜바이스가 주류에 속하지 않는 촌뜨기 의사였다는 사실도 그런 배척의 큰 원인이었을 것이라 말한다. 요즘 말로 하면 왕따였던 셈이다. 하지만 제멜바이스는 고독을 이기고 감염 차단의 기본을 세웠다.

등불을 든 전쟁터의 천사, 나이팅게일

살아 있는 동안 전혀 인정을 받지 못했던 제멜바이스와 달리 플로렌스 나이팅게

일은 등장하자마자 사회적으로 큰 반향을 불러일으킨 부상병들의 천사였다. 제멜바이스는 산부인과 병동의 시골 출신 의사였고 나이팅게일은 자진해서 전쟁터로 간 최초의 귀족 출신 간호사였다는 차이가 있지만, 두 사람 모두 지극히 상식적인 방식으로 많은 목숨을 구한 의학과 간호학의 거인이다. 제멜바이스의 무기는 손을 씻는 것이었고 나이팅게일의 무기는 청소, 빨래, 환기 그리고 따뜻한 위로였다.

그녀는 1854년 자신이 훈련시킨 38명의 자원봉사 간호사와 함께 전쟁터 야전병원으로 간다. 그들은 병실을 환기시키고 침구와 옷가지를 세탁하며 환자들의 영양 상태를 살폈다. 한편으로는 언론과 정부를 움직여 야전병원의 열악한 위생과 영양 상태의 개선을 위한 위원회를 구성했다. 그들은 영국에서 미리 지은 목재 병원을 배에 실어와 현장에서 조립하는 등의 노력을 통해 야전병원의 위생 상태를 크게 개선했다. 상당히 과장된 것으로 보이지만, 기록에 의하면 나이팅게일 이후 야전병원의 사망률이 42퍼센트에서 2퍼센트까지 낮아졌다고 한다.

이후 모두가 잠든 한밤중에 작은 등불을 들고 병실 구석구석을 다니며 환자의 상태를 살피는 나이팅게일의 모습은 간호사의 이상이 되었고, 간호사가 되려는 사람은 누구나 나이팅게일 선서를 하게 되었다. 전쟁이 끝난 다음에도 그녀는 병원 건축과 운영, 보건 통계 분야에서 많은 업적을 남겼고 47세에 비참한 삶을 마감한 제멜바이스와는 달리 90세까지 장수하며 영광스런 생애를 마쳤다. 제멜바이스는 권위자들과의 소통에 실패함으로써 어렵게 얻은 의학적 지혜를 확산시키는 데 실패했지만, 나이팅게일은 자신의 높은 신분과 권력자들과의 친분을 통해 의료계에 인본주의를 고취하는 데 크게 공헌했다.

사회의학의 아버지, 루돌프 피르코

제멜바이스와 나이팅게일이 활동했던 1840년대와 1850년대에도 질병을 일으키는 세균의 존재는 여전히 베일에 싸여 있었다. 감염에 의한 사망을 획기적으로 줄일 수 있었던 두 사람의 공헌은 순전히 직관과 경험 그리고 선한 의지에 따른 것이었다. 1860년대에 활동한 리스터의 소독법도 마찬가지다. 감염을 '어떻게' 관리할 수 있는지는 조금씩 알아가고 있었지만, 감염이 '무엇' 때문에 생기는지는 여전히 불투명했다. 의사의 손, 죽은 환자의 몸, 병실의 위생과 환자의 영양 상태 등을 체계적으로 관리하여 감염을 크게 줄일 수 있었지만, 콜레라, 발진티푸스, 결핵과 같은 전염병은 여전히 많은 사람의 목숨을 앗아가고 있었다.

급격한 산업화와 도시화로 많은 사람이 좁은 공간에 모여 살게 되고 상하수도 시설이 턱없이 부족했으며, 노동자들은 저임금과 장시간 노동에 시달렸다. 이런 상황 속에서 1848년 독일의 북부 실레지아 지방에 발진티푸스가 크게 유행했고, 독일 정부는 당시 독일 의학의 최고봉이었던 루돌프 피르코를 현장에 파견한다. 그 현장 조사의 결과가 사회의학의 주요 개념을 천명한 「실레지아 지방의 발진티푸스 창궐에 관한 보고서」다. 보고서는 놀랍게도 개인을 대상으로 한 의학적 개입이 아닌 사회 전체의 제한 없는 민주화를 처방으로 제시한다. 민주적 교육과 자유를 통한 번영만이 전염병 문제의 진정한 해결책이라는 것이다.

과격한 보고서의 내용에 당황한 정부가 그를 해임하자 피르코는 시민의 권리를 주장하는 운동가로 변신했고, 이후 독일 제국의회의 의원으로서 진보 정당을 이끄는 정치가의 길로 들어선다. 그는 상하수도 시설과 영양 상태의 개선 등 의학과 정치가 직접 만나는 영역뿐 아니라 사회 전체의 문제에 대해서도 의학적 처방을 제시할 수 있다고 주장한다. 피르코의 혁신적인 주장은 이어진다.

"의학은 사회과학이고 정치는 큰 규모의 의학일 뿐이다. 사회과학인 동시에 개별 인간을 위한 과학인 의학은 인간과 사회의 문제를 지적하고 그에 대한 '이론적' 해결책을 찾아내야 하며, 정치가와 실천적 인간학자는 '실제적' 해결책을 제시해야 할 의무를 진다. 의사는 가난한 자의 대리인이며 사회적 문제도 크게 보면 의학의 대상이다."

피르코의 주장은 ㉠ 병을 고치는 작은 의사, 사람을 고치는 보통 의사, 나라를 고치는 큰 의사를 구분했던 동아시아 전통 의학사상과도 일맥상통한다.

의학은 과학이고, 인문학이며, 사회학이다

위 세 사람의 이야기는 인류의 역사에서 가장 많은 사람을 죽음으로 몰아갔을 감염병에 대한 세 가지 접근 방식을 상징적으로 보여준다.

제멜바이스는 손 씻기를 통해 감염의 '자연적 원인'을 제거했고, 나이팅게일은 따뜻한 위로와 보살핌으로 감염을 이겨낼 환자의 '주체적 역량'을 길러주었으며, 피르코는 감염의 온상이 된 '사회 환경'의 개선을 위해 힘썼다. 이것은 각각 자연의학, 인문의학, 사회의학의 전형이다.

이 세 가지는 서로 긴밀하게 연결되어 영향을 주고받는다. 깨끗한 침구와 의복, 먹을 만한 음식을 주지도 않으면서 병든 병사를 위로하고 보살필 수는 없다. 이런 보살핌 속에서는 감염의 원인인 세균이 증식할 가능성도 당연히 낮아진다. 민주적 교육을 통해 자유를 얻은 시민 역시 당연히 깨끗한 환경과 음식의 권리를 주장할 것이고 이를 통해 감염의 가능성은 낮아진다. 이렇게 보면 세 사람 중 제멜바이스만이 감염의 원인을 직접 제거(손 씻기)했고 나머지 두 사람은 모두 간접적인 방법(병실과 사회 환경의 개선)으로 그렇게 한 셈이다. 하지만 감염원의 직접 제거만이 가장 효과적인 통제법인 것은 아니다. 앞서 말한 바와 같이 세균은 엄청난 속도로 증식하고 진화하므로 인간이 개발한 대응책을 쉽게 비껴갈 수 있다. 장기적으로는 나이팅게일이나 피르코의 방법이 더 효과적일 수 있다는 말이다.

하지만 이후의 역사는 오로지 자연의학의 전성기였다. 1880년대가 되면서 결핵과 콜레라 등 당시의 주요 사망 원인이던 감염의 원인균이 각각 발견되었고, 이미 발견된 소독제와 20세기 중반에 발명된 항생제로 이들을 극적으로 제어할 방법을 터득했기 때문이다. 이후 의료 기술의 폭발적 발전이 있었고 몸에 생기는 거의 모든 문제는 그 기술로 풀 수 있다는 낙관론이 이어졌다.

지금도 여전히 의학은 '과학'이고 자연의학의 독주는 계속되고 있다. 하지만 환자가 앓는 질병에는 생물학적인 요인 외에도 다양하고 복잡한 인간적·사회적 원인과 결과가 있을 수 있고 그것이 환자의 질병 경험을 크게 바꿀 수도 있다는 증거가 점차 많아지고 있다. 나이팅게일과 피르코는 자연적 현상으로서의 질병뿐 아니라 질병의 인간적·사회적 원인과 결과에 주목한 인문의학과 사회의학의 선구자였다. 제멜바이스는 손을 씻어 병의 자연적 원인을 털어냈고(자연의학), 나이팅게일은 병을 앓는 사람을 도와 그 병을 이기도록 도왔으며(인문의학), 피르코는 병을 기르는 사회의 구조를 바꿔 살 만한 세상을 만들려고 했다(사회의학). 지금의 현실에 적용하더라도 어느 것 하나 버릴 것이 없는 의학의 귀중한 가치이며 목표다.

강신익. 『불량 유전자는 왜 살아남았을까?』. 서울: 페이퍼로드, 2013.

3. 제목을 통해 파악한 내용이 맞는지 확인해 보자.

4. 글을 다시 읽고 다음 질문에 답해 보자.

(1) 질병에 접근하는 방식에는 어떤 것들이 있으며 이들은 어떠한 관계를 맺고 있는가?

(2) ㉠에서 말하는 의사는 어떤 의사를 의미하겠는가?

5. 필자는 세 가지 종류의 의사상을 제시하고 있다. 현대 사회에서 가장 바람직하다고 여겨지는 의사상은 무엇이라고 생각하는가?

의인문학의 관점에서 보면 의사는 환자의 질병을 진단하고 치료하기에 앞서 그들의 고통을 이해하고 공감해야 한다. 이를 위해 의사는 어떤 자세로 의료 행위를 해야 할까? 다음은 의과대학 졸업생들이 앞으로 의료 행위를 어떻게 할 것인지를 서약하며 읽는 〈제네바 선언〉이다.

제네바 선언

(Declaration of Geneva)

의업에 종사하는 일원으로서 인정받는 이 순간에,
나의 일생을 인류 봉사에 바칠 것을 엄숙히 서약한다.
나의 스승에게 마땅히 받아야 할 존경과 감사를 드리겠다.
나의 의술을 양심과 품위를 유지하면서 베풀겠다.
나는 환자의 건강을 가장 우선적으로 배려하겠다.
나의 환자에 관한 모든 비밀을 절대로 지키겠다.
나는 의업의 고귀한 전통과 명예를 유지하겠다.
나는 동료를 형제처럼 여기겠다.
나는 종교나 국적이나 인종이나 정치적 입장이나 사회적 신분을 초월하여 오직 환자에 대한 나의 의무를 다하겠다.
나는 생명이 수태된 순간부터 인간의 생명을 최대한 존중하겠다.
어떤 위협이 닥칠지라도 나의 의학 지식을 인륜에 어긋나게 쓰지 않겠다.
나는 아무 거리낌 없이 나의 명예를 걸고 위와 같이 서약한다.

세계의료협회. 「제네바 선언(Declaration of Geneva)」. http://www.wma.net/e/.

1. **이해하기** ①을 통해 보았을 때 의과대학 졸업생들이 이 선언을 하는 이유는 무엇이겠는가?

2. **이해하기** ②에서는 의학을 과학, 인문학, 사회학이라고 하였다. 이러한 의학의 특성이 〈제네바 선언〉에 반영되어 있다고 보는가?

3. 지금까지 의학은 인류를 질병으로부터 자유롭게 하기 위해 여러 방법을 연구하고 개발해 왔다. 앞으로 인류가 더 건강한 삶을 누리기 위해서는 의학이 어떤 역할을 해야 한다고 생각하는가?

자기평가

자신이 이 장의 내용을 잘 이해했는지, 주제에 대한 이해를 확장하여 자신의 견해를 이야기할 수 있는지 아래의 질문에 답해 보자.

- 의인문학의 성격과 의의에 대해 이해했는가?
- 글의 주제와 내용을 파악할 수 있었는가?
- 의학의 바람직한 역할에 대한 자신의 견해를 말할 수 있었는가?

9

기술의 미래

이 장에서는

현재 개발되고 있는 여러 과학 기술은 인류를 **새로운 역사**의 장으로 안내하고 있다. 과연 그 과학 기술은 인간 사회를 어떠한 모습으로 변화시킬까? 또한 그러한 사회에서 **인간**과 **기계**는 어떠한 관계를 맺게 될까? 이 장에서는 **과학 기술**의 발전이 인간 사회를 어떻게 변화시킬 것인지 그리고 이러한 변화에 인간은 어떻게 **대응**해야 하는지에 대해 생각해 보자.

들어가기

1. 아래에 제시된 단어의 의미를 생각해 보자.

인공지능, 디지털 혁명, AI 로봇, 인터넷, PC

2. 위의 단어를 적절한 위치에 넣어 보자.

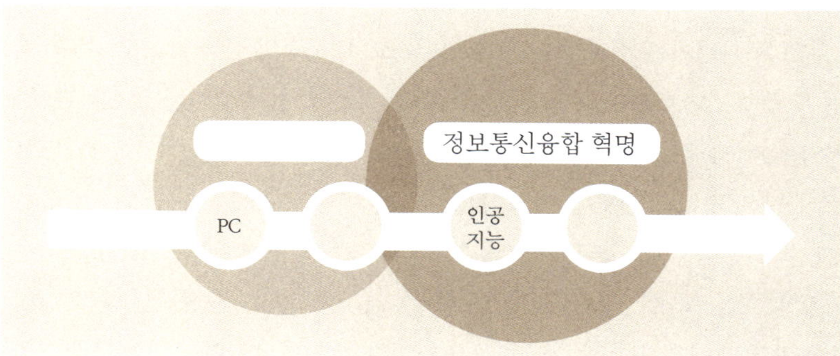

3. 단어들의 관계를 설명해 보자.

이해하기 1

1. 인류 사회의 산업 구조는 100년 전과 비교할 때 무엇이 가장 크게 달라졌는가?

2. 핵심어가 무엇인지 파악하며 글을 읽어 보자.

2016년 1월 다보스 세계경제포럼의 주제는 4차 산업혁명이었다. 다보스포럼의 클라우스 슈밥 회장은 4차 산업혁명이 쓰나미처럼 우리 산업과 경제 그리고 삶의 패러다임 등 모든 시스템을 완전히 뒤바꿔놓을 것이라며 다음과 같이 말했다.

"4차 산업혁명은 현재의 불평등을 더 심화시킬 것입니다. 이미 준비된 기업가, 재능 있거나 혁신을 추구하는 사람들은 4차 산업혁명을 통해 승리하겠지만, 다른 편에 있는 사람들, 특히 뒤처진 이들은 패배할 것입니다."

도대체 4차 산업혁명이 무엇이기에 이처럼 위협적인 경고를 하는 걸까. 4차 산업혁명이 세계적인 경제포럼의 주제가 되었다는 것은 이것이 미래의 일이 아니라 이미 다가온 현재라는 뜻일 터. 과연 4차 산업혁명의 정체는 무엇인가?

인류는 증기기관으로 대량생산의 기틀을 마련하며 1차 산업혁명을 이루었다. 2차 산업혁명은 전기와 컨베이어벨트로 촉발되었다. 3차 산업혁명은 컴퓨터를 통한 자동화가 이루어진 시기다. 그리고 4차 산업혁명은 소프트파워를 통한 지능형 제품과 공장의 탄생으로 정의할 수 있다.

3차 산업혁명에서 컴퓨터는 생산과 소비, 유통 시스템을 자동화하는 역할이었지 생산 방식과 그 과정에서 만들어진 물건까지 지능화한 것은 아니었다. 이에 비해 4차 산업혁명에서는 기계와 제품이 지능을 갖게 되었고, 인터넷 네트워크로 연결되어 있어 학습능력도 뛰어나다.

기계와 제품이 지능을 갖고 스스로 학습하면 어떤 일이 벌어질까? 기존 산업에서 생산되던 물건은 사라지고 새로운 상품과 서비스로 대체된다. 생각해보라. 온갖 일을 다 하는 똑똑한 스마트폰이 등장하면서 사라져 가는 물건이 얼마나 많은지를. 카메라, 전자사전, MP3 플레이어, 시계, 지도, 수첩, 손전등, 신문, 게임기, 내비게이션 등등……. 이 많은 물건과 관련된 산업이 스마트폰의 등장으로 사라지거나 위협받고 있다. 그러니 사물과 제조공정 자체가 스마트폰처럼 똑똑해지면 그로 인해 사라지거나 대체된 기업, 서비스, 물건, 직업은 얼마나 많겠는가. 새롭게 다가올 세상이 얼마나 큰 충격을 불러올지 가히 상상하기가 어렵다. 4차 산업혁명이 만들어낼 세상을 조금 더 탐색해보자.

허리에 차고 다니면 걸음 수를 측정해 주는 만보기는 걷기 열풍이 한창일 때 꽤 잘나가는 제품이었다. 그러나 이제 만보기 대신 그보다 열 배는 더 비싼 스마트밴드를 쓰는 사람이 늘고 있다. 손목에 차는 스마트밴드 '핏비트(fitbit)'를 만든 핏비트는 창업 8년 만에 10억 달러의 수입을 올리며 2015년 6월 뉴욕증권거래소에 상장했다. 상장 당시 핏비트의 시가 총액은 약 4조 8000억원. LG 전자 시가총액의 반에 맞먹는 액수다. 핏비트는 미국 웨어러블 시장의 85퍼센트를 점유하고 있으며, 지금까지 전 세계적으로 3000만 대 이상이 팔렸다.

핏비트가 만보기와 완전히 다른 제품은 아니다. 쉽게 말하면 똑똑한 만보기다. 시계처럼 차고 다니면 만보기 기능은 물론이고 심박수, 칼로리 소모량, 수면패턴 등을 측정·분석해 준다. 이 모든 데이터는 스마트폰에 자동으로 저장된다.

실제로 미국의 보험회사는 핏비트의 데이터 기록을 보고 꾸준히 운동한 사람에게는 보험료를 깎아주기도 하고, 핏비트 사용자는 자신의 데이터를 병원 진료 시 이용한다. 이런 식으로 핏비트는 고객에게 필요한 데이터와 서비스를 제공하지만, 더 중요한 것은 따로 있다. 바로 핏비트를 사용하는 수백만 명이 뿜어내는 데이터의 가치다. 이 기업은 핏비트의 데이터를 바탕으로 비즈니스 영역을 확장할 계획이다. 빅데이터를 새롭게 가공하면 제약회사, 의료기관과 같은 곳에 팔 수 있다. 완전히 다른 산업으로 넘어가는 것이다. 하드웨어에 소프트웨어를 결합하자 단순히 만보기가 전혀 다른 산업이 되었다. (중략)

앞으로 이와 같은 사례는 급속도로 늘어날 것이다. 어느새 우리에게 익숙한 단어가 된 '사물인터넷'이 대표적인 경우다. 전문기관들은 2020년에는 전 세계 500억 개의 사물에 인터넷이 연결될 것으로 내다보고 있다. 모든 사물에 센서와 컴퓨터가 장착되고 인터넷으로 연결되는 사물인터넷 시대가 기술 발달로 성큼 다가오면서 4차 산업혁명의 조건이 무르익고 있다.

이 사물인터넷을 통해 가치 있는 데이터들이 만들어진다. 사용자의 키, 나이, 성별 등의 생체 데이터, 사람과 사람의 관계에서 발생하는 데이터, 사람이 제품을 사용하며 나오는 데이터 등은 다른 산업으로 연결되고, 완전히 다른 새로운 산업을 만들어내기도 할 것이다. 그러면 기존의 산업들은 어떻게 될까?

KBS 명견만리 제작팀. 『명견만리: 우리가 준비해야 할 미래의 기회를 말하다』. 서울: 인플루엔셜, 2016.

3. 핵심어를 중심으로 글의 주제문을 써 보자.

4. 글을 다시 읽고 다음 질문에 답해 보자.

(1) 제4차 산업혁명은 이전의 산업혁명과 비교할 때 어떤 차이를 갖는가?

(2) 필자는 산업 구조의 변화에 대해 어떻게 전망하고 있는가?

5. 이 글에서는 사물인터넷을 통해 수집되는 빅데이터의 가치에 주목하고 있다. 빅데이터가 앞으로 인간 사회에 미칠 긍정적인 영향과 부정적인 영향에 대해서 이야기해 보자.

1. 주변에서 볼 수 있는 인공지능 기술의 적용 사례에는 어떠한 것들이 있는가?

2. 다음은 제리 카플란의『인간은 필요없다』의 서문이다. 서문을 읽으면서 이 책이 어떤 내용을 담고 있을지 예측해 보자.

[서문] 미래에 오신 것을 환영합니다.

컴퓨터 기술의 진보에 힘입어 최근 로봇 공학(robotics), 지각(perception), 기계 학습(machine learning) 분야가 발전을 거듭하고 있는데, 그런 발전에 따라 인간 능력에 필적하거나 한층 뛰어난 시스템들의 토대가 마련됐다. 앞으로 전례 없는 경제적 번영과 여가의 시대를 맞이할 공산이 커졌지만, 그 변화 과정은 상당히 길고 잔혹할지도 모른다. 그에 맞게 경제 체제와 규제 정책을 적절히 조율하지 못하면 장기간 사회적인 대혼란을 겪을 가능성도 있다.

경고의 징후는 여기저기서 포착된다. 고도로 발달한 현대 사회의 2대 재앙인 지속적인 높은 실업률과 소득 불균형의 심화는 경제가 지속적으로 발전하는 와중에도 전 세계적인 골칫거리로 남아 있다. 그런 문제들을 짚고 넘어가지 않는다면 풍요와 안락의 부작용으로 빈곤이 널리 퍼지는 사태가 불거질지 모른다. 그러므로 나는 이 책에서 과학 발전이 어떻게 그런 변화를 부채질할 것이며, 그 변화는 우리 사회에 어떤 도전적인 문제를 불러올지를 소개하려고 한다. 또 정부의 간섭을 줄이면서 발전을 증진시킬 자유시장의 해법 몇 가지를 제안할 것이다.

인공지능 연구는 두 분야에서 크게 발전하고 있다. 첫 번째 분야는 경험에서 배우는 시스템으로, 이미 상당 부문 효율적으로 활용되고 있다. 인간은 받아들일 수 있는 경험의 범위와 규모가 제한되어 있지만, 이 시스템들은 무궁무진한 모범 사례를 눈 깜짝할 사이에 꼼꼼히 검토한다. 게다가 우리에게 익숙한 시각, 청각적 정보, 문서화된 정보뿐 아니라 컴퓨터나 네트워크를 통해 전달되는 보다 이질적인 데이터 형식까지 이해할 수 있다. 인간이 눈을 수천 개나 갖고, 아주 먼 거리의 소리까지 들을 수 있으며, 출판된 모든 글을 다 읽을 수 있다면 얼마나 대단해질지 한번 생각해 보라. 그 다음 한 걸음 속도를 늦춰서 습득한 모든 정보를 여유 있게 시험해보고 깊이 생각할 수 있다면 어떨까? 그것이 바로 이런 시스템들이 작용하는 방식이다.

우리가 다양한 센서들로 대기환경, 교통흐름, 바다 물결의 높이 등 물질세계의 방대한 데이터를 취합하고 그에 더해 온라인 검색, 블로그 포스트, 신용카드 거래 정보 등 사람들이 남긴 컴퓨터 데이터를 모으면, 이 시스템들은 그 속에서 일정한 패턴을 찾고 인간의 지적 능력으로 이해하기 힘든 깊은 내용을 파악한다. 그러니 어찌 보면 이 시스템에 초인간적인 지능이 있다고 표현해도 타당할 듯하지만, 사실 그런 판단은 옳지 못하다. 적어도 현재 예측 가능한 미래까지는 말이다. 이 기계들은 의식이 없고, 자아 성찰이 불가능하며, 독립적인 개체로서의 열망이나 욕구가 전혀 없다. 다시 말해 이 시스템들에는 흔히 말하는 '정신(minds)'이 없다. 그럼에도 이들은 정해진 임무에는 믿기 힘들 정도로 뛰어난 능력을 보이는데, 대체 어떤 방식으로 일을 처리하는지는 인간으로서는 완벽히 이해하지 못한다. 대부분의 경우 인간처럼 단순한 존재들이 알아듣게 설명할 방법이 말 그대로 없기 때문이다.

이 연구 분야에는 보편적으로 통용되는 이름이 없다. 무엇에 중점을 두고 어떤 접근법을 쓰는지에 따라 과학자들은 기계학습(machine learning), 신경망(neural network), 빅데이터(big data), 인지체계(cognitive system), 유전알고리즘(genetic algorism) 등 다양한 이름으로 부른다. 나는 앞으로 이 분야의 모든 연구를 통틀어 간단히 '인조지능(synthetic intellect)'이라고 지칭할 것이다.

인조지능이 프로그램되는 방식은 통상적인 방식과는 다르다. 다양한 툴과 모듈을 활용해 형태를 잡고, 목표를 설정하고, 수집해 둔 사례를 제시한 다음, 자유롭게 풀어둔다. 프로그램이 어떤 방향으로 흘러갈지는 예측 불가능하며, 제작자의 통제 능력 밖에 있다. 인조지능은 곧 우리 자신에 대해 각자의 부모보다도 더 알고, 우리가 취할 행동을 우리 자신보다 더 잘 예측하며, 우리 스스로가 깨닫지 못하는 위험을 미리 알고 경고한다. 인조지능이 어떻게 작용하는지, 그리고 흔히 예상하는 컴퓨터의 능력보다 월등히 뛰어난 이유에 대해서는 추후에 자세히 설명하겠다.

새로운 시스템의 두 번째 분야는 센서와 작동장치의 결합에서 출발한다. 이 시스템은 보고, 듣고, 느끼고, 자신을 둘러싼 환경과 교류할 수 있다. 이 시스템을 하나로 통합하면 우리가 흔히 아는 '로봇'이 되지만, 반드시 그렇게 시스템을 일괄적으로 묶을 필요는 없다. 사실 단일 개체로 통합시키는 작업은 대체로 그다지 바람직하지 못하다. 다양한 센서들은 가로등 꼭대기, 사람들이 쓰는 스마트폰 등 환경 전반에 널리 퍼져 있는 경우도 있으며, 그렇게 관찰한 정보들은 멀리 떨어진 곳에 위치한 서버 팜(server farm: 컴퓨터 서버와 운영 시설을 한곳에 모아 놓은 곳—옮긴이)에 저장되었다가 계획 수립에 활용된다. 계획은 원격 기기를 조종하는 방법으로 직접 수행되기도 하고, 적절한 행동 방향을 유도하는 등의 간접적인 방식으로 실행되기도 한다. 이런 행동의 결과가 즉각적으로 감지되고 그에 따라 계획이 지속적으로 수정되는 경우가 많다. 예를 들면 손으로 어떤 물체를 집으려고 할 때의 움직임이 이에 해당한다.

운전자들은 위한 내비게이션 프로그램 역시 그런 시스템의 일종이다. 내비게이션 프로그램은 보통 GPS를 활용해 운전자의 위치와 속도를 추적 관찰하면서 길을 안내하고, 운전자의 정보를 다른 운전자들과 공유함으로써 교통 상황을 파악하여, 모든 이들이 더 효율적으로 경로를 찾을 수 있게 돕는다.

이들이 맡는 일은 사람들이 반복적인 일상으로 여기는 물리적인 작업이기 때문에, 가장 뛰어난 시스템들도 믿기 힘들 정도로 단순해 보일 것이다. 이 시스템들은 상식이나 일반 지능이 없지만 그래도 혼란스럽고 역동적인 환경에서 엄청나게 다양한 분야의 일을 쉼 없이 수행할 수 있다.

지금까지 자동화라고 하면 정해진 작업현장에서 특정한 목적을 위한 맞춤형 기기들이 반복적인 단일 임무를 수행하는 것을 주로 의미했다. 하지만 이 새로운 시스템들은 밭일을 하고, 집 페인트칠을 하고, 보도를 청소하고, 빨래를 하고 세탁물을 정리하는 등 이곳저곳에서 일하게 된다. 이들은 파이프를 놓고, 곡물을 수확하고, 집을 지으면서 사람들과 함께 작업하기도 하고, 화재를 진압하고, 교량 안전상태를 점검하고, 해저를 탐험하고, 전쟁에 나가 싸우는 등 위험하거나 접근하기 힘든 장소에서 홀로 임무를 수행하기도 한다. 나는 앞으로 이런 통합 시스템을 '인조노동자(forged laborer)'라고 지칭할 것이다.

물론 '인조지능'과 '인조노동자'라는 두 가지 유형의 시스템들은 자동차를 수리하고, 외과 수술을 하고, 고급 음식을 요리하는 등의 수준 높은 지식이나 기술을 요하는 물리적인 작업에 한데 어우러져 일하기도 한다. 이론상으로는, 그런 기기들을 구비할 능력이 되기만 한다면 사람들은 힘들고 단조로운 일에서 해방될 뿐 아니라 훨씬 능률적이고 유능해 질 것이다. 맞춤형 '전자 대리인(electronic agent)'은 개인적인 취향을 높이고, 우리 대신 협상 자리에 나서며, 미적분을 가르칠 수도 있다. 그러나 그런 시스템들이 전부 사람들을 대신해서 일하지는 않을 것이다. (후략)

Kaplan Jerry. 『인간은 필요없다』. 2016. 신동숙 역. 서울: 한스미디어, 2016.

3. 서문을 통해 볼 때 이 책이 담고 있는 내용은 무엇이겠는가?

4. 글을 다시 읽고 다음 질문에 답해 보자.

(1) 인간의 지능과 비교할 때 '인조지능'은 어떠한 특성을 갖는가?

(2) 필자는 '인조지능'의 발전으로 인한 미래 사회의 변화에 대해서 어떤 태도를 보이고 있는가?

5. '인조지능'과 '인조노동자'는 이미 여러 분야에서 인간의 역할을 대신하고 있다. 앞으로 그러한 영역이 더 늘어난다면 인간 사회는 어떻게 변할 것이라고 생각하는가?

심화하기

📖 영화는 그 영화가 만들어진 시대를 반영한다. 한편 어떤 영화는 아직 오지 않은 시대를 상상하거나 예측하기도 한다. 1936년 그리고 2015년에 만들어진 영화 〈가〉, 〈나〉는 공통적으로 기술의 발전과 인간의 존재에 대한 이야기를 다루고 있다.

〈가〉 **《모던 타임즈** Modern Times**》** 1936년 작, 찰리 채플린 감독 · 제작 · 주연

공장 노동자 '찰리'는 컨베이어 벨트에서 나사못을 조이는 일을 한다. 공장 한켠에는 사장이 스크린으로 노동자들을 지켜보며 더 빠른 속도로 일하기를 재촉한다. 쉬는 시간도 없이 하루 종일 그 일만을 반복하다 보니, 일을 하지 않을 때조차 모든 사물을 조이려고 한다. 그의 강박증은 점점 더 심해져 결국 정신병원에 입원하게 되지만, 그에게 돌아온 건 공장 측의 보상이 아니라 '해고 통지'였는데….

〈나〉 **《엑스 마키나** Ex Machina**》** 2015년 작, 알렉스 가랜드 감독

어느 날 유능한 프로그래머 '칼렙'은 인공지능 분야의 천재 개발자 '네이든'의 비밀 연구소에 초대 받는다. '네이든'은 그에게 매력적인 A.I. 로봇인 '에이바'를 테스트해 보라는 과제를 준다. 테스트의 내용은 그녀의 인격과 감정이 진짜인지 아니면 프로그래밍된 것인지를 밝혀내는 것. 그러나 '칼렙'은 테스트를 진행하면서 그녀에게 점점 묘한 감정을 느끼게 되고, 그녀로부터 구해 달라는 말을 듣는데….

1. **이해하기** ① 에 따르면 영화 〈가〉의 배경은 제2차 산업혁명의 시기라고 할 수 있다. 제4차 산업혁명이 진행되고 있는 요즘에도 영화 〈가〉가 재개봉되고 있는 이유는 무엇이겠는가?

2. **이해하기** ② 에서는 인공지능이 의식, 열망, 욕구, 정신을 갖지 못한다고 하였다. 그러나 영화 〈나〉를 포함하여 인공지능을 소재로 하는 영화들에는 인간처럼 감정이나 욕망을 가진 로봇이 등장한다. 그러한 영화들이 계속 만들어지는 이유는 무엇이라고 생각하는가?

3. 산업혁명 이후 현대 사회에서는 '기계로부터의 인간 소외'가 중요한 문제로 논의되어 왔다. 미래 사회에서는 이러한 문제가 해결될 것이라고 보는가?

자기평가

자신이 이 장의 내용을 잘 이해했는지, 주제에 대한 이해를 확장하여 자신의 견해를 이야기할 수 있는지 아래의 질문에 답해 보자.

- 과학 기술의 현재와 미래에 대해 이해했는가?
- 글의 주제와 내용을 파악할 수 있었는가?
- 기술 발전과 인간의 관계에 대한 자신의 견해를 말할 수 있었는가?

10 우주와 인간

이 장에서는

우주는 오래전부터 인간이 궁금해 하던 대상이었다. 그러나 아직까지 우주는 알려진 것보다 밝혀져야 할 사실들이 훨씬 더 많다. 현대 천문학은 우주의 **탄생**과 **진화**를 어떻게 설명하고 있을까? 또한 태양계의 작은 별, **지구**에 사는 인간과 우주는 어떤 관계가 있을까? 이 장에서는 21세기 지구에 존재하는 한 인간으로서 우주를 어떻게 인식해야 할지 생각해 보자.

들어가기

1. 아래에 제시된 단어의 의미를 생각해 보자.

우주 팽창, 탄생, 소멸

2. 위의 단어를 적절한 위치에 넣어 보자.

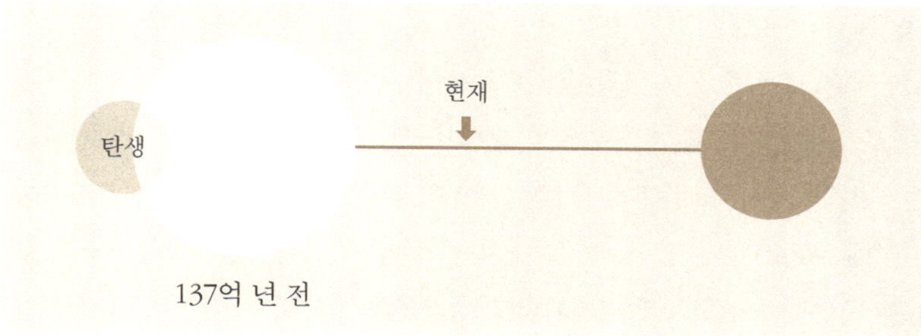

3. 단어들의 관계를 설명해 보자.

이해하기 1

1. 우주는 언제, 어떻게 탄생했을까?

2. 첫 번째 문장을 보고 이어질 내용을 추측한 다음 글을 빠르게 읽어 보자.

20세기를 대표하던 두 우주론 중 먼저 정상 우주론에 대해 알아보자.

반세기 동안 대폭발 우주론과 선의의 경쟁을 벌인 정상 우주론은 영국의 호일, 본디 등이 내세운 이론으로, 우주는 넓게 보았을 때 어느 쪽으로나 등방, 균일한 것처럼 시간적으로도 예나 이제나 앞으로나 변함없이 같다는 주장이다. 우주는 시작도 끝도 없으며, 따라서 진화도 없고 이대로 영원하다는 것이다. 하지만 이들의 주장은 허블의 발견으로 난관에 부딪혔다. 허블이 관측한 바로는 우주가 팽창한다는 사실은 명백하므로 받아들이지 않을 수 없었다. 우주가 계속 팽창하면 어떻게 되는가? 우주의 물질밀도는 시간이 갈수록 낮아져가고, 마침내는 무無에 수렴될 것이 아닌가? 따라서 진화하면서도 변화하지 않는 우주가 되려면 어떻게 해야 하나? 물질이 계속 생겨나는 길밖에 없다. 그리하여 토머스 골드는 우주가 팽창함에 따라 은하 사이의 공간에서 새로운 물질이 생겨난다는 착상을 했다.

동적이며 무한한 우주, 곧 정상상태이론은 이렇게 하여 탄생한 것이다. 별은 수소구름에서 태어난다. 별이 생을 마치고 죽으면 그 물질은 다시 우주공간으로 돌려지고, 그것을 밑천 삼아 다른 별로 재생한다. 이 아름다운 이론에 의하면, 대우주는 죽음과 재생의 무한한 순환으로 영원히 지속된다. 죽은 별들의 잔해는 그럼 어떻게 되는가? 정상상태 우주 역시 우주가 팽창한다고 보므로 계속 생기는 공간으로 인해 죽은 별들로 꽉 찰 염려는 없다.

그러나 단 하나 불온한 사실이 있다. 새로운 별의 탄생에는 신선한 수소가 필요불가결하다. 만약 새로운 수소가 공급되지 않는다면, 초속 70km라는 속도로 팽창해 가는 우주는 언젠가는 물질의 밀도가 0의 상태로 떨어지고, 마지막 항성의 빛이 꺼진 후에는 어떤 빛도 생명도 존재하지 않는 대공허로 변해갈 것이다. 그러나 정상상태 우주론은 대우주를 통해서 신선한 수소가 무에서부터 끊임없이 창생된다고 주장한다. 이는 질량불변의 법칙에 위배된다고 생각할지 모르지만, 태초에 물질이 창생되었다면 지금도 그러지 말란 법은 없지 않은가.

그러면 물질이 어떻게 무에서부터 창조되는가? 우주가 팽창하면서 온도가 떨어지면 우주를 가득 채우고 있는 양자장이 음의 압력을 내게 되고 물질 사이에 밀힘(반중력)을 일으켜 우주공간이 급팽창한다. 공간이 팽창한 만큼 우주의 에너지가 증가하는데, 이 에너지가 급팽창이 끝나면서 물질로 바뀐다. 이 이론대로라면 대우주는 태초도 없고 종말도 없이 영구적으로 일정한 물질 밀도를 가지며 정상인 상태로 남아 있을 수 있다. 이처럼 정상 우주론은 떠들썩한 탄생이나 음울한 종말이 없다는 점에서 강한 매력을 지닌 우주론이었다.

정상 우주론의 맞은편에서 강한 경쟁을 보이는 다른 우주론이 빅뱅 우주론이다.

팽창하는 대우주의 의미를 담고 있는 이 우주론은 현재 팽창 일로에 있는 우주는 사실 먼 과거 어느 한 시점에 실제로 있었던 대폭발의 결과물이라는 것이다. 1931년, 벨기에 천문학자이자 예수회 사제인 조르주 르메트르 신부는 대우주는 극단적으로 높은 밀도와 온도를 가진 물질의 응축된 방울에서 시작했다고 제안했다. '원시의 알'이라 할 만한 이 '원시원자(primeval atom)'는 대우주의 모든 물질과 복사를 포함한 것으로, 내부 압력으로 말미암아 대폭발을 일으켜 급격히 팽창하기 시작했다.

방울 안의 모든 물질은 소립자들—전자 · 중성자 · 양성자—로, 팽창이 진행될수록 원시물질의 밀도와 온도는 급격히 떨어져 양성자와 중성자가 융합, 원자핵을 만들기 시작했다. 대폭발 이론에 따르면, 처음에는 중양성자가 만들어지고, 다음에는 헬륨이 되고, 또 그 다음은 더 무거운 원소들이 형성되는 식으로, 92종의 원소는 대폭발 후 반 시간 안에 모두 형성되었다.

시간이 흘러감에 따라 우주의 물질은 더욱 냉각되고 은하로 응축되었으며, 은하 내부에서는 항성으로 응축되었다. 그리하여 몇십억 년이 흐른 후 대우주는 계속된 팽창과 함께 오늘 존재하는 것과 같은 상태에 도달하기에 이른 것이다. 그러므로 이러한 팽창을 거슬러올라가면 우주의 기원, 즉 르메트르가 '어제가 없는 오늘(the day without yesterday)'이라고 불렀던 태초의 시공간에 도달한다는 것이다.

그럼 그 이전에는 무엇이 있었으며 왜 대폭발이 일어났는가 묻는 것은 아무런 의미가 없는 물음이 된다. 시간과 공간이 그때 비로소 시작되었기 때문이다. 곧, 대폭발은 우주 사건의 지평선인 것이다. 인간의 모든 사고와 지식은 그 선에서 멈추고 만다. 그래서 과학자들 중에는 "우주의 기원이 무엇이냐는 물음에는 답이 없다가 정답이다"라거나, "우주는 무無로부터 저절로, 그리고 필연적으로 생겨났다"고 말하는 이가 있다. 인플레이션 우주론으로 유명한 미국의 물리학자 앨런 구스는 이렇게 말하기도 했다. "세상에 공짜 점심이란 없다고 말하지만, 우주는 따지고 보면 공짜 점심에 지나지 않는다."

빅뱅에 의해 팽창하는 우주에서는 은하들 사이의 거리와 그들이 서로 멀어져가는 속도를 알 수 있으므로 우리는 팽창이 시작된 시점까지의 시간을 계산해낼 수 있다. 이 같은 방법으로 빅뱅 우주론 제창자들은 우주의 나이가 약 100억 년이라는 결론에 도달했다. 곧, 100억 년 전에 우주 탄생을 알리는 대폭발이 실제로 일어났다는 것이다. 세기의 천재 아인슈타인조차 인식하지 못했던 팽창우주부터 우주상수와 블랙홀까지, 현대 우주론의 중요한 발전에 큰 역할을 한 르메트르는 현재의 시간에 더해 이렇게 말하고 있다.

> 이 세상의 진화는 이제 막 끝난 불꽃놀이에 비유될 수 있다. 이 우주는 약간의 빨간 재와 연기인 것이다. 우리는 식어빠진 잿더미 위에 서서 별들이 서서히 꺼져가는 광경을 지켜보면서, 이제는 이미 지워져 사라져버린 태초의 휘광을 회상하려 애쓰고 있는 것이다. (후략)

이광식. 『천문학 콘서트』. 서울: 더숲, 2011.

3. 글을 크게 두 부분으로 나누고 각각의 핵심 내용을 이야기해 보자.

4. 글을 다시 읽고 다음 질문에 답해 보자.

(1) 별이 탄생하기 위해 필요한 것은 무엇이며 이것은 어떻게 만들어지는가?

(2) 물리학자 앨런 구스가 우주를 '공짜 점심'이라고 말한 이유는 무엇이겠는가?

5. 두 개의 우주론 중에서 더 설득력이 있다고 생각되는 것은 무엇인가? 구체적인 근거를 들어 설명해 보자.

1. 태양은 지구와 인간에게 어떤 영향을 미치는가?

2. 문맥을 통해 단어의 의미를 추측하며 글을 읽어 보자.

별은 그 종류가 매우 다양한데, 크게 보면 큰 별과 작은 별이 있습니다. 우리에게는 어마어마한 존재로 느껴지는 태양도 우주 전체로 보면 작은 별에 속합니다. 영어로 드워프dwarf(난쟁이)라는 명칭이 붙고요.

우주에는 태양보다 10배, 20배, 30배 큰 별들도 존재하는데요. 이때 큰 별이라는 것은 그 속에 원소를 많이 가지고 있어 그만큼 질량도 크고 밝기도 밝다는 의미입니다. 핵융합 과정을 통해서 별빛이 생깁니다. 복잡한 핵융합에 대해서는 설명하지 않겠습니다. 핵융합 작용을 통해서 별빛이 만들어진다는 것만 기억하시면 됩니다.

태양은 100억 년을 삽니다. 현재 태양의 나이가 50억 년이니, 우리는 별로 걱정하지 않아도 되겠죠? 태양보다 몇십 배 무거운 별은 그 많은 재료가 들어가 있는데도 기껏해야 1억 년, 1000만 년, 100만 년밖에 살지 못합니다. 밝은 빛과 큰 몸을 유지하려면, 그만큼 땔감이 많이 필요하기 때문이죠. 그런 큰 별들은 다이내믹한 삶을 살다가 죽을 때도 멋지게 죽어요. 반면 태양은 짧고 가늘고 비실하게 하지만 길게 살다가, 죽을 때도 별 볼 일 없이 초라하게 죽습니다.

지금은 동그랗지만, 태양은 죽을 때가 되면 그 속에서 연료를 다 태우면서 원소를 만듭니다. 처음에는 주로 수소밖에 없었지만, 나중에는 탄소, 산소, 질소를 만들면서 서서히 빛을 잃을 때까지 버티다가 죽습니다. 태양은 너무 작아서 폭발도 하지 못합니다. 게다가 힘이 없어서 커지고, 작아지고를 반복하다 커지는 부분과 작아지는 부분이 조용히 이별하며 행성상성운行星狀星雲, planetary nebula(망원경으로 살펴봤을 때 행성처럼 보여 이런 명칭이 붙었으나 실제로 행성은 아니며, 원형의 작은 가스 성운을 의미한다)과 백색왜성白色矮星, white dwarf(별의 진화 마지막 단계 상태로, 청백색을 띠며 질량은 태양의 1.4배 이하이다. 핵융합 반응 없이 서서히 열을 방출하다가 생을 마감한다)이 됩니다. 죽음이죠. 중요한 가스 구름 속에 태양이 만들어낸 걸 뿌려놓는다는 겁니다. 그것들이 뿌려지면, 그곳에 풍성한 별들이 생길 겁니다.

태양은 3세대, 4세대 별이라고들 합니다. 그 앞 세대 별들이 생사를 반복하며, 산소와 탄소, 질소들이 풍부해졌겠죠. 그래서 지금과 같은 태양과 지구가 만들어진 것이고, 우리 같은 생명체가 탄생할 수 있었던 겁니다. 산소와 탄소, 질소는 별과 함께 만들어진 것입니다. 이렇게 우리는 우주에 빚을 진 채 살아가고 있습니다.

혹시 초신성 폭발에 대해 들어보셨나요? 어두웠던 별이 순식간에 죽으며 터지는 것을 말하는데요. 태양보다 약 10배 정도 무거우면, 이렇게 펑 터지면서 죽게 된다고 합니다. 이때 엄청난 압력과 밀도가 형성이 되면서 태양이 평생 방출할 에너지를 한꺼번에 방출합니다. 이 과정이 없으면, 철보다 무거운 금속들이 존재하지 못했을 거예요. 별은 아무리 일생 동안 그런 금속들을 만들어내려고 해도 절대 만들어낼 수 없습니다.

결국 우리 몸속의 원소들 중 수소는 우주의 나이 38만 년에, 산소와 탄소, 질소는 별의 일생을 통해서, 금속은 초신성 폭발로 생겨난 것입니다. 이 과정들로 인해 세상을 구성하는 모든 것이 만들어졌다고 보시면 됩니다. 그리고 그렇게 만들어진 물질들은 지금 이순간에도 끊임없이 재활용되고 있습니다.

이명현. 「우리는 어디서 와서 어디로 가는가」. 『생각 수업』. 서울: 알키, 2015.

3. 우주와 인간의 관계를 가장 잘 표현하고 있는 문장을 찾아보자.

4. 글을 다시 읽고 다음 질문에 답해 보자.

(1) 크고 작은 별들이 태어나거나 죽으면서 만드는 물질에는 어떤 것들이 있는가?

(2) 우주가 만든 물질들이 재활용되고 있다는 것은 어떤 의미겠는가?

5. 필자는 우주의 시작과 진화 과정에서의 결과물이 현재 인간의 삶과 밀접한 관계가 있다고 말한다. 이러한 관계 설정에 대해 어떻게 생각하는가?

우주는 풀리지 않는 문제들을 수없이 많이 가지고 있다. 밤하늘이 어두운 이유도 몇 세기 동안 천문학자들의 연구 과제였다. 이에 대한 답 찾기는 천문학자뿐 아니라 시인을 통해서도 시도되었다.

Q: 우주가 무한하고 1조 개가 넘는 별들이 존재한다면 밤하늘은 별빛으로 인해 환하게 밝아야 한다. 그런데 왜 현실 속 밤하늘은 어두울까?

올베르스: "별빛을 차단하는 가스나 먼지 같은 것 때문에 어두운 것이다."

앨런 포우: "별들이 무한히 이어진다면 하늘은 어디나 다 은하수처럼 환하게 빛나야 한다. 하늘 전체에 별이 없는 곳은 단 한 군데도 없을 것이기 때문이다. 그런데 망원경으로 관찰할 때 사방에 빈 곳이 존재할 수 있는 단 한 가지 이유는 우리 눈에 보이지 않는 저편이 엄청나게 먼 곳이어서 그 어떤 빛도 우리에게 도달하지 못하기 때문이다."

케플러: "우주가 유한해서 그렇다."

1. **이해하기** ①의 우주론을 통해 보았을 때 밤하늘이 어두운 이유는 무엇일까?

2. **이해하기** ②에서 말했듯이 태양도 작은 별이며 지구에 많은 영향을 미치고 있다. 태양이 다른 별들과 달리 지구와 인간의 삶에 영향을 미칠 수 있는 이유는 무엇일까?

3. 밤하늘이 어두운 이유에 대한 정답은 없다. 자신의 우주론을 토대로 지구라는 별에서 다른 별들의 빛을 모두 볼 수 없는 이유가 무엇일지 생각해 보자. 또한 밤하늘이 어두운 이유처럼 인간의 궁금증을 유발하는 문제에는 어떤 것들이 더 있는지 이야기해 보자.

자기평가

자신이 이 장의 내용을 잘 이해했는지, 주제에 대한 이해를 확장하여 자신의 견해를 이야기할 수 있는지 아래의 질문에 답해 보자.

- 우주론에 대해 이해했는가?
- 글의 주제와 내용을 파악할 수 있었는가?
- 우주와 인간의 관계에 대해 자신의 견해를 말할 수 있었는가?

2부 표현

1
보고서의 유형과 구조 알기

들어가기

'환경 변화와 인류의 미래에 대한 자신의 견해를 밝혀 쓰라.'

'강의 시간에 다룬 여러 인권 문제 가운데 하나를 골라 분석하고, 자신이 생각하는 합리적 대안을 구상하여 보고서로 작성하라.'

'연극 '맥베스'를 감상한 후 자신의 감상평을 자유롭게 기술하라.'

보고서란 어떤 대상이나 문제에 대해 보고하는 형식을 갖춘 글을 말한다. 대학에서 쓰는 보고서는 주로 어떤 주제에 대한 자신의 견해를 논리적으로 쓰는 학술적 보고서인 경우가 많다. 학술적 보고서를 쓸 때에는 주제를 잘 이해한 다음 주제에 대한 비판적 사고를 바탕으로 보고서의 형식을 갖추어 쓰는 것이 중요하다.

보고서의 유형과 목적에 맞게 글의 구조를 계획하는 과정을 알아보자.

1 보고서의 유형 파악하기

보고서를 쓸 때는 먼저 제시된 글쓰기 과제를 정확히 이해해야 한다. 이때 보고서에서 자주 사용되는 표현을 알아두면 글쓰기 과제와 써야 할 보고서의 유형을 이해하는 데에 도움이 된다.

1) 설명적 보고서
- ~ 을 설명하라 / 분석하라 / 조사하라 / 정리하라 등

2) 논증적 보고서
- ~ 에 대해 동의하는가?
- ~ 에 대한 생각을 / 견해를 / 입장을 기술하라 등

3) 감상적 보고서
- ~ 에 대해 느낀 점을 / 감상을 기술하라 등
- ~ 을 읽고 / 보고 / 감상하고 느낀 점을 기술하라 등

강좌명: 한국 현대시의 이해

기말 보고서 : 다음 중 하나의 주제를 골라 보고서로 작성하시오.

① 윤동주 시인의 작품 세계를 작품이 발표된 당대 시대상과의 연계성을 바탕으로 분석하시오. ← 설명적 보고서 표현

② 윤동주는 저항 시인인가, 순수 시인인가? 이에 대한 자신의 견해를 밝혀 쓰시오. ← 논증적 보고서 표현

③ 윤동주 시인의 '자화상'을 읽은 후 느낀 점을 자유롭게 기술하시오. ← 감상적 보고서 표현

1) 설명적 보고서 ▷ 작품 세계 분석 + 설명
2) 논증적 보고서 ▷ 저항 시인 vs 순수 시인에 대한 견해
3) 감상적 보고서 ▷ '자화상'에 대한 감상

2-1 설명적 보고서의 구조 파악하기

설명적 보고서는 주제에 대한 분석 결과를 바탕으로 그 주제를 설명하는 유형의 보고서이다.

공정무역의 현황 및 실태를 조사하고, 경제학 이론에서의 개선 방안을 정리하라.

(공정무역: 주제어 / 현황 및 실태: 핵심내용 ① / 경제학 이론에서의 개선 방안: 핵심내용 ②)

설명적 보고서를 쓸 때에는 먼저 글의 주제어가 무엇인지를 명확하게 밝히는 것이 중요하다. 아래의 예와 같이 서론에서는 '공정무역'의 의미가 무엇인지 정의하고, '공정무역'의 특징이나 형성 배경, 관련된 예 등을 통해 독자들에게 해당 주제어를 충분히 설명한다. 다음으로 본론에서는 글의 핵심 내용인 '현황 및 실태', '경제학 이론에서의 개선 방안'을 다룬다. 결론에서는 본문의 내용을 정리하고, 주제에 대한 자신의 견해를 밝힌다.

서론 : 핵심 개념 소개 및 설명

▷ 공정무역의 개념

1) 서론

- 공정무역의 개념
  → 공정무역은 국가 간 동등한 위치에서 이루어지는 무역을 말함. 국제 무역 시장에서의 균형과 윤리적 소비를 위해 필요함.

핵심 내용 ① : 공정무역의 현황 및 실태

▷ 확산 추세

2) 본론

- 공정무역의 현황과 실태
  → 공정무역은 한 국가 안에서는 점차 작은 기업에까지 확산되고 있으며, 국제적으로는 초국가 기업에 의해 주도되고 있음.

핵심 내용 ② : 개선 방안

▷ 가격 적정화, 소비자 인식 변화 유도

- 공정무역의 개선 방안
  → 경제학 이론에서는 유통 단계의 개선을 통한 가격 적정화, 공정무역 제품의 유통 및 판매채널 확대를 통한 소비자 인식 변화 유도 등을 제안하고 있음.

결론: 본문 내용 요약, 주제에 대한 견해

▷ 공정무역의 향후 과제, 전망

3) 결론

- 공정무역의 향후 과제 및 전망
  → 공정무역은 점점 더 확대될 것임. 그 가치를 이해하고 향후 더욱 개선해 가려는 노력이 필요함.

2-2 논증적 보고서의 구조 파악하기

논증적 보고서는 어떤 쟁점이 있는 주제에 대한 자신의 견해를 논리적으로 증명하는 보고서이다.

> 동물실험은 윤리적으로 정당한가? 동물실험과 관련된 논란을 알아보고
> 주제어 / 핵심내용 ①
>
> 이에 대한 자신의 입장을 기술하라.
> 핵심내용 ②

논증적 보고서를 쓸 때는 먼저 글의 주제와 쟁점을 파악하는 것이 중요하다. 아래와 같이 서론에서는 글의 주제어인 '동물실험'의 개념을 밝힌다. 다음으로 본론에서 주제와 관련된 쟁점이 무엇인지, 그 쟁점과 관련하여 어떤 입장들이 있는지를 정리한다. 그리고 '동물실험'에 대한 자신의 견해를 밝히고 이를 뒷받침할 수 있는 근거를 제시한다. 결론에서는 앞에서 다룬 내용을 요약하고 대안을 제시한다.

	1) 서론
서론: 핵심 개념 소개 및 설명 ▷ 동물실험의 개념	• 동물실험의 개념 → 실험, 연구 등 과학적 목적을 위해 동물을 대상으로 실시하는 실험
	2) 본론
핵심 내용 ①: 주제와 관련된 쟁점 정리 ▷ 찬성 vs 반대	• 동물실험과 관련된 상반된 입장 → 과학적 유용성 vs 생명 윤리
핵심 내용 ②: 동물실험에 대한 자신의 입장 + 근거 ▷ 동물실험 반대	• 동물실험 전면 금지의 정당성 → 동물에게도 지능과 문화가 존재함(동물행동학 연구 결과). → 동물실험의 효과가 동물의 고통과 죽음을 상쇄할 만큼 유용하지 않음.
	3) 결론
결론: 자신의 견해 요약, 대안 제시 ▷ 동물실험 대체 방안 필요	• 동물실험 대체 방안 개발의 필요성 → 동물실험은 생명윤리에 어긋나므로 이를 대체할 수 있는 방안을 개발해야 함.

2-3 감상적 보고서의 구조 파악하기

감상적 보고서는 어떤 대상에 대해 자신이 감상하거나 해석한 것을 기술하는 보고서이다.

현대 사회의 예술의 가치를 생각하며 가까운 미술관을 방문하여 작품을 감상한 결과를 자유롭게 기술하라.

(미술관을 방문하여 작품을: 감상의 대상 / 감상한 결과: 핵심내용)

감상적 보고서를 쓸 때는 아래와 같이 서론에서 먼저 감상의 대상을 간략히 소개한다. 본론에서는 대상에 대한 설명과 함께 자신의 감상을 자유롭게 기술한다. 그런데 이 보고서에서는 '예술의 가치'에 대해 생각하며 감상할 것을 요구했으므로 여기에 초점을 맞추어 감상평을 써야 한다. 결론에서는 전체적인 감상을 정리한다.

서론: 감상 대상 소개

▹ 방문한 미술관과 소장 작품 소개

1) 서론

→ 간송미술관의 위치, 역사, 소장 작품

핵심 내용 ①: 감상 대상 설명

▹ 화가와 작품 간략히 소개

2) 본론

- 간송미술관에 전시된 신윤복의 작품들

  → 신윤복과 그의 작품들에 대한 설명

핵심 내용 ②: 작품에 대한 나의 감상평

▹ 예술적 가치에 초점을 둔 감상 결과

- 작품 감상 결과

  → 예술의 가치는 작품을 통해 시대를 반영한다는 점에서 찾을 수 있음.

  → 신윤복의 <단오풍정>과 <월하정인>은 조선 후기의 모습을 있는 그대로 화폭에 담아낸 작품이었음.

  → 신윤복의 작품을 감상하며 당시의 모습을 생생하게 상상할 수 있었고, 이를 통해 예술이 갖는 가치를 다시 느낄 수 있었음.

결론: 감상평 정리

▹ 작품에 대한 종합적인 느낌

3) 결론

→ 사회상을 반영하고 인간의 삶을 작품에 녹여내는 것은 예술의 고유한 가치임. 신윤복의 작품들은 이러한 가치를 잘 보여주고 있었음.

한편 감상적 보고서에는 책을 읽고 그에 대한 비평을 써야 하는 유형도 있다.

세르반테스의 『돈키호테』를 읽고 저자의 인간관을 비판적으로 평가하라.
감상의 대상 / 핵심 내용

이런 경우에는 비평의 조건이 무엇인지 파악하고 이를 따르는 것이 중요하다. 먼저 서론에서는 작품 및 작가에 대해 간략히 소개한다. 본론에서는 책의 줄거리와 함께 작품에 대한 자신의 해석과 평가를 기술한다. 결론에서는 작품에 대한 종합적인 감상을 다시 한 번 정리한다.

서론: 감상 대상 소개
▷ 작품과 작가를 소개

1) 서론
→ 『돈키호테』는 에스파냐의 작가 세르반테스가 쓴 풍자 소설임.

핵심 내용 ①: 감상 대상 설명
▷ 전체 줄거리

2) 본론
- 『돈키호테』의 내용
→ 『돈키호테』의 줄거리

핵심 내용 ②: 작품에 대한 비평
▷ 저자의 인간관 + 나의 해석

- 『돈키호테』에 나타난 세르반테스의 인간관과 이에 대한 나의 시각
→ 이상을 쫓으며 모험과 실패를 거듭하는 인간의 모습을 보여줌.
→ 가는 곳마다 조롱을 받지만 모험을 멈추지 않는 돈키호테가 순수해 보임. 저자의 인간관에 공감이 감.

결론: 감상평 정리
▷ 책에 대한 종합적인 느낌

3) 결론
→ 작가는 헛된 꿈이라도 포기하지 않는 인간의 모습을 보여줌. 이는 현대인에게도 적용될 수 있다는 점에서 매우 흥미로웠음.

확인하기

✔ 다음은 대학생이 아래의 과제에 대한 보고서의 구조를 계획한 것이다. 잘 읽고 질문에 답해 보자.

현대사회에서 대중문화는 사회 변화와 당대의 가치 체계를 잘 설명하는 중요한 키워드 중 하나이다. 대중문화가 오늘날 현대인에게 미치는 영향에 대해 기술하라.

1. 서론

→ 대중문화는 현대인에게 많은 영향을 끼치고 있음.

2. 본론

- 대중문화의 개념과 속성

→ 개념: 특정 사회나 계층을 넘어 대중이 공통으로 즐길 수 있는 문화
속성: 일방성, 획일성, 상업성

- 대중문화의 긍정적 측면

→ 문화 대중화에 기여함, 다양한 지식과 정보를 제공하여 삶의 질을 높여줌.

- 대중문화의 부정적 측면

→ 문화의 획일성과 몰개성, 일부 계층에 의해 대중문화가 생산 및 확대되면서 일반 대중이 객체로 전락함.

3. 결론

→ 대중문화의 긍정적, 부정적 영향을 이해하고, 이를 주체적으로 즐기려는 노력 필요

(1) 위 과제는 어떤 보고서 유형에 해당하는가?

(2) 위 과제의 핵심 내용은 무엇인가? 그 내용은 개요의 어느 부분에 들어가 있는가?

(3) 보고서의 유형과 주제에 맞게 글의 구조가 계획되었는가?

연습하기 1

✔ 보고서의 유형을 파악하고 이에 맞게 글의 구조를 계획하는 연습을 해 보자.

1. 다음 과제를 보고 어떤 유형의 보고서를 써야 하는지 판단해 보자. 그리고 보고서의 핵심 내용은 무엇인지 써 보자.

(1)

소극적인 안락사는 법적으로 허용될 수 있는지에 대해 자신의 견해를 구체적인 근거를 들어 기술하라.

보고서 유형	
핵심 내용	

(2)

'의무투표제'의 개념과 필요성을 밝히고, '의무투표제'를 시행하고 있는 국가를 조사하라.

보고서 유형	
핵심 내용	

(3)

심리학과 관련된 영화 한 편을 선택하여 감상하고 자신이 느낀 점을 쓰라.

보고서 유형	
핵심 내용	

(4)

나노기술의 미래가 장밋빛이라는 견해에 동의하는가? 이에 대한 자신의 입장을 기술하라.

보고서 유형	
핵심 내용	

(5)

2000년대 이후의 한국 단편소설 중 가장 인상 깊게 읽었던 것은 무엇인가? 줄거리를 요약하고 자신의 감상평을 자유롭게 쓰라.

보고서 유형	
핵심 내용	

2. 다음 과제를 보고 개요를 완성해 보자.

(1)

뮤지컬의 특징을 오페라와의 비교 관점에서 기술하라.

서론	뮤지컬의 개념
본론	• 뮤지컬의 특징 → 19세기 영국에서 유럽의 대중연극, 오페레타, 발라드 오페라 등의 영향을 받아 탄생함. • .... → .... • 뮤지컬과 오페라의 비교 → 공통점: 음악과 드라마의 결합 차이점: 창법, 발성법, 대사 구성 등
결론	뮤지컬과 오페라는 발성법에서 가장 큰 차이가 있음.

(2)

대학은 진리를 탐구하는 곳인가, 사회 진출을 대비하는 곳인가? 대학의 기능과 역할에 대한 자신의 생각을 기술하라.

서론	대학의 기능과 역할은 시대에 따라 다르게 인식될 수 있음.
본론	• → • →
결론	대학은 새로운 지식인을 배출해야 한다는 점에서 진리를 탐구하는 것이 가장 중요한 기능이 되어야 함.

3. 다음은 대학생이 쓴 보고서의 일부이다. 보고서를 읽고 질문에 답해 보자.

다양한 인권 충돌 사례와 그에 적용 가능한 법률을 조사하여 정리하라. 이를 토대로 법학에서 인권을 어떻게 바라보아야 하는지에 대한 자신의 견해를 밝혀 쓰라.

1. 서론

2. 본론

1) 인권의 유형

한국의 인권은 여러 과정을 거쳐 제정되었는데, 현재는 현행 헌법을 통해 이를 확인할 수 있다. 현행 헌법에서 규정하고 있는 인권은 행복추구권, 평등권, 자유권, 사회권, 청구권, 참정권 등이 있다. 행복추구권과 평등권은 인간의 존엄과 가치 존중, 그리고 행복을 추구하는 권리로서 총칙적 규정으로 밝혀져 있다. (후략)

2) 인권 충돌 사례

최근 국제적으로 이러한 인권이 서로 충돌하는 사례가 많아지고 있다. 조효제(2014)에서는 권리의 충돌에도 여러 유형이 있다고 설명하고 있다. 먼저 대중의 알 권리와 공인의 사생활 보호 권리와 같이 서로 다른 종류의 권리들이 충돌하는 경우가 있다. 다음으로는 동일한 권리를 행사 방식과 한계 설정을 놓고 갈등하는 경우가 있다. 예를 들어 같은 '표현의 자유'를 두고 누구에게, 어디까지 적용을 할 것인가와 관련하여 충돌을 겪는 경우가 여기에 해당한다. (후략)

3) 인권과 관련된 법률

앞서 살펴본 것처럼 인권의 충돌은 국제적으로 빈번하게 일어나고 있는 실정이다. 다음은 이러한 인권과 관련된 법률에는 어떤 것이 있는지 살펴보고자 한다. (후략)

3. 결론

-1-

〈참고문헌〉

조효제. 「권리들끼리 싸우면 누가 이기나」. 한겨레, 2014년 4월 1일.

하승수. 『젊은 지성을 위한 세계 인권사』. 서울: 두리미디어, 2012.

-9-

(1) 위 과제는 어떤 보고서 유형에 해당하는가?

(2) 글에 불필요하게 들어가 있는 내용은 무엇인가?

(3) 글에 더 추가되어야 할 내용은 무엇인가?

연습하기 2

✔ 다음 과제를 보고 글의 주제와 목적에 맞게 보고서를 계획하는 연습을 해 보자.

> 오늘날 인류에게 가장 위협이 되는 환경오염은 무엇인가? 환경오염의 실태와 문제점에 대해 기술하라.

1. 다음은 과제와 관련된 질문들이다. 옆 사람과 같이 이야기하면서 주제에 대한 나의 생각을 정리해 보자.

(1) 오늘날 가장 심각한 환경오염은 무엇이라고 생각하는가?

(2) 그 환경오염의 근본적 원인은 무엇이며 실태는 어떠한가?

(3) 그 환경오염으로 인한 문제점과 이에 대한 해결 방안은 무엇인가?

2. 아래에 글의 구조를 계획해 보자.

서론	
본론	
결론	

3. 옆 사람과 쓴 개요를 바꿔 읽어 보자. 읽으면서 그 개요가 아래의 항목을 충족하고 있는지 평가해 보자.

- 과제에 맞는 적절한 보고서 유형을 선택하였는가?
- 글의 주제와 목적에 맞게 글의 구조를 계획하였는가?
- 과제에서 요구하는 핵심 내용이 모두 포함되었는가?

4. 옆 사람과 함께 서로의 개요에서 개선되어야 할 부분은 무엇인지 이야기해 보자. 그리고 그 부분을 고쳐서 다시 글의 구조를 계획해 보자.

자기평가

자신이 이 장의 내용을 잘 이해했는지, 배운 대로 글을 쓸 수 있게 되었는지 아래의 질문에 답해 보자.
• 보고서의 유형을 이해하였는가?
• 각 보고서의 유형에 따른 목적을 이해하였는가?
• 보고서의 주제와 유형에 맞게 글을 계획할 수 있었는가?

2

인용의 목적과 효과 알기

들어가기

'프로이트의 정신분석학 이론에 입각하여 햄릿의 성격을 분석해 보자.'

'청년 실업 해소를 위한 정부 정책을 조사하고 이것의 실효성을 객관적 수치를 활용하여 평가하라.'

'소극적인 안락사는 허용될 수 있는가? 이에 대한 자신의 입장을 밝혀 쓰라.'

보고서를 쓸 때에는 주제를 더 잘 설명하거나 자신의 견해를 뒷받침하는 근거로 활용하기 위해 다양한 참고자료를 인용한다. 참고자료를 인용할 때는 다음과 같은 점이 중요하다. 첫째, 보고서의 어떤 부분에 참고자료가 필요한지를 판단해야 한다. 둘째, 참고자료의 내용과 보고서의 내용이 잘 연결되도록 해야 한다. 셋째, 적절한 인용 형식을 갖추고 출처를 밝혀야 한다.

알아보기

✎ 인용의 목적과 필요성에 대해 이해하고 다양한 참고자료를 나의 글에 인용하는 방법을 알아보자.

1 인용의 목적과 필요성 이해하기

인용이란 다른 사람의 글을 내 글로 가져오는 것을 말한다. 다양한 참고자료를 인용하면 독자들에게 주제를 더 잘 설명할 수 있고 논리의 객관성과 타당성을 높일 수 있다. 다음 예문 2 는 인권의 정의를 인용함으로써 자신의 견해를 보다 객관적으로 전달하고 있는 예이다.

예문 1	예문 2
최근 공공의 이익과 개인의 인권 보장이 서로 충돌하는 사례가 많아지고 있다. 범죄자의 신상을 공개해야 하는지와 관련된 논란도 이에 해당하는 것이다. 그러나 다수의 이익을 위해 한 사람의 인권을 침해하는 것은 바람직하지 않다. 범죄자도 인간이므로 이들에게는 당연히 인권이 주어지며, 이것은 보장되어야 마땅하다.	최근 공공의 이익과 개인의 인권 보장이 서로 충돌하는 사례가 많아지고 있다. 범죄자의 신상을 공개해야 하는지와 관련된 논란도 이에 해당하는 것이다. 그러나 다수의 이익을 위해 한 사람의 인권을 침해하는 것은 바람직하지 않다. 하승수(2012:24)에서는 "인권은 인종, 성별, 신앙, 사회적 신분 등에 구애받지 않고 모든 인간이 보편적으로 누리는 권리"라고 하였다. 범죄자도 인간이므로 이들에게는 당연히 인권이 주어지며, 이것은 보장되어야 마땅하다. 하승수. 『젊은 지성을 위한 세계 인권사』. 서울: 두리미디어, 2012. 24쪽.

인권의 정의 인용

▷ 인권의 개념을 설명하여 자신의 견해를 뒷받침

나의 주장 + 근거(정의 인용)

▷ 범죄자의 인권을 보장해야 함(주장) + 인권은 "인간이 보편적으로 누리는 것"이기 때문에(근거)

2 주제를 파악하고 인용이 필요한 부분 확인하기

먼저 적절한 참고자료를 선택하기 위해 과제의 유형과 주제를 파악한다. 그리고 글의 전체 흐름을 계획한 다음, 어디에 어떤 자료를 인용해야 하는지 판단한다. 이때 다음과 같은 점을 고려해서 인용이 필요한 부분을 결정한다.

- 전문적인 견해가 뒷받침되어야 할 부분은 어디인가?
- 개념의 정의가 필요한 부분은 어디인가?
- 통계나 설문조사 등 객관적인 자료를 제시해야 할 부분은 어디인가?

가드너의 다중지능이론을 설명하고 실제 교육 현장에서의 적용 사례를 분석하시오.

(주제어: 가드너의 다중지능이론 / 보고서 유형 ▷ 설명적 보고서: 적용 사례를 분석하시오.)

주제: 가드너의 다중지능이론은 아동 교육 현장에서 활발히 적용되고 있다.

- 다중지능이론의 개념
  → 다중지능이론의 정의와 예
  (★이 부분에 참고자료 인용할 것!)
- 교육 현장에서의 다중지능이론의 적용 사례
  → 아동 교육에서의 적용 사례

3 참고자료에서 인용할 부분을 선별하기

참고자료가 필요한 부분을 결정한 후에는 주제어와 관련된 참고자료를 검색한다. 그다음 참고자료의 내용 중 어떤 부분을 인용할지 판단한다.

참고자료 1

지금까지 나는 각각의 역할은 단 하나의, 발달한 지능에 크게 의존한다고 생각해 왔다. 그러나 정교화된 거의 모든 문화적 역할은 복합적인 지능으로만 수행할 수 있는 것이다. 즉 바이올린 연주에도 음악지능을 초월한 복합적인 지능이 요구되는 것이다. 성공적인 바이올리니스트가 되기 위해서는 신체운동적 민첩성과 청중을 다루는 대인관계 기술이 필요하다. 또한 자기성찰지능이 요구될 수도 있다. 한편 무용은 신체운동 · 음악 · 인간친화 · 공간지능을 요구한다. 정치는 인간친화 · 언어지능과 약간의 논리성을 요구한다.

다중지능의 예 ▷ 인용할 것

이와 같이 거의 모든 문화적 역할들은 여러 지능을 요구한다. 따라서 개인의 지능은 필기시험으로 직접 측정할 수 있는 단일한 문제해결능력으로 보기보다는 오히려 여러 지능의 집합으로 보아야 한다. 인간 능력의 다양성은 여러 지능이 만들어내는 다양한 프로파일에 기인한 것이다. 사실 전체는 부분의 합보다 크다는 말은 사실일 수 있다. 한 개인은 특정 지능은 뛰어나지 않을 수 있다. 그럼에도 여러 지능이 합쳐져 특정한 조합을 이루면 특정 분야에서 제 역할을 잘해낼 수 있다. 그러므로 특정한 직업, 또는 업무에 개인을 배치할 때에는 특정 지능의 조합을 염두에 두는 것이 좋다. (후략)

다중지능의 개념 ▷ 인용할 것

하워드 가드너. 『다중지능』. 2006. 문용린 · 유경재 역. 서울: 웅진지식하우스, 2007. 44쪽.

4 초고 쓰기

2 의 개요를 바탕으로 초고를 쓴다. 초고를 쓸 때에는 어휘나 문법보다는 글의 전체 내용을 생각하면서 빠른 속도로 써 내려간다.

다중지능이론의 개념과 교육 현장에의 적용 사례

하워드 가드너의 다중지능이론은 교육학에서 매우 중요하게 다루어지는 개념이다. 가드너의 다중지능이론은 '인간의 지능은 IQ로 모두 측정이 가능한가?', '뇌의 일부를 다친 사람이 갑자기 언어 능력만을 상실하는 이유는 무엇인가?'와 같이 사람들이 궁금해 하는 질문에 대한 답을 준다. 이러한 다중지능이론은 학습자의 능력이나 지능이 개인의 특성에 따라 매우 다양하게 나타날 수 있다는 사실을 알려줌으로써 학습자 개인에 맞는 교육을 할 수 있도록 도와 준다. (중략)

과거에는 대부분의 국가에서 IQ 테스트로 학생들의 지능을 측정하였다. 그러나 가드너가 다중이론을 주장한 이후에 이런 관점은 더 이상 유효하지 않게 되었다. 그러므로 학생들을 가르칠 때 이들이 가지고 있는 복합지능을 발견하고 개발해 주는 것이 중요하다. (후략)

5 참고자료의 내용을 직접 인용하기

직접 인용은 원문의 내용을 바꾸지 않고 그대로 나의 글에 가져오는 것을 말한다. 직접 인용은 원문의 표현을 훼손해서는 안 되거나 다른 표현으로 대체할 수 없는 경우, 문학 작품의 일부를 그대로 제시해야 하는 경우에 사용한다.

직접 인용을 할 때에는 인용 부호(큰따옴표) 안에 인용할 원문의 내용을 그대로 넣어서 인용한다. 또 인용할 내용 전체를 별도의 단락으로 인용할 수도 있다.

〈인용할 문장〉

개인의 지능은 필기시험으로 직접 측정할 수 있는 단일한 문제해결능력으로 보기보다는 오히려 여러 지능의 집합으로 보아야 한다.

① 문장 안에 직접 인용하기

인용 표현과 부호를 사용하여 직접 인용 ⟹

→ 가드너(2007 : 44)에서는 개인의 지능을 "필기시험으로 직접 측정할 수 있는 단일한 문제해결능력으로 보기보다는 오히려 여러 지능의 집합으로 보아야 한다."고 하였다.

글씨체, 글씨 크기 등을 달리 해서 별도의 단락으로 직접 인용

② 별도의 단락으로 직접 인용하기

→ 가드너(2007 : 44)에서는 개인의 지능을 다음과 같은 관점에서 보아야 한다고 하였다.

> 개인의 지능은 필기시험으로 직접 측정할 수 있는 단일한 문제해결능력으로 보기보다는 오히려 여러 지능의 집합으로 보아야 한다.

6 참고자료의 내용을 간접 인용하기

간접 인용은 원문의 표현을 자신의 말로 바꾸어 인용하는 방법이다. 간접 인용을 할 때에는 인용 부호를 사용하지 않고 참고자료의 내용과 분량에 따라 '요약하기'와 '바꿔 쓰기'를 활용할 수 있다. 이때 원문의 본래 의미가 훼손되지 않도록 하는 것이 중요하다.

〈인용할 내용〉

바이올린 연주에도 음악지능을 초월한 복합적인 지능이 요구되는 것이다. 성공적인 바이올리니스트가 되기 위해서는 신체운동적 민첩성과 청중을 다루는 대인관계 기술이 필요하다. 또한 자기성찰지능이 요구될 수도 있다. 한편 무용은 신체운동·음악·인간친화·공간지능을 요구한다. 정치는 인간친화·언어지능과 약간의 논리성을 요구한다.

인용 표현을 사용하여 간접 인용

① '바꿔 쓰기'를 활용하여 간접 인용하기

→ 가드너(2007 : 44)에서는 성공적인 바이올린 연주자가 되기 위해서는 음악지능을 넘어서는 복합적인 지능이 요구된다고 하였다. 즉, 신체운동적 민첩성과 청중을 대하기 위한 대인관계 기술이 필요하다는 것이다. 또한 자기를 반성하고 돌아볼 수 있는 지능도 요구될 가능성이 있다. 한편 무용을 하기 위해서는 신체운동과 음악·공간지능 등이 필요하고, 정치는 인간친화·언어지능뿐만 아니라 논리성도 갖추어야 한다고 하였다.

② '요약하기'를 활용하여 간접 인용하기

→ 가드너(2007 : 44)에서는 성공적인 바이올리니스트가 되기 위해서는 음악지능을 초월한 신체운동적 능력과 대인관계 기술 등이 필요하다고 하였다. 그는 무용과 정치도 이와 마찬가지로 하나가 아닌 복합적인 지능을 요구한다고 보았다.

7 인용한 부분에 나의 견해 덧붙이기

참고자료를 인용하는 것은 인용 자체가 아니라 나의 견해를 뒷받침하는 데 목적이 있다. 그러므로 인용한 내용만으로 글을 구성해서는 안 되고 인용한 내용에 대한 나의 해석이나 설명을 덧붙여야 한다.

다중지능이론의 개념과 교육 현장에의 적용 사례

하워드 가드너의 다중지능이론은 교육학에서 매우 중요하게 다루어지는 개념이다. 가드너의 다중지능이론은 '인간의 지능은 IQ로 모두 측정이 가능한가?', '뇌의 일부를 다친 사람이 갑자기 언어 능력만을 상실하는 이유는 무엇인가?'와 같이 사람들이 궁금해 하는 질문에 대한 답을 준다. 이러한 다중지능이론은 학습자의 능력이나 지능이 개인의 특성에 따라 매우 다양하게 나타날 수 있다는 사실을 알려줌으로써 학습자 개인에 맞는 교육을 할 수 있도록 도와 준다. (중략)

과거에는 대부분의 국가에서 IQ 테스트로 학생들의 지능을 측정하였다. 그러나 가드너가 다중이론을 주장한 이후에 이러한 관점은 더 이상 유효하지 않게 되었다. 가드너(2007 : 44)에서는 개인의 지능을 "필기시험으로 직접 측정할 수 있는 단일한 문제해결능력으로 보기 보다는 오히려 여러 지능의 집합으로 보아야 한다."고 하였다. 이 연구에서는 성공적인 바이올리니스트가 되기 위해서는 음악지능을 초월한 신체운동적 능력과 대인관계 기술 등이 필요하다고 하였다. 그는 무용수와 정치가도 이와 마찬가지로 하나가 아닌 복합적인 지능을 요구한다고 보았다. 즉, 학생들의 지능은 매우 다양한 차원으로 구성되어 있으며 사회에서 요구하는 사회적 역할을 수행할 때 이러한 복합지능이 요구된다고 볼 수 있다. 그러므로 학생들을 가르칠 때 이들이 가지고 있는 복합지능을 발견하고 개발해 주는 것이 중요하다. (후략)

⇐ 인용한 내용에 대한 해석과 견해를 덧붙임

8 참고자료의 출처 표시하기

참고자료의 내용을 인용한 후에는 자료의 출처를 명확히 밝혀야 한다. 출처를 밝히는 것은 글쓰기 윤리의 첫 번째 원칙이다. 보고서에 인용한 자료들은 마지막 부분에 참고문헌 목록으로 한꺼번에 정리한다. 학문 분야에 따라 자료의 출처를 본문에 주(註, annotation)를 달아서 표시해야 하는 경우도 있다.

〈참고문헌 목록〉

- 보고서에 참고한 모든 참고자료의 목록을 보고서 마지막 부분에 정리함.
- 본문에 직접 인용한 자료가 아니더라도 보고서에 참고했다면 목록에 포함시켜야 함.
- 학술 논문의 경우에는 논문이 실린 전체 페이지를 표시함.
- 저자명, 책 제목 등 각 항목을 마침표로 구분함.
- 보통 저자 이름을 기준으로 가나다순 또는 알파벳순으로 정리함.

> 이철우(2015:37)에서는 사회학을 "인간들이 상호작용하며 살아가는 과정에서 일어나는 협동, 경쟁, 갈등을 포함하여, 싸우고, 거래하고, 모방하고, 지배하거나 지배받고, 문화를 발전시키는 등 인간들의 일상적인 삶을 연구하는 학문"이라고 정의한 바 있다. 이러한 정의에 따르면 사회학은 인간 사이에서 일어나는 상호작용에 관심이 있다고 볼 수 있다.
>
> -1-
>
> 〈참고문헌〉
> 김덕영. 『사회의 사회학』. 서울: 길, 2016.
> 이철우. 『新사회학 초대』, 제4판. 서울: 한국문화사, 2015.
> 정수복. 「사람들이 살아가는 '이야기가 있는 사회학'」. 『한국사회학』 50-4(2016): 271-311.
>
> -10-

〈주〉

- 출처를 본문 안에 표시하고자 할 때 관련되는 내용 옆에 번호를 달아서 표시함.
- 주의 종류에는 각주와 미주가 있음.
  - 각주: 인용한 페이지 아래에 출처를 표시
  - 미주: 글의 마지막에 한꺼번에 출처를 표시
- 인용한 페이지를 꼭 표시해야 함.
- 같은 책을 여러 번 인용할 때는 두 번째 인용부터 '위의 책, 앞의 책' 등으로 표시함.
- 저자명, 책 제목 등 각 항목을 쉼표로 구분하고, 마지막에만 마침표를 찍음.

이철우는 사회학을 "인간들이 상호작용하며 살아가는 과정에서 일어나는 협동, 경쟁, 갈등을 포함하여, 싸우고, 거래하고, 모방하고, 지배하거나 지배받고, 문화를 발전시키는 등 인간들의 일상적인 삶을 연구하는 학문"이라고 정의한 바 있다.[8] 이러한 정의에 따르면 사회학은 인간 사이에서 일어나는 상호작용에 관심이 있다고 볼 수 있다.

8) 이철우, 『新사회학 초대』, 제4판(서울: 학지사, 2015), 37쪽.

출처를 표시하는 방법은 전공이나 강좌의 성격에 따라 다양하다. 그러나 저자명, 출판 연도, 문헌의 제목, 출판사(발행처)는 출처 표시 양식에 상관없이 꼭 밝혀야 하는 요소이다. 일반적으로 사용되는 출처 표시 양식에는 다음과 같은 것들이 있다.

〈단행본 출처 표시 양식의 예〉

- Chicago 양식

  저자명Author. 『책 제목』Title of Book. 출판지Place of Publication: 출판사Publisher, 출판 연도Year.

  ▸ 강범모. 『풀어 쓴 언어학 개론』. 서울: 한국문화사, 2006.

- MLA 양식

  저자명Author. 책 제목Title of Book. 출판지Place of Publication: 출판사Publisher, 출판 연도Year.

  ▸ 강범모. 풀어 쓴 언어학 개론. 서울: 한국문화사, 2006.

- APA 양식

  저자명Author(출판 연도Year). 책 제목Title of Book. 출판지Place of Publication: 출판사Publisher.

  ▸ 강범모(2006). 풀어 쓴 언어학 개론. 서울: 한국문화사.

여기에서는 일반 학문 분야에서 널리 사용되는 Chicago 양식을 참고하여 문헌의 종류에 따른 인용 방식을 따르기로 한다.

구분		내용
일반적 원칙		• 참고문헌 목록은 국내 문헌과 외국 문헌으로 나눔. • 저자 이름의 가나다순 또는 알파벳순으로 정렬함. • 저자가 두 명인 경우에는 '김철수·이영희'와 같이 '·' 부호를 붙여서 표시함. • 저자가 세 명 이상인 경우에는 '김철수 외'와 같이 주저자의 이름을 밝힘. • 같은 책이 여러 번 개정된 경우, 몇 판인지 표시함. • 국내 문헌의 경우 단행본의 제목은 겹낫표(『 』), 글의 제목은 홑낫표(「 」)로 표시함. Chicago는 영어에 기반을 둔 양식이므로 국내 문헌의 경우 기울여 쓰기를 하지 않음.
단행본		**저자명. 책 제목(외국 문헌의 경우 기울여 쓰기). 출판지: 출판사, 출판 연도**
	국내	김명희 외. 『다중지능이론과 교육의 실제』. 서울: 학지사, 2009.
	국외	Gardner, Howard. *Frames of mind: The theory of multiple intelligences*, 2nd ed. Tennessee: Lightning Source Inc, 2006.
번역본		**저자명. 책 제목. 원본 출판 연도. 번역자. 출판지: 출판사, 번역본 출판 연도.**
	국내	탐 하포드. 『경제학 콘서트』. 2005. 김명철 역. 서울: 웅진지식하우스, 2006.
	국외	Reuter, Paul. International Institutions. 1948. trans. J.M. Chapman. New York: Frederick A, 1961.
학술 논문		**저자명. 「논문 제목」. 『논문이 실린 책이나 학술지 이름(외국 문헌의 경우 기울여 쓰기)』 학술지의 권-호수(발행 연도): 쪽수.**
	국내	김임순 · 김성훈. 「가드너의 다중지능이론이 교육에 주는 함의」. 『인문학연구』 49(2015): 395-422.
	국외	Lee, J. F., & Pruitt, K. W.(1979). "Homework assignments: Classroom games or teaching tools?". *The Clearing House: A Journal of Educational Strategies, Issues and Ideas* 53:13(1979): 1-35.

신문 기사	저자명. 「기사 제목」. 대중매체, 발행 연도 월일. (면수).	
	국내	정민영. 「다중지능놀이로 아이 재능 찾으세요」. 한겨레신문, 2008년 12월 7일.
	국외	"Report of 9/11 Panel Cites Lapses by C.I.A. and F.B.I.", New York Times, July 23, 2003.
웹 자료	저자명. 「자료 제목」. URL 주소.	
	국내	통계청. 「2016년 학령인구」. http://kostat.go.kr.
	국외	Yale University. History Department home page. http://www.yale.edu/history/.

확인하기

✔ 다음은 대학생이 작성한 보고서의 일부이다. 잘 읽고 질문에 답해 보자.

자본주의와 공산주의는 경제학적 관점에 따르면 어떠한 차이점을 가지는가? 이에 대해 정리하여 쓰라.

경제학적 관점에서 본 자본주의와 공산주의

자본주의와 공산주의는 흔히 이념이나 가치의 대립으로 이해되곤 한다. 또한 이들의 대립은 사회주의와 민주주의의 대립과 동일시되기도 한다. 그러나 이러한 자본주의와 공산주의는 사실 이념의 대립이 아닌 경제학적 '자유' 개념을 어떻게 해석하느냐에 따라 다르게 적용될 수 있는 개념이라고 할 수 있다. (중략)

유럽과 미국, 대한민국을 비롯한 많은 나라의 국민들은 '자본주의체제'라는 경제체제 아래서 경제생활을 영위하고 있다. 김응종(2008 : 288)에 따르면 경제학에서 파악하는 자본주의란 "생산 요소가 사유화되고 생산을 위한 자원의 배분과 소득의 분배가 시장에서 이루어지는 경제"를 말한다. 이러한 정의를 통해 보았을 때, 자본주의는 어떤 것을 생산하고, 소유하는 것이 국가나 다른 세력이 아닌 개인의 자유의지에 맡겨진다는 점이 가장 큰 특징이라고 할 수 있다. 그러나 마르크스로 대표되는 공산주의자들은 이러한 자본주의적 생산 양식은 노동자가 자기의 노동력을 상품으로 판매하는 것으로 인간의 소외를 불러일으킬 수 있다고 비판한다. 앤서니 기든스(2008 : 73)에 의하면, 마르크스는 인간 소외의 극복은 사유재산의 폐지에 달린 문제라고 하면서, 인간 본성을 회복하기 위해서는 사유재산과 임금 노동의 관계를 완전히 철폐해야 한다고 주장했다. 다시 말해 현재의 사유재산 제도를 없애고 공동생산과 공동 분배를 기반으로 한 사회 구조의 재편이 필요하다고 본 것이다. (후략)

– 1 –

<참고문헌>

김응종. 『서양사 개념어 사전』. 파주: 살림, 2008.

앤서니 기든스. 『자본주의와 현대사회이론』. 1975. 박노영·임영일 역. 파주: 한길사, 2008.

– 7 –

(1) 위의 글에 인용된 자료의 내용은 무엇인가? 어떤 방법으로 인용되었는가?

(2) 인용된 내용에 대한 필자의 해석이 드러난 부분은 어디인가?

(3) 자료를 인용함으로써 어떤 효과가 발생했다고 생각하는가?

연습하기 1

✔ 보고서를 쓸 때 참고자료를 인용하는 연습을 해 보자.

1. 다음 인용문을 읽고 참고자료의 내용이 적절하게 인용되었는지 판단해 보자.

(1)

참고 자료	말은 일상생활에서 만나는 매우 친숙한 행동 특성이기 때문에 누구든 말의 정의를 내려 보라는 질문을 받고 망설이는 경우란 거의 없을 것이다. 말은 적어도 우리 인간에게 숨쉬기까지는 아니더라도 걷기만큼은 자연스러워 보인다. 하지만 조금이라도 이 문제를 깊이 생각해 본다면 이와 같은 말의 자연스러움이란 정작 구체적 실체가 없는 막연한 느낌에 지나지 않는다는 사실을 깨닫게 된다. 말하기를 습득하는 과정은 걷기를 습득하는 과정과 전혀 다르다. 에드워드 사피어. 『언어, 말의 연구를 위하여』. 2007. 김정우 역, 창원: 경남대학교출판부, 13-15쪽.
인용문	말하기를 습득하는 과정은 걷기를 습득하는 과정과 다르다.

(2)

참고 자료	교육은 인간의 발달과 행동 변화를 추구하는 활동이므로 그 주체(subject)와 대상(object) 및 내용(content)이 있어야 한다. 교육의 주체란 '누가'를, 교육의 대상이란 '누구에게'를, 교육의 내용은 '무엇을 가르치고 배울 것인가'를 말한다. 배두본. 『영어 교재론 개관』. 제2판. 서울: 한국문화사, 2014. 3쪽.
인용문	배두본에서는 교육은 발달과 행동 변화를 추구하는 활동이므로 주체(subject)와 대상(object) 및 내용(content)이 있어야 한다고 보았다.

(3)

참고 자료	이중언어 구사자는 단일언어 구사자보다 더 다양한 사람들과 의사소통을 할 수 있는 기회를 가질 수 있다. 어떤 국가를 여행할 때, 이중언어를 구사하는 자녀들은 자신의 언어가 주는 뚜렷한 장점, 즉 새로운 관계를 쉽게 만들어갈 수 있다. 단일언어 구사자가 하나의 언어로 다양한 사람들과 의사소통을 할 수도 있지만, 때때로 한 언어만으로는 다른 나라나 타 민족과의 관계를 맺는 데 한계가 있을 수 있다. Colin Baker. 『이중언어 교육 가이드』. 1998. 정부연 역. 서울: 넥서스, 2010. 23쪽.
인용문	Colin Baker(2010 : 23)은 이중언어 구사자가 다양한 사람과 의사소통을 할 수 있다.

(4)

참고 자료	인권은 따지고 보면 겨우 18세기 계몽운동 시대에 등장한 개념이다. 인간의 이성이 종교를 압도하기 시작하고 개인적 자유와 사회적 평등에 대한 자각이 일어나면서 생겨난 사상이다. 미국 캘리포니아 주립대학 유럽 근대사 교수인 린 헌트는 자신의 1996년 저서 〈프랑스혁명과 인권〉에서 이렇게 말했다. "하나의 사상은 영원한 진리가 아니라, 특정한 시기에 특정한 장소에서 일어난 사회적 대변동에 의한 반응으로 생겨나는 것이다." 헌트는 "보편적인 인권 사상의 발원지는 서구였다"고 설명한다. 커스틴 셀라스. 『인권 그 위선의 역사』. 2002. 오승훈 역. 서울: 은행나무, 2003. 12쪽.
인용문	커스틴 셀라스(2002:12)는 인권은 인간의 이성이 종교를 압도하기 시작하고 개인적 자유와 사회적 평등에 대한 자각이 일어나면서 생겨난 사상이라고 하였다.

2. 다음 과제에 대한 보고서를 쓰기 위해 참고자료 가 와 참고자료 나 의 내용을 인용하려고 한다. 인용할 부분에 밑줄을 쳐 보자.

출생 순위가 인간의 성격 형성에 영향을 미친다고 보는가? 이에 대한 자신의 생각을 쓰라.

참고자료 가

아들러는 출생순위에 따른 전형적인 성격 차이에 주목한 최초의 심리학자이기도 하다. 아들러는 한 가족 안의 아이들이 같은 부모 아래서 자란다고 해서 모두 동일한 가족환경에서 성장하는 것이 아니라고 생각했다. 실제로 각 아이들의 심리사회적 환경은 출생순위에 커다란 영향을 받는다. 출생순위와 가족 내 위치는 아이가 성인이 되었을 때 사회와 상호작용하는 방식에 큰 영향을 준다.

형제 중 가장 큰 아이의 경우, 그 아이의 심리사회적 조건은 폐위된 왕에 비유될 수 있다. 다시 말해 세상의 모든 권위를 누리고 온갖 칭송을 한 몸에 받다가 어느 날 갑자기 폐위되는 왕의 신세가 바로 아이의 처지라는 것이다. 이런 심리사회적 환경 덕분에 큰 아이는 책임감과 배려심 같은 긍정적 특성을 발달시키기도 하지만 때로는 자신감 부족, 비관주의, 적대적 성향, 보수적이고 규율을 중시하는 성향을 나타내기도 한다.

둘째 아이가 처하게 되는 심리사회적 조건은 언제나 손위의 형제들이 삶의 모델이 되고 생애 초기부터 부모의 관심과 애정을 다른 형제 또는 자매와 나누어야 한다는 것이다. 그 덕분에 둘째는 야심에 찬 경쟁자이자 공동체 지향적인 특성을 나타낼 수 있다. 하지만 동시에 이들은 반항적이고 질투심이 많으며 승부에 집착하고 추종자가 되는 것을 거부할 수 있다.

막내가 처하게 되는 심리사회학적 조건은 본받아야 할 다수의 모델들이 있고 여러 사람에게서 많은 애정을 받으며 설사 애정을 다른 형제자매와 나눈다고 하더라도 가족들 사이에서 대우받는 지위가 흔들리지 않는 것이다. 그 덕분에 이들은 항상 많은 자극과 경쟁 속에 성장하게 되어 다른 형제를 앞지르고자 하는 욕구가 강할 수 있다. 하지만 너무 이른 시기에 다른 형제들과 비교 및 경쟁에 노출되기에 잠재적으로 열등감을 품을 수 있고 또 가족들의 과잉보호로 인한 부적응 문제에 처할 위험이 있다.

외동아이의 경우, 이들이 처하는 심리사회적 조건은 부모의 애정을 독차지할 수 있다는 것이다. 외동아이들은 자부심이 강하고 자기중심적이며 독립적인 특성을 발달시킬 수 있다. 하지만 부모로부터 지나친 관심이 집중될 경우 공주병이나 왕자병과 같은 문제 행동을 나타낼 수 있고 유아독존적이고 경쟁을 회피하려는 특성을 나타낼 수 있다.

고영건 외. 『그림으로 이해하는 심리학』. 고양: 개마고원, 2013. 34-35쪽.

참고자료 나

대체로 한 사람이 자신과 형제들의 성격을 평가할 때는 형이나 언니는 자신보다 약간 더 성실하다고 보고 동생들은 말을 안 듣고 잘 논다고 보는 경향이 있다. 그러나 이 경우 '성실하다'는 것은 '더 나이가 많다'는 것과 같고, '말을 안 듣고 잘 논다는 것'은 '어리다'는 것과 같은 의미다. 평가자가 형제들의 성격을 판단할 때, 손위 형제를 판단할 때는 유아기 내내 자신보다 더 나이가 많은 사람을 기억하고, 동생들을 볼 때는 유아기 때 자신보다 나이가 어린 사람을 기억한다. 따라서 평가자가 동생들은 말을 안 듣고 형이나 언니는 성실하다고 보는 것은 아주 당연하다. 다른 형제가 스스로를, 그리고 이웃들이 다른 형제를 평가한 내용으로, 장남과 장녀는 성실성이 높고, 동생들은 개방성이 높다는 것이 확인되면 좋겠지만, 관련 연구는 그렇지 않다는 결론을 내놨다. 형제서열과 성격 간의 관계에서 그럴듯한 유일한 결론은, 장남과 장녀의 친화성이 다소 낮았다는 것인데, 그나마 동생들과도 별 차이가 없는 정도였다.

따라서 형제서열이 성격에 영향을 미친다고 보기는 어렵다. 형제 서열이 성격에 미치는 영향에 대해 진화론적인 설명을 하려는 시도도 있었다. 동생들은 형들과 경쟁하기 위해 자신을 차별화해야 하는 과정에서 다른 성격을 갖게 된다는 것이다. 이런 진화론적 논리로는 형제서열로 가족 내 상호작용을 예측할 수 있을지 몰라도, 형제서열이 일반적인 성격에 어떤 영향을 미치는지에 대해서는 아무런 설명도 하지 못한다. 아이는 형제와 부모에게 어떻게 행동하면 관심과 자원을 얻는 데 도움이 되는지 알 수 있다. 이는 형제서열이 가족 내 역학관계에 영향을 미친다는 것을 의미한다. 그러나 성격은 전 생에 걸쳐 일관되며, 부모와 형제의 개입이 없는 대부분의 성인시절을 포함한 모든 맥락에 적용되는 반응 양식이다. 가족 상황에 대처하기 위해 배웠던 요령을 성인이 된 후에 구애나 다른 동료들과의 경쟁에 적용하기란 어렵다. 형제서열이라는 우연한 요인을 가지고 한 사람이 구애나 경쟁 같은 삶의 과제를 어떻게 해결할지 예측할 수 없다. 기실, 형제서열로 성격을 판단하고 삶을 어떻게 살아갈지 예측하려는 것은 매우 잘못된 것이다. 여러분은 가족 중에서 육체적으로 가장 덜 매력적인 사람일 수는 있지만, 성인이 되어 만나게 될 대부분의 타인들보다는 훨씬 더 매력적인 사람일 수 있다. 따라서 형제서열이 낮기 때문에 자신이 진취적이라고 판단하는 것은 쓸데없는 것이다.

대니얼 네틀. 『성격의 탄생』. 2007. 김상우 역. 서울: 와이즈맨, 2009. 255-257쪽.

3. 밑줄 친 부분은 어떤 방법으로 인용하는 것이 좋겠는가? 인용의 방식에 맞게 써 보자.

→

→

→

연습하기 2

글의 주제에 맞게 참고자료를 인용하는 연습을 해 보자.

1. 다음의 과제에 대한 에세이를 쓰고자 한다. 글을 쓰기 전에 아래의 질문에 답해 보자.

광고의 기능을 알아보고 광고에 대한 소비자 인식 변화 양상을 분석하라.

(1) 광고는 어떤 기능을 가지고 있는가?

(2) 광고에 대한 소비자의 인식은 어떻게 변화해 왔겠는가?

(3) 글을 다음과 같이 구성한다면 어느 부분에 참고자료를 인용해야 하겠는가?

주제문: 광고의 기능이 달라짐에 따라 소비자의 인식도 변화하고 있다.

- 광고의 개념과 기능
  - → 광고의 정의, 개념의 변화
  - → 광고의 기능
- 광고에 대한 소비자 인식 변화
  - → 시대별 인식 변화 양상

2. 참고자료 가 와 참고자료 나 를 읽고 위의 개요에서 어떤 부분에 인용을 하는 것이 적절할지 판단해 보자.

참고자료 가

대니얼 포프(Daniel pope, 1983)는 19세기 후반부터 1920년대에 걸쳐서 오늘날의 광고의 기초가 확립되었고, 19세기 후반까지의 광고와 그 이후의 광고 사이에 변화가 일어났다고 했다. 그 변화란 19세기 후반까지의 광고가 가진 '알리는 기능'에서 현대의 광고가 가진 '설득하는 기능'으로의 전환이 있었다는 것이다. 포프는 '고지'에서 '설득'으로 광고의 기능이 바뀐 19세기 말을 현대 광고의 기원으로 보았다. 광고의 디자인 측면에서 이미지를 중시하는 레이아웃이 등장하고, 광고의 목적에서도 '수요의 창출'이라는 관점이 나타나기 시작했다. '수요의 창출'이라는 것은 그 광고를 본 사람이 제품을 갖고 싶어 하도록 만드는 것을 말한다. 이러한 변화가 생기게 된 배경에는 광고량이 증가하고 광고끼리의 경쟁이 심해져서 다른 광고보다 소비자들의 눈에 띄게 할 필요가 있었으며, 동시에 제조사 역시 시장에서의 성장을 위해서는 잠재적인 소비자를 찾아야 한다는 당시의 시장 환경이 존재하고 있었다.

또한 소비자 측면에서도 19세기 말에서 20세기에 걸쳐 많은 변화가 있었다. 단지 필요에 의해서 사는 것뿐만 아니라 사는 과정, 즉 구매 행위에서도 만족이나 기쁨을 느끼는 소비자가 탄생하기 시작한 것이다. 이는 단순히 필요한 제품을 구매한다는 것을 넘어서서 같은 제품이라 할지라도 브랜드에 대한 선호가 생기고, 브랜드에 대한 느낌과 감정을 가지고 구매를 결정하는 복잡한 의사 결정 과정을 거쳐 구매를 하는 소비자를 말한다고 할 수 있다. 이러한 소비자가 등장함에 따라 더 이상 광고가 고지, 즉 알리는 기능만으로는 한계가 있다는 것을 지각하면서 광고의 역할 변화가 생기게 된 것이다. 이러한 변화에 따라 광고를 소비자의 욕구를 전환시키고, 나아가 상표에 대한 태도를 변경시키는 설득 기능을 가진 것으로 인식하게 되었으며, 이러한 인식은 오늘날에도 지속되고 있다. 하지만 설득이라는 것도 예전과는 다르게 보다 광범위하게 이해할 필요가 있는데, 이는 현대의 광고가 설득의 기능만으로 그 역할을 다하는 것이 아니기 때문이다. (후략)

김재휘 외. 『광고심리학』. 서울: 커뮤니케이션북스, 2009. 3-4쪽.

참고자료 나

우리는 아침에 눈을 뜨면서부터 밤에 잠들기 직전까지, 거리를 걷고, 쇼핑을 하고, 집에서 TV를 보거나 인터넷을 이용하면서 좋든 싫든, 의식하건 의식하지 않건, 끊임없이 광고를 보고 들으며 생활합니다. 우리 생활 속 도처에 존재하는 광고, 광고는 우리에게 어떤 의미를 가질까요?

한국갤럽이 지난 4월 15일부터 18일까지 4일간 전국 만 19세 이상 남녀 1,205명을 대상으로 광고에 대한 생각을 알아보고 지난 2000년, 2005년 조사 결과와도 비교해 봤습니다.

조사 개요

- 조사기간: 2013년 4월 15~18일(4일간)
- 표본추출: 휴대전화 RDD 표본 프레임에서 무작위 추출
- 응답방식: 전화조사원 인터뷰
- 조사대상: 전국 만 19세 이상 남녀 1,025명
- 표본오차: ±2.8%포인트(95% 신뢰수준)
- 응답률: 17%
- 의뢰기관: 한국갤럽 자체조사

조사 내용

- 광고는 우리 생활에 도움을 주는가?
- 광고는 재미있는가?
- 광고를 많이 하는 제품은 믿을 수 있는가?
- 광고에는 허위/거짓이 많은가?
- 광고는 어린이에게 나쁜 영향을 주는가?
- 매체 이용료가 비싸지더라도 광고가 없어지는 것이 좋은가? (중략)

● 지난 13년간 광고의 신뢰성 하락하고 부정적 인식 늘어

이번 조사 결과를 종합하면, 한국인의 절반 이상은 광고가 생활에 도움이 되며 재미있다고 느끼지만 광고의 신뢰성에 대해서는 부정적이어서 '광고를 많이

하는 제품은 믿을 수 있다'는 사람은 열 명 중 두 명에 불과하고 '광고에 허위/거짓이 많다'는 사람은 열 명 중 일곱 명 수준이었다.

또한 지난 13년간 '광고가 어린이에게 부정적 영향을 준다', '광고에 허위/거짓이 많다'는 부정적 인식이 크게 늘었다. 다양한 매체, 광고의 홍수에 단련된 소비자들이 이젠 광고의 민낯을 간파한 것일까? 이러한 인식의 변화를 고려한다면 물량공세, 흥미유발 위주의 광고보다는 좀더 소비자에게 진심으로 다가가는 노력이 필요할 것이다.

▸ 광고에 대한 인식 변화 - 2000 / 2005 / 2013년 (단위: '그렇다' %)

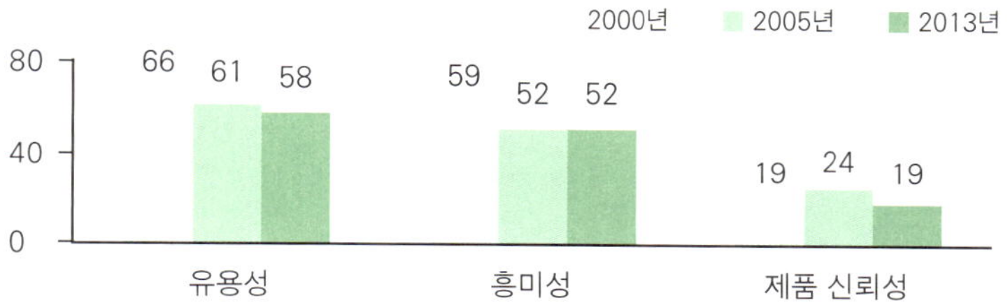

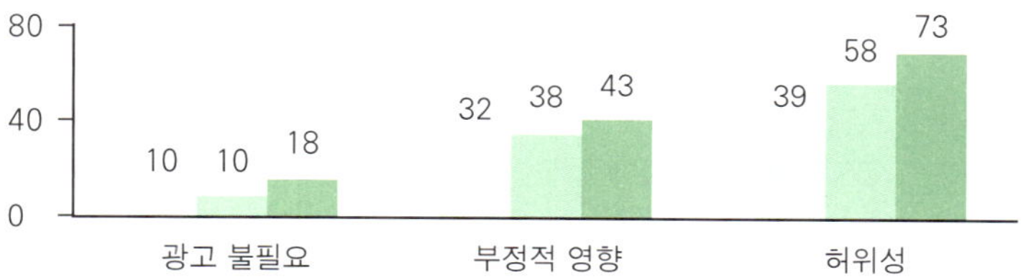

- 유용성: 광고는 우리 생활에 도움을 준다.
  흥미성: 광고는 재미있다.
  제품 신뢰성: 광고를 많이 하는 제품은 믿을 수 있다.
  허위성: 광고에는 허위/거짓이 많다.
  부정적 영향: 광고는 어린이에게 나쁜 영향을 준다.
  광고 불필요: 매체 이용료가 비싸지더라도 광고가 없어지는 것이 좋다.

한국갤럽.「광고에 대한 인식 조사: 2000/2005/2013년 비교」.
http://www.gallup.co.kr/gallupdb/report.

3. 참고자료 가 와 참고자료 나 를 다시 한 번 읽으면서 어느 문장을 인용하는 것이 바람직할지 밑줄을 쳐 보자.

4. 밑줄 친 내용을 다음 문장 뒤에 각각 연결하여 쓰고자 한다. 어떤 방법을 사용하여 인용하면 좋을지 결정하고 적절한 표현을 사용하여 인용해 보자.

광고의 기능에는 여러 가지가 있다. 그 중 대표적인 기능이 '설득의 기능'이라고 할 수 있다. 그런데 광고의 설득 기능이 과거에서부터 확립되었던 것은 아니다.

이처럼 광고의 기능은 시대에 따라 다르다. 광고에 대한 소비자의 인식 역시 과거와는 달라지고 있다.

5. 인용한 내용에 나의 견해를 덧붙여 글을 완성해 보자.

6. 옆 사람과 쓴 글을 바꿔 읽어 보자. 읽으면서 아래의 항목을 충족하고 있는지 평가해 보자.

- 참고자료의 내용이 글의 흐름에 맞게 인용되었는가?
- 적절한 인용 방식이 사용되었는가?
- 인용 표현이 올바르게 사용되었는가?

7. 옆 사람과 함께 서로의 글에서 개선되어야 할 부분은 무엇인지 이야기해 보자. 그리고 그 부분을 고쳐서 다시 써 보자.

자기평가

자신이 이 장의 내용을 잘 이해했는지, 배운 대로 글을 쓸 수 있게 되었는지 아래의 질문에 답해 보자.

- 참고자료를 인용하는 방법에 대해 파악할 수 있었는가?
- 참고자료의 인용 형식을 이해할 수 있었는가?
- 적절한 인용 표현을 사용할 수 있었는가?

3

참고자료 수집하고 선별하기

들어가기

'고령친화산업의 분야별 현황을 분석하고 앞으로의 전망에 대한 자신의 생각을 쓰시오.'

'서양 벽화의 역사와 예술적 의의는 무엇인가?'

일기나 편지와 같이 일상적인 글과는 달리 학문적인 글을 쓸 때에는 다양한 참고자료를 적절하게 인용해서 써야 한다. 현재 내가 가지고 있는 지식이나 정보만으로는 전문적이고 학문적인 글을 쓰기 어렵기 때문이다. 참고자료를 인용할 때에는 먼저 적절한 유형과 내용의 자료를 수집하고 선별하는 것이 중요하다.

알아보기

✎ 보고서를 쓸 때 사용할 참고자료를 수집하고 선별하는 방법을 알아보자.

1 보고서의 유형과 주제어 알기

먼저 보고서의 유형이 무엇인지를 이해한다. 아래의 과제는 저작권법이 보호하는 '대상'이 무엇이며 분쟁의 '사례'에는 어떠한 것들이 있는지 조사해서 설명해야 하는 설명적 보고서의 한 유형이다. 다음 과제의 핵심 내용이 '저작권법의 보호 대상', '저작권법 관련 분쟁 사례'이므로 주제어는 '저작권법'이라는 것을 알 수 있다.

> 저작권법이 보호하는 대상에는 어떠한 것들이 있는가? 이 중 하나를 선택하여
> 핵심 내용 ①
> 그와 관련한 분쟁 사례를 조사하라.
> 핵심 내용 ② 설명적 보고서

2 검색 전문 웹사이트에서 주제어 검색하기

주제어의 뜻을 잘 모르거나 배경지식이 부족할 때에는 가장 먼저 검색 전문 사이트를 이용할 수 있다. 최근에는 검색 전문 웹사이트에서도 학술 자료에 대한 서비스를 제공하고 있다.

- 구글 - www.google.com
- 네이버 - www.naver.com
- 다음 - www.daum.net
- 구글 학술검색 - scholar.google.co.kr
- 네이버 전문정보 - academic.naver.com

다음은 예 1 은 구글 학술검색 사이트에서 '저작권법'을 검색한 결과이다. 목록을 보면 각각의 자료들이 어떤 연구에 인용되었는지 확인할 수 있다. 또한 예 2 와 같이 '인용'을 클릭하면 자료의 서지정보가 MLA, APA, ISO 690 방식으로 표시되어 참고문헌 목록을 정리할 때 옮겨 쓰기 편리하다.

예 1 구글 학술검색 홈페이지에서 '저작권법'을 검색한 결과

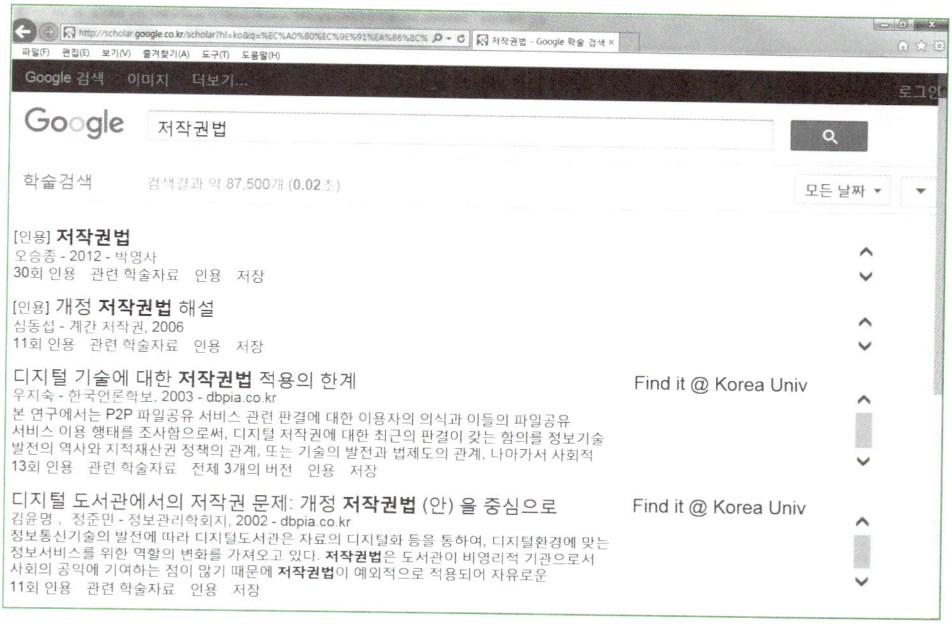

예 2 구글 학술검색 홈페이지에서 '저작권법'을 검색한 후 '인용'을 클릭한 결과

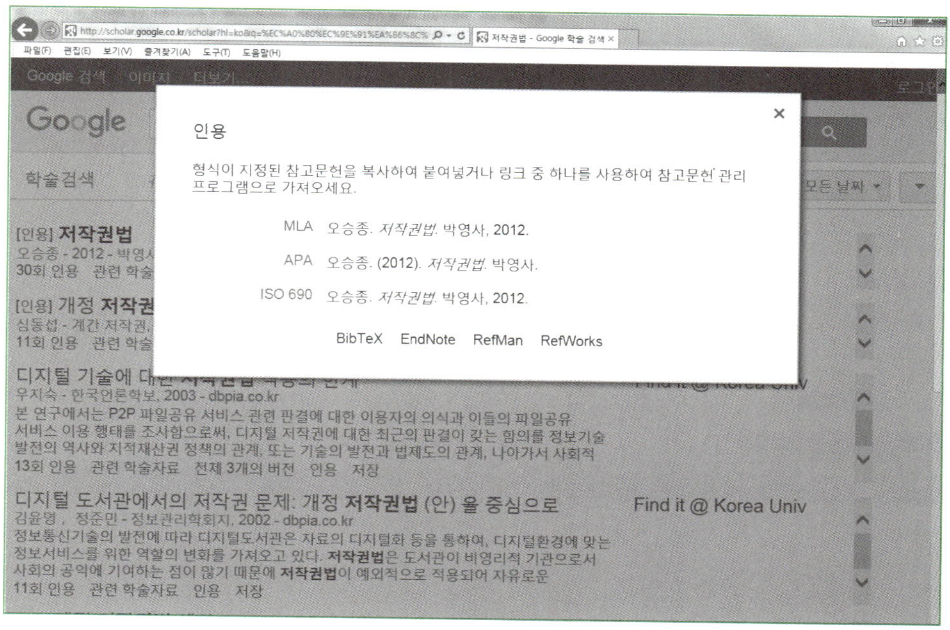

3 학술 데이터베이스(DB) 웹사이트에서 주제어 검색하기

학술 DB 웹사이트에서는 다양한 학술자료를 검색할 수 있다. 이러한 웹사이트에서는 학술 저널(학술지), 학위 논문 등을 열어보거나 다운로드 받을 수 있다. 아래 예 3 은 한국학술정보 홈페이지에서 '저작권법'을 검색한 결과이다.

- 한국학술정보 – kiss.kstudy.com
- 학술연구정보사이트(리스포유) – www.riss.kr

예 3 한국학술정보 홈페이지에서 '저작권법'을 검색한 결과

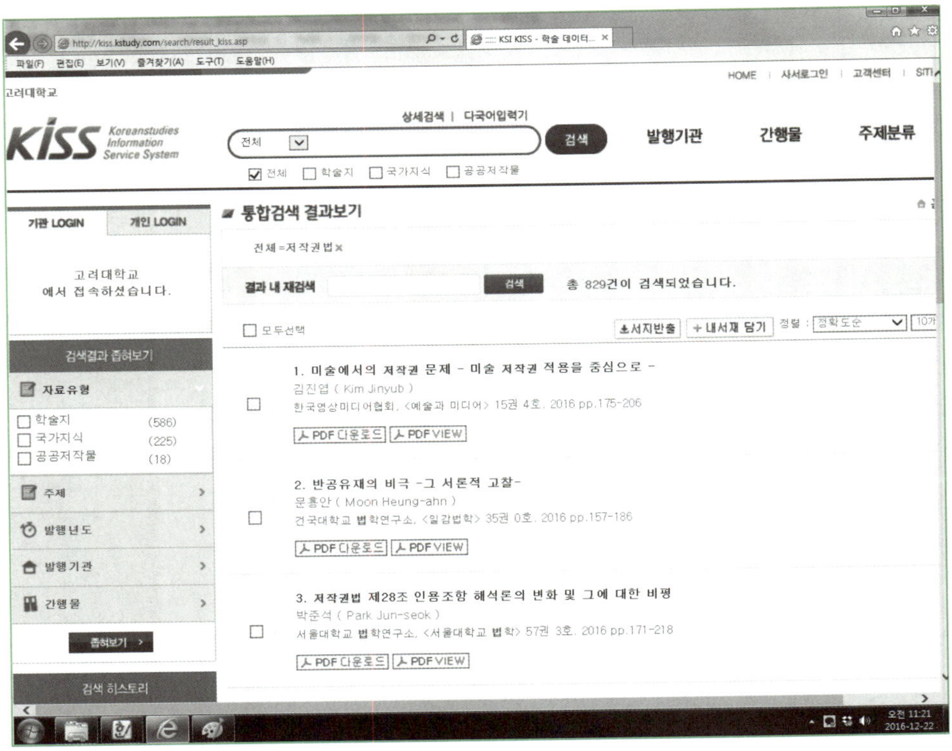

4 도서관 웹사이트에서 주제어 검색하기

보고서를 쓸 때 이용할 수 있는 도서관 웹사이트는 학교 도서관, 국회 도서관 등이 있다. 아래의 예 4 와 예 5 는 각각 학교 도서관 홈페이지, 국회도서관 홈페이지다. 도서관 웹사이트에서는 다음과 같이 다양한 자료 유형을 검색할 수 있다.

① 소장자료:

- 단행본: 책자 형태의 서양서 및 동양서
- 연속간행물: 정기적으로 발행되는 책자 형태의 간행물 (학술 저널, 잡지, 신문 등)
- 학위논문: 책자 형태의 석사 및 박사 학위논문

② 전자자료:

- 전자저널: 인터넷을 통해 발행되는 학술 저널 또는 잡지
- 전자책: 도서관에서 구독하고 있는 e-book

③ 추천전자학술정보: 국내외의 학술지를 검색할 수 있는 웹사이트와 연결

예 4 학교 도서관 홈페이지

예 5 국회전자도서관 홈페이지에서 '저작권법'을 검색한 결과

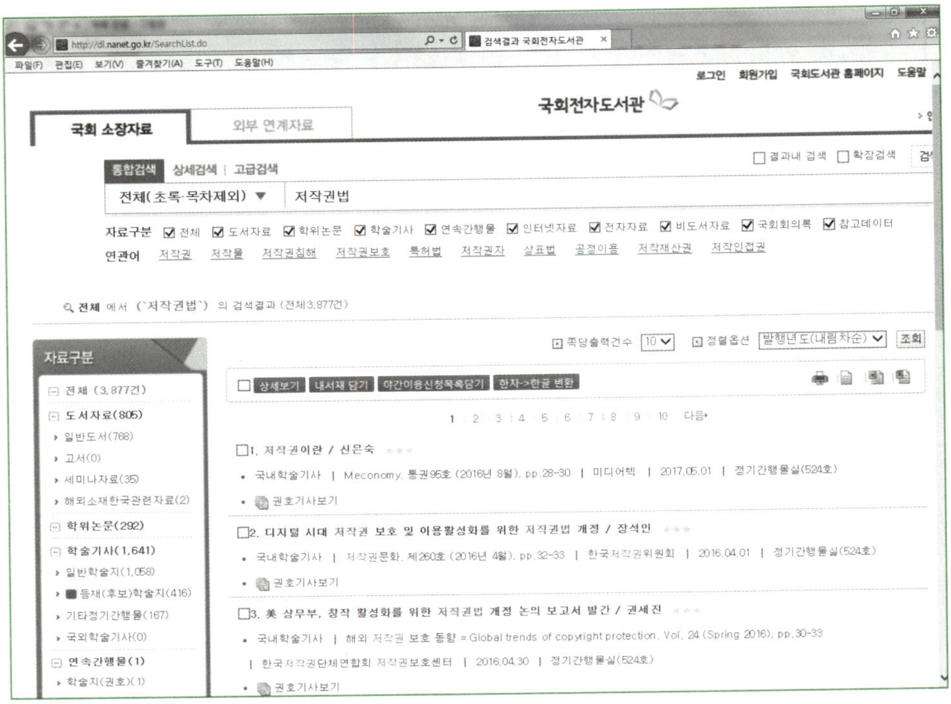

5-1 참고자료 선별하기 (자료의 학술적 성격)

참고자료를 수집한 다음에는 보고서에 활용 가능한 자료를 선별해야 한다. 인터넷에서 찾은 자료 중 아래의 유형은 배경 지식을 넓힐 수 있다는 점에서 유용하다. 그렇지만 자료의 내용이 비전문적이거나 신빙성이 낮을 수도 있기 때문에 보고서에 인용하지 않는 것이 좋다.

- 사용자 참여형 백과사전 (예: 위키피디아 www.wikipedia.org)
- 사용자 지식 공유 서비스 (예: 네이버 지식iN kin.naver.com)
- 개인이 운영하는 블로그(blog), SNS

또한 단행본 중에서도 학문적 성격의 자료를 이용해야 한다. 자료의 성격은 제목이나 저자 정보, 목차 등을 보고 추측할 수 있다. 주로 취미나 자기 계발 목적의 대중 서적들은 학문적 성격이 약한 경우가 많다.

5-2 참고자료 선별하기 (자료의 권위)

동일한 자료 유형이라고 해도 자료마다 권위의 정도는 차이가 있다. 보고서를 쓸 때에는 최대한 권위가 있는 참고자료를 읽고 인용해야 하는데 권위의 정도는 다음과 같은 기준으로 판단할 수 있다.

- 저자가 해당 분야의 권위자인가?
- 발표 연대가 최근인가?
- 가장 최근 개정된 판인가?
- 해당 분야의 권위 있는 출판사나 학회에서 발행했는가?

그러나 전공이나 교양 영역에 대한 공부를 시작한 지 얼마 되지 않은 신입생들의 경우 어떤 자료가 권위가 있는가를 알기는 어렵다. 그럴 때는 강의 담당 교수에게 추천을 받거나 학교 도서관 홈페이지에서 지정 도서 및 학과별 필독 도서의 목록을 참고하는 것이 좋다.

확인하기

✔ 다음은 대학생이 보고서를 쓰기 위해 작성한 참고자료의 목록이다. 주제와 핵심 내용을 보고 질문에 답해 보자.

<주제>

자율주행자동차 기술 개발의 동향과 전망 분석

<핵심 내용>

- 자율주행자동차의 정의 및 유사 개념(스마트카, 무인자동차 등)
- 자율주행자동차 기술의 핵심 요소
- 자율주행자동차 기술 개발의 동향

<참고문헌>

김병우·이용주. 『(자동차 전자제어) 스마트 자동차』. 서울: 미전사이언스, 2012.
박기혁. 『스마트카 전쟁; 자동차와 IT 융합』. 서울: 동아엠앤비, 2016.
이재관. 「자율주행 자동차 개발 동향 및 시사점」. 『전기의 세계』 64-4(2015): 24-28
최윤혁. 「자율주행 자동차 기술개발 및 서비스 동향」. 『주간기술동향』 1764(2016) : 2-14.

성열휘. 「상상이 현실이 되는 자율주행자동차 기술」. 조선일보, 2016년 12월 12일.
장학만. 「자율주행 자동차 기술, 어디까지 왔나」. 한국일보, 2015년 2월 8일.

(1) 참고자료를 검색할 때 사용한 주제어는 무엇이었겠는가?

(2) 참고자료로 어떤 유형의 자료들이 사용되었는가?

(3) 참고자료의 제목을 통해 볼 때 각각의 자료는 적절하게 수집되었는가?

연습하기 1

✔ 보고서의 주제에 맞는 적절한 참고자료를 찾는 연습을 해 보자.

1. 다음 과제에 대한 보고서를 쓰기 위해 참고자료를 검색하려고 한다. 어떠한 주제어로 자료를 검색해야 할지 생각해 보자.

(1)

국내 도시 중 한 곳을 선택하고 그곳이 가진 장소성에 대해서 기술하라.

→ 주제어:

(2)

프랑스 대혁명을 5개의 키워드로 정리하시오.

→ 주제어:

(3)

개념미술을 대표할 수 있는 작가 1인을 선정하여 해당 작가의 작품을 비평하라.

→ 주제어:

(4)

마케팅 사례 중에서 게이미피케이션(gamification)을 활용한 것은 무엇이 있는지 조사하시오.

→ 주제어:

2. 다음은 아래의 과제에 대한 보고서를 쓰기 위해 수집한 참고자료의 목록이다. **보기** 와 같이 각 자료는 어떠한 유형인지, 참고자료로 활용하기에 적절한 자료인지 써 보자.

전통적 가족제도의 붕괴 현상의 원인을 분석하시오.

	자료의 정보	자료 유형	적절성 여부
보기	정옥분 · 정순화. 『결혼과 가족의 이해』. 서울: 학지사, 2014.	단행본	○
㉮	박수지. 「'결혼은 선택', 비혼·만혼시대, 가족의 재구성」, 한겨레, 2016년 12월 7일.		
㉯	양옥경. 「한국 가족 개념에 대한 질적 연구」. 『한국가족복지학』 6(2000): 69-99.		
㉰	위키백과. 「가족제도」. https://ko.wikipedia.org.		
㉱	통계청(2016). 「조혼인율」. http://www.index.go.kr.		
㉲	고선주 외. 『한국 가족을 말하다: 현상과 쟁점』. 서울: 하우출판사, 2015.		
㉳	네이버 블로그. 「한국에서 대가족으로 살기 어려운 이유」, https://blog.naver.com/hansosimin.		

3. 다음은 심리학 관련 보고서를 쓰기 위해 수집한 단행본의 목차이다. 다음의 두 참고자료 중 학문적인 성격이 더 강한 자료는 무엇인지 이야기해 보자.

참고자료 1

목차

참고자료 2

목차

4. 다음은 한 학생이 보고서를 쓰기 위해 작성한 개요와 참고자료 목록이다. 목록을 보고 더 보완되어야 하는 자료는 무엇일지 생각해 보자.

〈주제〉 한국의 종교 현황 및 특성 분석

〈주요 내용〉

- 한국 종교의 역사
- 한국 종교의 분포
- 한국 종교의 여러 가지 특성
- 한국 종교의 미래

〈참고문헌〉

- 박병기 외. 『지금, 한국의 종교; 가톨릭.개신교.불교, 위기의 시대를 진단하다』. 서울: 메디치미디어, 2016.
- 최준식. 『한국의 종교, 문화로 읽는다』. 파주: 사계절, 2005.
- 한국갤럽조사연구소 편집부. 『한국인의 종교 1984-2014; 여론조사로 생생하게 밝힌 한국 유일의 종교 탐구서』. 서울: 한국갤럽조사연구소, 2015.
-
-
-
-

연습하기 2

✔ 다음 과제를 보고 보고서를 쓰기 위해 필요한 자료를 찾아 참고자료의 목록을 작성해 보자.

국내외 스타트업(start-up) 중 성공 사례를 찾아 성공 원인을 분석하시오.

1. 어떠한 주제어로 자료를 검색해야 하는지 이야기해 보자.

→ 주제어:

2. 다음 중 어떠한 유형의 참고자료가 필요한지 체크해 보자.

☐ 단행본 ☐ 학술 저널 ☐ 학위논문
☐ 신문 기사 ☐ 정부 보고서 ☐ 전자책
☐ 전자 저널 ☐ 전문 웹사이트 ☐ 기타

3. 앞에서 체크한 자료 유형을 중심으로 도서관 또는 학술 DB 웹사이트에서 참고자료를 검색한 뒤 목록을 작성해 보자.

4. 참고자료 목록 중에서 부적절한 유형의 자료 또는 권위가 부족한 자료는 없는지 검토해 보자.

5. 참고자료의 목록을 완성해 보자.

자기평가

자신이 이 장의 내용을 잘 이해했는지, 배운 대로 글을 쓸 수 있게 되었는지 아래의 질문에 답해 보자.

- 보고서에 활용 가능한 참고자료의 유형과 성격을 이해하였는가?
- 참고자료를 검색하고 수집하는 방법을 이해하였는가?
- 보고서의 주제에 맞는 적절한 참고자료를 수집, 선별할 수 있었는가?

4

바꿔 쓰기

들어가기

'수면과 뇌의 활동에 대한 글을 읽고 이에 대한 자신의 생각을 쓰라.'

'인공지능에 대해 설명하고 인공지능이 미래 사회에 미칠 영향에 대해 쓰라.'

참고자료를 간접 인용할 때는 원문의 내용을 나의 말로 바꿔 써야 한다. 원문의 출처를 밝혔더라도 간접 인용을 할 때 원문의 내용을 그대로 쓰는 것은 바람직하지 않다. 보통 원문의 내용이 너무 전문적이거나 사용된 표현이 어려울 때 바꿔 쓰기를 하기도 한다.

읽은 자료를 나의 말로 바꿔 쓰는 과정을 알아보자.

1 과제 파악하고 글의 구조 계획하기

먼저 과제를 파악하고 글의 전체 구조를 계획해야 한다. 아래와 같은 과제가 있을 때 전체 글에서 어디에 참고자료 인용이 필요할지 판단한다.

> 대체 에너지인 가스 하이드레이트에 대해 설명하고 이 에너지원에 대한 자신의 생각을 비판적으로 쓰라.

제목: 대체 에너지, 가스 하이드레이트

서론: 대체 에너지 개발이 필요한 현실
→ 전세계적으로 에너지 문제에 대한 고민을 하고 있음
대체 에너지 개발에 대한 노력들
본론: 대체 에너지 중 하나인 가스 하이드레이트
→ 정의, 생산 방법, 원리 등
(★이 부분에 참고문헌 인용할 것!)
결론: 가스 하이드레이트에 대한 자신의 생각
→ 무분별한 개발이 가져올 문제

2 참고자료에서 바꿔 쓸 내용 선별하기

과제에 맞는 글을 쓰기 위해서는 무엇보다도 과제에서 설명해야 할 대상인 '가스 하이드레이트'가 무엇인지를 잘 알아야 한다. 따라서 먼저 대상에 대해 설명하고 있는 참고자료를 찾아 읽고 어떤 내용이 포함되어 있는지 파악한다. 중심 내용을 파악한 후 과제를 할 때 바꿔 쓰기할 부분을 선별한다.

참고자료 1

가까운 미래에 동해에서 가스 하이드레이트를 생산하는 이야기를 그린 드라마 '한반도'가 전파를 탔다. 드라마처럼 되려면 사실 아직 갈 길이 멀다. 그러나 최근 일본과 미국이 실제 생산을 위한 첫 행보를 시작해 주목을 받고 있다.

가스 하이드레이트는 저온·고압 조건에서 천연가스가 물 분자 속으로 들어가 물과 함께 얼음처럼 굳어버린 상태다. 온도를 올려주거나 압력을 낮춰주면 얼음이 녹아서 물이 되는데, 이 과정에서 가스가 밖으로 나온다. 여기에 불을 붙이면 잘 타기 때문에 '불타는 얼음'이라고도 불린다. 나오는 가스의 90% 이상이 메탄으로 되어 있어 '메탄하이드레이트'라고도 한다. 정의와 특성 → 바꿔 쓸 것

1m^3 부피의 가스 하이드레이트는 약 172m^3의 메탄가스를 만들 수 있다. 북극의 동토층과 심해저에 광범위하게 묻혀 있다. 미국 에너지부는 가스 하이드레이트 매장량을 천연가스로 환산할 때 1000조m^3에서 5경m^3로 추정하고 있다. 세계에서 사용하고 있는 에너지의 200~500년에 해당하는 엄청난 양이다. 전 세계에 골고루 퍼져 있으며 동해 울릉분지에도 6억m^3이 묻혀 있는 것으로 추정된다.

2012년 2월 14일, 일본 아이치현 남쪽 70km 지점에서 세계 최초로 가스 하이드레이트 해저 시험생산을 위한 굴착이 시작됐다. 이전에 북극의 영구동토층에서 시험생산이 이뤄진 적은 있었지만 이번엔 그보다 난이도가 훨씬 높고 쓸모가 많은 '해저 시험생산'이라는 점에서 의미가 깊다. 이 일대의 가스 하이드레이트 매장량은 1.1조m^3로 일본에서 한 해 소비되는 에너지량의 12배에 해당한다. 이번 작업은 상업생산으로 가는 마지막 관문이다. 2018년에 실제 상용화하는 것이 목표다.

가스 하이드레이트를 생산하는 방법에는 온도를 높이는 열수주입법과 압력을 낮춰주는 감압법이 주로 쓰인다. 일본이 이번에 시도하는 방법은 시추공 내에서 낮은 압력으로 하이드레이트를 녹여 메탄 가스와 물을 분리하는 '감압법'이다. 2008년에 캐나다 말리크 지역의 육상 동토층에서 감압법을 사용해 세계 최초로 육상 시험 생산에 성공한 전례가 있다. 두 가지 생산 방법 → 바꿔 쓸 것

감압법을 하기 위해선 먼저 수심 500m 해저 바닥에서 드릴을 이용해 수심 1000m까지 해저지각을 뚫고 들어간다. 그런 다음, 시추공 내부의 물을 뽑아내 지층의 압력을 낮춰준다(감압). 압력이 충분히 떨어지면 가스 하이드레이트가 녹으면서 감압법 원리 → 바꿔 쓸 것

감압법의 문제점 → 바꿔 쓸 것

치환법 원리 → 바꿔 쓸 것

가스와 물이 생긴다. 이를 위로 빨아올린 다음 가스만 분리해내면 된다. 감압법은 시간이 오래 걸리지만 가장 일반적인 생산 방식이다.

그런데 감압법에는 큰 문제점이 하나 있다. 지층 사이에 있는 가스 하이드레이트를 녹였을 때 지반이 약해져 붕괴할 가능성이 있다는 것이다. 해저 통신케이블 및 구조물이 손상될 수 있으며 심하면 지진과 해일이 일어날 수도 있다. 이 때문에 가스 하이드레이트를 고체 상태 그대로 놔둔 채 안에 들어 있는 가스만 뽑아 쓰는 방법이 연구되어 왔다. 바로 치환법이다.

치환법은 메탄이 있던 자리에 다른 기체를 대신 밀어 넣어 하이드레이트 구조를 파괴하지 않고도 메탄을 생산하는 기술이다. 에너지원인 메탄을 생산하면서 동시에 화석연료 부산물인 이산화탄소를 저장할 수 있어 그야말로 꿩도 먹고 알도 먹는 기술이다. 하지만 감압법에 비해 상대적으로 고난도 기술에 속한다. (후략)

변지민.「불타는 얼음 정말 불내나」. 동아사이언스, 2012년 5월 1일.

대체 에너지, 가스 하이드레이트

▷가스 하이드레이트는 무엇이며 어떻게 생성되는가? 생산 방법은? 문제점은?

3 핵심어, 핵심 내용 확인하기

인용하기 위해 선별한 문단이나 문장에서 핵심어, 핵심 내용을 파악한다.

참고자료 1

굵게 쓴 글씨 ▷ 핵심어

어두운 부분 ▷ 핵심 내용

가스 하이드레이트는 **저온 · 고압 조건**에서 **천연가스**가 물 분자 속으로 들어가 물과 함께 얼음처럼 굳어버린 상태다. 온도를 올려주거나 압력을 낮춰주면 얼음이 녹아서 물이 되는데, 이 과정에서 **가스**가 밖으로 나온다. 여기에 불을 붙이면 잘 타기 때문에 '불타는 얼음'이라고도 불린다. 나오는 가스의 90% 이상이 **메탄**으로 되어 있어 '**메탄하이드레이트**'라고도 한다.

가스 하이드레이트를 생산하는 방법에는 온도를 높이는 **열수주입법**과 압력을 낮춰주는 **감압법**이 주로 쓰인다.

감압법을 하기 위해선 먼저 수심 500m 해저 바닥에서 드릴을 이용해 수심 1000m 까지 **해저지각**을 뚫고 들어간다. 그런 다음, **시추공** 내부의 물을 뽑아내 지층의 압력을 낮춰준다(감압). 압력이 충분히 떨어지면 가스 하이드레이트가 녹으면서 **가스**와 **물**이 생긴다. 이를 위로 빨아 올린 다음 가스만 분리해내면 된다. 감압법은 시간이 오래 걸리지만 가장 일반적인 생산 방식이다.

그런데 감압법에는 큰 **문제점**이 하나 있다. **지층 사이**에 있는 가스 하이드레이트를 녹였을 때 지반이 약해져 **붕괴**할 **가능성**이 있다는 것이다. 해저 통신케이블 및 구조물이 손상될 수 있으며 심하면 **지진**과 **해일**이 일어날 수도 있다. 이 때문에 가스 하이드레이트를 고체 상태 그대로 놔둔 채 안에 들어 있는 가스만 뽑아 쓰는 방법이 연구되어 왔다. 바로 **치환법**이다.

치환법은 **메탄**이 있던 자리에 다른 **기체**를 대신 밀어 넣어 하이드레이트 구조를 파괴하지 않고도 메탄을 생산하는 기술이다. 에너지원인 메탄을 생산하면서 동시에 화석연료 부산물인 이산화탄소를 저장할 수 있어 그야말로 꿩도 먹고 알도 먹는 기술이다. 하지만 감압법에 비해 상대적으로 **고난도 기술**에 속한다.

변지민. 「불타는 얼음 정말 불내나」. 동아사이언스, 2012년 5월 1일.

4 핵심 내용을 중심으로 바꿔 쓰기

핵심 내용을 파악한 후에는 다음과 같이 단어와 문장, 문단 차원에서 바꿔 쓰기를 한다.

① 핵심어를 제외한 단어들을 유의어로 대체하기

- 온도를 올려주거나 압력을 낮춰주면 얼음이 녹아서 물이 되는데, 이 과정에서 가스가 밖으로 나온다.

→ 온도를 높이거나 압력을 낮추면 얼음이 녹아서 물로 변하는데 이 과정에서 가스가 배출된다.

- 감압법을 하기 위해선 먼저 수심 500m 해저 바닥에서 드릴을 이용해 수심 1000m까지 해저지각을 뚫고 들어간다. 그런 다음, 시추공 내부의 물을 뽑아내 지층의 압력을 낮춰준다.

→ 감압법을 하기 위해선 우선 수심 500m 해저 바닥에서 드릴을 이용해 수심 1000m까지 해저지각을 뚫고 들어간다. 그 후 시추공 내부의 물을 뽑아내 지층의 압력을 낮춰준다.

② 단어와 표현을 쉽게 풀어서 쓰기

- 가스 하이드레이트는 저온·고압 조건에서 천연가스가 물 분자 속으로 들어가 물과 함께 얼음처럼 굳어버린 상태다.

→ 가스 하이드레이트는 온도가 낮고 압력이 높은 조건에서 천연가스가 물 분자 속으로 들어가 물과 함께 얼음처럼 굳어버린 상태다.

③ 문장에 사용된 문법을 유사한 의미의 다른 문법으로 바꾸기

- 감압법은 시간이 오래 걸리지만 가장 일반적인 생산 방식이다.

→ 감압법은 시간이 오래 걸리나 가장 일반적인 생산 방식이다.

④ 긴 문장을 나누거나 짧은 문장을 합치기

- 감압법을 하기 위해선 먼저 수심 500m 해저 바닥에서 드릴을 이용해 수심 1000m까지 해저지각을 뚫고 들어간다. 그런 다음, 시추공 내부의 물을 뽑아내 지층의 압력을 낮춰준다(감압). 압력이 충분히 떨어지면 가스하이드레이트가 녹으면서 가스와 물이 생긴다. 이를 위로 빨라 올린 다음 가스만 분리해내면 된다. 감압법은 시간이 오래 걸리지만 가장 일반적인 생산 방식이다.

→ 감압법을 하기 위해선 우선 수심 500m 해저 바닥에서 드릴을 이용해 수심 1000m까지 해저지각을 뚫고 들어간다. 그런 다음, 시추공 내부의 물을 뽑아내 지층의 압력을 낮춰준다. 압력이 충분히 떨어지면 가스하이드레이트가 녹으면서 가스와 물이 생기는데 이를 위로 올린 다음 가스만 분리해내면 된다. 감압법은 시간이 오래 걸리지만 가장 일반적인 생산 방식이다.

⑤ 문장이나 문단의 구조 바꾸기

- 가스 하이드레이트를 생산하는 방법에는 온도를 높이는 열수주입법과 압력을 낮춰주는 감압법이 주로 쓰인다.

→ 가스 하이드레이트를 생산하는 방법 중 하나는 온도를 높이는 열수주입법이고 다른 하나는 압력을 낮춰주는 감압법이다.

- 감압법을 하기 위해선 먼저 수심 500m 해저 바닥에서 드릴을 이용해 수심 1000m까지 해저지각을 뚫고 들어간다. 그런 다음, 시추공 내부의 물을 뽑아내 지층의 압력을 낮춰준다(감압). 압력이 충분히 떨어지면 가스 하이드레이트가 녹으면서 가스와 물이 생긴다. 이를 위로 빨라 올린 다음 가스만 분리해내면 된다. 감압법은 시간이 오래 걸리지만 가장 일반적인 생산 방식이다.

→ 감압법은 시간이 오래 걸리지만 가장 일반적인 생산 방식이다. 감압법을 하기 위해서는 우선 수심 500m 해저 바닥에서 드릴을 이용해 수심 1000m까지 해저지각을 뚫고 들어간다. 그런 다음, 시추공 내부의 물을 뽑아내 지층의 압력을 낮춰준다. 압력이 충분히 떨어지면 가스 하이드레이트가 녹으면서 가스와 물이 생긴다. 이를 위로 빨아 올린 다음 가스만 분리해내면 된다.

5 바꿔 쓴 글을 자신의 말로 바꿔 쓰기

참고자료를 단어, 문장, 문단 차원에서 바꿔 쓴 후에는 자신의 글에 자연스럽게 연결될 수 있도록 수정해야 한다. 이때는 참고자료의 핵심 내용이 정확하게 드러나면서 자연스럽게 읽힐 수 있도록 써야 한다.

가스 하이드레이트는 온도가 낮고 압력이 높은 조건에서 천연가스가 물 분자 속으로 들어가 물과 함께 얼음처럼 굳어버린 상태다. 온도를 높이거나 압력을 낮추면 얼음이 녹아서 물이 되는데 이 과정에서 가스가 배출된다. 배출되는 가스의 90% 이상이 메탄이다. 그래서 여기에 불을 붙이면 잘 타기 때문에 '불타는 얼음'이라고도 한다.

가스 하이드레이트를 생산하는 방법에는 두 가지가 있다. 하나는 온도를 높이는 열수주입법이고 다른 하나는 압력을 낮춰주는 감압법이다.

첫 번째 방법인 감압법은 시간이 오래 걸리지만 가장 일반적인 생산 방법이다. 감압법을 하기 위해서는 우선 수심 500m 바다 아래 바닥에서 드릴을 사용해 수심 1000m까지 바다 아래 땅을 뚫고 들어간다. 그 후 시추공 내부의 물을 뽑아내 지층의 압력을 낮춰준다. 이게 바로 감압의 원리이다. 압력이 충분히 떨어지면 가스 하이드레이트가 녹으면서 가스와 물이 생긴다. 이것을 위로 올려서 가스만 분리해내면 된다.

그런데 감압법에는 큰 문제점이 하나 있다. 지층 사이에 있는 가스 하이드레이트를 녹였을 때 지반이 약해져 붕괴할 수도 있다는 것이다. 바다 속의 통신케이블 및 구조물에 문제가 생길 수 있으며 심하면 지진과 해일이 발생할 수도 있다. 이런 이유 때문에 가스 하이드레이트를 고체 상태 그대로 놔둔 채 가스만 뽑아 쓰는 방법이 연구되어 왔다. 그것이 바로 치환법이다.

치환법은 메탄이 있던 자리에 다른 기체를 대신 넣어 하이드레이트 구조를 망가뜨리지 않고도 메탄을 생산하는 기술이다. 에너지원인 메탄을 생산할 뿐만 아니라 화석연료 부산물인 이산화탄소를 저장할 수 있어 그야말로 일석이조의 기술이다. 그렇지만 감압법에 비해 상대적으로 고난도 기술이 필요하다.

6 원문과 비교하며 읽어 보기

자신의 말로 바꿔 쓴 글을 원문과 비교하는 작업이 필요하다. 이때 다음과 같은 점을 고려해서 바꿔 쓴 것을 확인한다.

- 참고자료의 핵심 내용이 훼손되지 않았는가?
- 내용이 이해하기 쉽게 바뀌었는가?

확인하기

✔ 다음은 아래의 과제를 보고 대학생이 쓴 보고서의 일부이다. 주어진 참고자료를 읽고 질문에 답해 보자.

오이디푸스 콤플렉스에 대해 설명하고 이에 대한 자신의 생각을 쓰라.

참고자료

오이디푸스 콤플렉스라는 개념은 20세기가 시작되는 시점에 지그문트 프로이트에 의해 전개되었다. 그는 임상 경험과 자기분석, 그리고 소포클레스의 희곡 전집, 특히 오이디푸스가 자신의 아버지를 죽이고 어머니와 결혼함으로써 비극적 결말을 맞는 희곡 『오이디푸스 왕 Oedipus Rex』을 연구에 사용하였다. 이 희곡은 오이디푸스가 근친상간 금기를 깨트림으로써 비극이 발생한 이야기다. 실제 상황에서, 오이디푸스 콤플렉스는 대략 만 세 살에서 만 여섯 살 사이의 아이들이 한쪽 부모에게 강렬한 사랑을 느껴 그 부모를 독점적으로 차지하려고 하는 반면, 다른 쪽 부모에게는 강한 부정적 감정을 가지는 것을 의미한다. 소년들의 경우, 어머니를 사랑하고 아버지를 미워하며, 소녀들의 경우 어머니를 미워하고 아버지를 차지하려 한다는 점만 다를 뿐 마찬가지다. 무의식적인 수준에서 아이들은 독점하고자 하는 부모에게는 성욕을, 동성의 부모에게는 살의를 느낀다. 심리적 발달이 성공적으로 이루어진다면 아이들은 양 부모가 결합함으로써 자신들이 얻을 수 있는 이득을 이해하게 되고 소유욕과 적개심을 적절하게 다루는 방법을 배우게 될 것이다. 오이디푸스 콤플렉스의 해소는 도덕성, 달리 말하면 '초자아'의 발달을 가져온다. 아이들은 폭력적인 충동에 따라 행동하지 않고 사회 문화적 관습에 복종하는 법을 배우게 되는데, 이 중에서 근친상간 금기는 가장 기본적인 것이다. 강렬한 오이디푸스 충동은 청소년기에 다시 일어난다. 그 시기에 십대들은 반항적이 되고 자신들의 성정체성을 두고 실험을 해보며 문제를 일으켜 때로는 부모들을 심각하게 걱정시키기도 한다. 영화 〈이유없는 반항〉(1955)에서 제임스 딘과 아버지 사이의 대화 부족으로 인한 갈등이나, 영화 〈아메리칸 뷰티〉(1999)에서 아버지와 딸, 이웃집의 아들과 아버지 사이의 절망스러운 의사소통 단절에 대해서 생각해 보라.

로버트 M. 영. 『오디이푸스 콤플렉스』. 2001. 이정은 역. 이제이북스, 2002. 7-9쪽.

세상에 알려진 여러 가지 콤플렉스 중에서 오이디푸스 콤플렉스는 정신분석적으로 해석될 수 있는 콤플렉스이다. 이 콤플렉스는 처음 언급된 이후부터 지금까지 심리학계뿐만 아니라 여러 학문 영역에서 다양하게 해석되고 있다. 또한 부모가 자식과 어떤 관계를 맺으며 어떤 역할을 해야 하는지도 알려준다.

오이디푸스 콤플렉스는 20세기 초, 지그문트 프로이트에 의해 전개된 것으로 오이디푸스라는 말은 소포클레스의 희곡 『오이디푸스 왕』에서 비롯되었다. 로버트 M. 영(2002:7~8)에 따르면 프로이트는 오이디푸스가 자신의 아버지를 살해하고 어머니와 혼인함으로써 비극적인 결말을 맞는 이야기를 연구에 사용하였다. 그에 따르면 실제 현실에서 오이디푸스 콤플렉스는 약 만 삼 세에서 육 세 사이의 아이들이 한쪽 부모에게 강한 사랑을 느껴 그 부모를 혼자서 독차지 하려고 하는 반면, 다른 쪽 부모에게는 강한 부정적 감정을 느끼는 것을 의미한다. (중략)

성장기에 아이들이 오이디푸스 콤플렉스를 원만하게 거치는 것은 행동과 성격 형성에 큰 영향을 미칠 수 있다. 특히 성역할 및 성정체성 형성에도 절대적인 영향을 줄 수 있다. 그렇기 때문에 아이들을 향한 엄마, 아빠의 관심과 사랑은 매우 중요하다. 아이들이 오이디푸스 시기를 거쳐 건강하게 성장하기 위해서는 부모와 자식의 관계가 친밀해야 한다. 또한 엄마와 아빠는 여성과 남성의 모습을 보여주는 모델 역할을 할 수 있어야 한다. 이런 원만한 부부의 모습과 부모와 자식 간의 관계 형성은 아이들이 오이디푸스 콤플렉스를 경험하고 건강하게 성장할 수 있게 도와줄 것이라고 본다.

-1-

<참고문헌>

홍준기. 『오이디푸스 콤플렉스, 남자의 성, 여자의 성』. 서울: 아난케, 2005.

로버트 M. 영. 『오디이푸스 콤플렉스』. 2001. 이정은 역. 서울: 이제이북스, 2002.

-6-

(1) 인용한 부분의 중심 내용은 무엇이며 핵심어는 무엇인가?

(2) 바꿔 쓰기의 어떤 방법들이 사용되었는가?

(3) 바꿔 쓰기를 통해 인용한 부분과 필자의 생각이 잘 연결되었는가?

연습하기 1

✔ 참고자료의 내용을 바꿔 쓰는 연습을 해 보자.

1. 핵심어를 제외한 단어들을 유의어로 바꿔 써 보자.

(1) 한국에는 군 가산점제도라는 것이 있다. 군 가산점제도란 군대에 다녀온 사람에게 군 복무기간에 대한 적절한 보상을 해주기 위해 취업 시 가산점을 부여하는 것을 말한다. 이러한 군 가산점제도는 20대 청년들에게는 여전히 첨예한 논란거리로 남아 있다.

① 바꿀 수 없는 핵심어를 체크해 보자.

② 유의어로 바꿀 수 있는 단어에 밑줄을 쳐 보자.

③ 밑줄 친 단어를 유의어로 바꿔 써 보자.

→

(2) 그런데 세계적으로 일고 있는 세계화의 바람은 많은 언어를 공용어 사용으로 이끌고 있다. 이로 인해 아프리카나 동남아 지역에서는 영어를 공식석상에서 사용하는 언어로 정하고 있다. 또한 점점 더 많은 사람들이 영어를 사용하게 되면서, 결국 세계 인구의 90%가 영어를 사용할 것이라고 보는 사람들도 있다.

① 바꿀 수 없는 핵심어를 체크해 보자.

② 유의어로 바꿀 수 있는 단어에 밑줄을 쳐 보자.

③ 밑줄 친 단어를 유의어로 바꿔 써 보자.

→

2. 단어나 표현을 쉽게 풀어서 써 보자.

(1)

인체는 체온을 일정하게 유지하도록 되어 있다. 체온의 정상범위는 측정 부위에 따라 다르지만 고막체온을 기준으로 보면 35.4~37.8도이다. 체온이 이러한 정상범위를 벗어나면 면역력이 떨어지고 혈액순환이 제대로 안 되어 여러 가지 질환이 발병할 위험성이 증가하게 된다.

① 풀어서 쓸 수 있는 단어에 밑줄을 쳐 보자.

② 밑줄 친 단어를 다른 말로 풀어서 써 보자.

→

(2)

디지털 시대로 접어들면서 전자책의 판매량이 종이책을 넘어섰다는 보도가 심심치 않게 나오곤 한다. 전자책은 독자 입장에서 보면 종이책에 비해 가격이 저렴하고 필요한 부분만 별도 구입이 가능하다는 점이 편리하다. 출판사 입장에서도 제작비와 유통비를 절약할 수 있고 업데이트가 쉽다는 장점이 있다.

① 풀어서 쓸 수 있는 단어에 밑줄을 쳐 보자.

② 밑줄 친 단어를 다른 말로 풀어서 써 보자.

→

3. 문장에 사용된 문법을 유사한 의미의 다른 문법으로 바꿔 써 보자.

(1) 다이아몬드는 대부분 아프리카에서 나온다. 또 상당량의 다이아몬드가 아프리카 해안에서 떨어져 나간 대서양 해저에 묻혀 있다. 그렇지만 해저에 묻혀 있는 다이아몬드를 캐려면 그 비용이 보석 값보다 훨씬 많이 들기 때문에 그냥 두는 경우가 많았다. 그런데 얼마 전 남아프리카공화국의 세계 최대 다이아몬드 회사가 아프리카의 해저에서 다이아몬드 원석을 채굴하기 시작했다고 보도되었다.

① 바꿀 수 있는 문법에 밑줄을 쳐 보자.

② 밑줄 친 부분을 다른 문법으로 바꿔 써 보자.

→

(2) 인간의 생명은 예나 지금이나 인정하고 있는 바와 같이 신성한 것이다. 국가는 법률 안에서 인간 생명의 신성함을 인정할 뿐만 아니라 모든 국민에게 이 신성한 것을 존중하도록 요구하고 있다. 그러한 국가가 이 근본 원리에 반대하여 사형을 지지한다는 것은 이치에 맞지 않다. 생명이 신성한 것이라면 시간과 장소, 놓인 상황에 상관없이 신성한 것이어야 한다.

① 바꿀 수 있는 문법에 밑줄을 쳐 보자.

② 밑줄 친 부분을 다른 문법으로 바꿔 써 보자.

→

4. 긴 문장을 나누거나 짧은 문장을 합쳐 보자.

(1) 경주에 있는 불국사는 석굴암과 짝을 이뤄 유네스코에 세계문화유산으로 등재되어 있으나 많은 사람들이 석굴암에 비해 불국사에서 큰 감동을 느끼지 못하는 것 같다. 그래서 불국사에 들어선 대부분의 사람들은 석가탑과 다보탑을 둘러본 후 기념사진 한 장 남기고 나간다. 이렇게 사람들이 불국사의 진면목을 느끼지 못하게 된 이유는 불국사가 제대로 복원되지 않았기 때문이다.

① 나눌 수 있는 부분에 밑줄을 쳐 보자.

② 밑줄 친 부분을 나누어 바꿔 써 보자.

→

(2) 사람이 자는 동안 뇌에서 일어나는 변화는 잘 알려져 있다. 즉 깬 상태에서 잠이 들 때는 비렘 수면으로 들어간다. 이것이 비렘 수면 1단계이다. 비렘 수면은 네 단계로 이뤄져 있다. 단계가 진행될수록 잠이 깊어진다. '업어 가도 모를 정도'가 4단계다. 그리고 다시 잠이 얕아지면서 렘수면으로 넘어간다. 인간은 잠을 자는 동안 약 90분 주기의 사이클이 4~5회 반복된다.

① 합칠 수 있는 부분에 밑줄을 쳐 보자.

② 밑줄 친 부분을 한 문장으로 바꿔 써 보자.

→

5. 문장이나 문단의 구조를 바꿔 써 보자.

(1) 붉은털원숭이는 인간과 94퍼센트의 유전자를 공유하고 있다. 이것을 달리 표현하면, 인간의 94퍼센트는 붉은털원숭이, 나머지 6퍼센트는 인간이라는 의미이다. 계통 발생도에서 좀더 올라가보면 인간의 약 98퍼센트는 오랑우탄, 99퍼센트는 침팬지이다. 그러니까 인체의 극소량만이 순수한 인간인 것이다. 심리학 연구자들이 오랫동안 유인원 실험에 강하게 이끌린 것도 바로 이러한 이유에서이다.

로렌 슬레이트. 『스키너의 심리상자 열기』. 2004. 조증열 역. 서울: 에코의서재, 2005.

① 구조를 바꿀 수 있는 부분에 밑줄을 쳐 보자.

② 밑줄 친 부분을 바꿔 써 보자.

→

(2)

㉠ 권리 간 충돌은 21세기 들어 전 세계적으로 커다란 쟁점이 되었다. ㉡ 9·11 사태 이후 대테러 전쟁에서 논란이 되었던 핵심 쟁점이 국가안보냐 개인 자유권이냐 하는 질문이었다. 중국의 한 자녀 정책으로 비롯된 논란 역시 비슷한 구도였다. 부부가 자녀를 가질 수 있는 재생산권과 사회 전체의 지속 가능성을 우선시하는 공리주의적 요구가 대결했던 것이다. 프랑스 무슬림들의 히잡 착용 권리와 모든 공공 교육 시설에서 종교적 상징물을 금지하는 정부의 입장 대립, 이 역시 권리 간 충돌 사례였다. ㉢ 일단 결론부터 말하자면, 권리 간 충돌 문제에 관해선 확실한 정답이 없다가 정답이다.

조효제, 「권리들끼리 싸우면 누가 이기나」, 한겨레, 2014년 4월 2일.

① 위 글의 구조를 바꾼다면 ㉠, ㉡, ㉢의 순서를 어떻게 바꿀 수 있겠는가?

② 순서를 바꿔 써 보자.

→

연습하기 2

✔ 다음의 과제에 대한 에세이를 쓰고자 한다. 참고자료를 찾아 바꿔 쓰기를 통해 인용하면서 한 편의 에세이를 완성해 보자.

공정무역에 대해 설명하고 공정무역의 특성에 대해 쓰라.

1. 다음은 과제와 관련된 질문들이다. 질문에 대해 옆 사람과 같이 이야기하면서 어떤 내용을 써야 할지 정리해 보자.

· 공정무역이란 무엇인가?

· 공정무역이 시작된 배경은 무엇인가?

· 공정무역의 특성에는 어떤 것들이 있는가?

2. 어떠한 내용으로 글을 구성할 것인지 생각해 보고 개요로 정리해 보자.

3. 개요에서 참고자료의 인용이 필요하다고 생각되는 부분에 표시해 보자.

4. 참고자료 가 와 참고자료 나 를 읽고 인용할 부분을 선별해 보자.

참고자료 가

공정무역은 미국에서 1940년대 말부터 난민이나 제3세계 극빈층이 만든 수공예품을 팔아 주는 것으로 시작되었다. 당시의 공정무역은 주로 교회 조직을 기반으로 이루어졌다. 1958년에 미국에 최초의 공정무역 가게가 문을 열었고,

유럽에서는 1950년대 말 옥스팜Oxfam이 중국 난민들의 공예품을 사 주면서 시작되었다. 1960년대에는 '월드 숍world shop'이라는 이름으로 유럽과 미국에 개발도상국 생산자들의 상품을 판매하는 형태로 발전하였다. 국제 무역 질서 하에서 제3세계 생산자나 농민들은 최종 판매가의 1퍼센트도 받지 못한다. 공정무역은 이러한 현실을 직시한 그룹들이 무역의 중간 고리를 끊고 그 이윤을 제3세계 농민과 생산자에게 돌려주자는 취지에서 시작되었다. 옥스팜은 1964년 유럽의 첫 공정무역 조직을 만들었고 이어 1967년 네덜란드에 '페어 트레이드 오르가니사티Fair Trade Organisatie'가 세워졌다. 이렇게 시작된 공정무역은 1980년대에 급성장하여 매년 30퍼센트 이상 성장해 왔다.

특히 1990년에 들어와 제3세계 농민들과 노동자들의 열악한 노동 실태가 알려지면서 여러 공정무역 단체들이 결성되고, 슈퍼와 교회 등의 경로를 통해 물품이 팔리기 시작하면서 공정무역은 급성장하게 되었다. 미국 시민 단체 글로벌 익스체인지Global Exchange는 1999년 대안무역 기치를 내걸고 시민들과 함께 거리로 나가 스타벅스 매장 앞에서 "커피 생산자들에게 정당한 이윤을 돌려주라."고 외치는 평화 시위를 벌였다. 이런 물결은 사회적으로 확산되기 시작했다. 그 결과 현재는 코코아 시장을 장악하고 있는 네슬레Nestle와 M&M 초콜릿사, 의류 회사인 갭Gap, 나이키 등을 대상으로도 제3세계 생산자들의 인권을 존중하자는 대안무역 캠페인을 벌이고 있다.

서구 사람들은 공정무역을 "대화와 투명성과 상호 존중에 기초하여 국제무역에서 보다 더 큰 평등을 추구하는 무역 파트너십"으로 이해하고 있다. 공정무역은 기존의 자유무역과는 다른 지향을 지닌다. 그 지향들은 다음과 같다.

지역적 맥락에서의 공정한 임금 지급, 피고용자에게 향상의 기회 제공, 경제적으로 소외받고 있는 사람들에게 우선적으로 일자리 제공, 특히 경제적 소외가 심한 장애인들에게 평등한 고용 기회 제공, 환경적으로 지속 가능한 실천, 공적 투명성, 장기간의 무역 관계 구축, 지역 맥락 내에서의 건강하고 안전한 노동 조건 제공, 생산자에 대한 재정적·기술적 지원, 고용과 월급에 있어 남녀 동등 대우, 주문과 동시 대금 선지급을 통한 생산자 단체에 대한 안정적인 재정 지원, 어린이 노동 반대 등등.

김정희. 『공정무역 희망무역』. 서울: 동연, 2009. 14-16쪽.

참고자료 나

공정무역은 대화와 투명성, 상호존중에 입각해 보다 공정한 국제무역을 추구하는 무역협력이다. 특히 제3세계의 소외된 생산자와 노동자에게 더 나은 무역 조건을 제공하고 그들의 권리를 보장해줌으로써 지속가능한 개발에 기여한다. (소비자의 지지를 받고 있는) 공정무역단체들은 생산자 지원, 공정무역에 대한 인식 증진, 기존 국제무역 규정과 관례를 변화시키기 위한 캠페인 활동에 적극적으로 참여한다.

이 정의의 핵심 원칙은 공정무역이 주체들의 진심이 담긴 약속과 책임감, 투명성을 가지고 있어야 한다는 것이다. 공정무역단체는 협조적이며 열린 마음으로 일하고 서로를 정중히 대한다. 공정무역단체는 제품에 대한 공정한 값을 치르고, 생산자와 노동자가 정당한 대가를 받는지 보증하는 일에 전념해야 한다. 공정무역단체는 원료를 구입할 때 선지불을 하고, 지속적인 상거래를 뒷받침하며 안정적인 무역관계를 확립한다. 또 시장접근을 보다 쉽게 할 수 있도록 정보와 함께 기술적인 지원을 해준다. 공정무역단체는 커피, 차, 코코아, 쌀 같은 제품 구입과정에서, 최대한 생산자에게 혜택이 돌아갈 수 있도록 가능한 한 원산지에서 가공하고자 한다. 예를 들어, 수공예품의 경우는 100퍼센트 생산지에서 만들어진다. 국제무역체제의 변화를 이끌어내기 위해 캠페인 활동을 벌이는 것은 공정무역 윤리를 위해 매우 중요한 일이다. 공정무역단체는 무역 불평등을 널리 알리고 기존 국제무역 관행에 이의를 제기하기도 한다.

공정무역과 유기농을 결합하는 것은 농산품에 가치를 높이는 중요한 방법 중 하나다. 이것은 농민 소득을 증대시킬 뿐 아니라 비료·농약의 구입 비용을 낮추고, 비료나 농약 사용에 의한 부작용을 최소화할 수 있다. 공정무역에서 환경보호는 매우 중요하다. 환경에 대한 존중 없이 지속 가능한 개발은 불가능하다. 공정무역단체는 재료 원산지·포장재·제품을 유통하는 방법과 불필요한 쓰레기를 처리하는 방법에도 주의를 기울인다.

또 작업장에서 남녀평등을 장려하고, 여성의 요구를 맞추기 위해 각별히 신경을 쓴다. 특히 가족이나 지역사회에서 아동을 경제적인 착취로부터 보호하고, 생산과정에서 아동노동을 감시하는 시스템을 설치한다. 공정무역단체는 유엔 아동권리협약과 아동고용에 대한 국내법을 준수하고 있다. 공정무역은 생산자와 노동자가 취약한 입장에서 벗어나 안정적이고 자족할 수 있는 위치로 이동할 수 있도록 하는 개발과정이다.

물론 공정무역이 모두 완벽한 것은 아니다. 시스템은 그것을 준비하고 실행하는 사람의 역량만큼 작동하게 마련이다. 그런 면에서 인간은 불완전하다. 그래서 공정무역 모니터링 시스템은 공정무역 기준을 충족시키지 못하는 경우를 찾아내고 개선하는 데 목표를 둔다. 어려움과 갈등이 발생할 때, 공정무역단체는 이러한 문제를 중재와 대화를 통해 극복하고 있다.

Fair Trade Advocacy Office. 『공정무역의 힘』. 2006. 한국공정무역연합 역. 서울: 시대의창, 2010. 21-22쪽.

5. 앞에서 선별한 내용을 바꿔 쓰기를 통해 적절히 자신의 글에 인용하여 한 편의 글을 써 보자.

6. 옆 사람과 쓴 글을 바꿔 읽어 보자. 읽으면서 아래의 항목을 충족하고 있는지 평가해 보자.

- 참고자료의 내용이 글의 흐름에 맞게 인용되었는가?
- 참고자료의 핵심 내용이 훼손되지 않았는가?
- 내용이 이해하기 쉽게 바뀌었는가?

7. 옆 사람과 함께 서로의 글에서 개선되어야 할 부분은 무엇인지 이야기해 보자. 그리고 그 부분을 고쳐서 다시 써 보자.

자기평가

자신이 이 장의 내용을 잘 이해했는지, 배운 대로 글을 쓸 수 있게 되었는지 아래의 질문에 답해 보자.

- 참고자료에서 바꿔 쓸 내용을 잘 선별할 수 있었는가?
- 참고자료의 내용을 자신의 말로 바꿔 쓸 수 있었는가?
- 글의 흐름에 맞게 참고자료의 내용을 인용할 수 있었는가?

5
요약하기

들어가기

'수업 교재의 2장을 요약하고 자신의 견해를 덧붙여 제출하라.'

'수업 시간에 제공한 참고도서 목록 중 한 권을 선택해 서평을 제출하라.'

글쓰기 과제 중에는 다른 사람의 견해나 글을 요약하여 인용해야 하는 유형이 있다. 요약은 단순히 내용을 줄이는 것이 아니기 때문에 핵심어와 핵심 문장을 사용해 원문의 의도를 유지하며 내용을 정리해야 한다. 그리고 이를 글의 구조에 맞게 배치하여 하나의 글로 완성해야 한다.

✎ 참고자료를 요약하여 쓰는 과정을 알아보자.

1 과제 파악하고 글의 구조 계획하기

먼저 과제를 파악하고 글의 전체 구성을 계획해야 한다. '교재의 제2장을 A4 한 장 분량으로 요약한 후 자신의 견해를 쓰라.'와 같은 과제가 있을 때는 요약한 내용을 앞부분에 배치하고 이에 대한 자신의 견해를 뒷부분에 배치하는 구조로 글을 구성할 수 있다.

2 핵심 내용 파악하기

요약을 할 때는 원문의 주제나 의도를 유지해야 하기 때문에 먼저 핵심 내용을 이해하는 것이 중요하다. 보통 핵심 내용은 각 단락의 첫 문장이나 마지막 문장을 통해 추측할 수 있다.

참고자료

핵심 문장 ① ⇒ 누구나 원하는 것을 가질 수는 없다. 모든 사람들이 좋은 위치의 아름다운 집과 두 세 대의 고급 승용차를 가지기를 원하고, 좋은 호텔에서 휴가를 즐기기를 바란다. 그러나 미국처럼 부유한 나라에서도 대부분의 사람들은 그 모든 것을 누릴 수 없다. 따라서 그들은 선택을 해야만 한다. 디즈니랜드에 갈 것인지 아니면 더 좋은 차를 살 것인지 뒤뜰이 작은 집을 살 것인지 아니면 땅값이 싼 대신에 직장에서 멀리 떨어진 집을 살 것인지 등을 선택해야 한다.

핵심 문장 ② ⇒ 그러나 그들이 원하는 것 모두를 가질 수 없는 이유가 한정된 수입 때문은 아니다. 시간 역시 하루 24시간으로 한정되어 있다. 시간이 유한하기 때문에 어떤 일을 하기 위해서 시간을 보낸다는 것은 다른 일을 하지 않기로 결정한 것과 같다. 즉 시험공부를 하는 데 시간을 쓰기로 했다면 밤에 영화를 보러 가지 않기로 결정한 것이다. 사람들은 한정된 시간을 위해서 돈을 기꺼이 지불한다. 예를 들어 편의점은 일반 슈퍼마켓보다 더 비싸게 물건을 판매한다. 그러나 시간에 쫓기는 사람들은 멀리 떨어져 있는 슈퍼마켓에 가는 것보다 돈을 조금 더 지불하더라도 시간을 절약할 수 있는 편의점에서 물건을 구입한다.

핵심 문장 ③ ⇒ 개인들은 왜 선택을 해야만 할까? 궁극적인 이유는 자원이 희소하기 때문이다. 여기에서 자원(resource)은 다른 무언가를 생산하는 데 사용되는 모든 것을 뜻한다.

경제의 자원을 열거할 때 토지, 노동(노동자들의 가능한 근로시간), 자본(기계, 건물 그 밖의 사람이 만든 생산적인 자산), 그리고 인적 자본(교육 정도와 숙련도)을 생각한다. 자원의 양이 모든 생산에 필요한 만큼 충분하지 않으면 자원이 희소(scarce)하다고 한다. 광물, 목재, 석유와 같은 천연자원도 희소한 자원 중의 하나이다. 노동, 숙련도, 지성 등과 같은 인적 자본 역시 희소하다. 그리고 경제성장과 함께 인구가 폭발적으로 증가하고 있는 세계에서는 깨끗한 공기와 물도 희소한 자원이 된다.

핵심 문장④ ⇒ 자원이 희소하기 때문에 개인과 마찬가지로 사회도 선택을 해야만 한다. 사회가 선택을 하는 한 가지 방법은 시장경제에서 주로 택하는 것처럼 개인적 선택에 맡긴 후 그 결과를 사회의 선택으로 받아들이는 것이다. 예를 들어 미국인들은 편의점에 가서 시간을 아끼는 대신 더 싼 가격에 물건을 사기 위해 슈퍼마켓에 가는 데 얼마나 많은 시간을 쓰려고 하는가에 대한 질문에 답하기 위해서 개개인이 포기하고자 하는 시간을 더하면 된다. 따라서 사회 전체의 선택은 수백만 개인이 어디에서 물건을 살 것인지에 대한 선택을 더한 것이 된다.

Paul Krugman · Robin Wells. 『크루그먼의 경제학(제2판)』. 2009.
김재영 외 역. 서울:시그마프레스. 2011.

3 핵심어 선별하기

다음으로는 핵심어를 선별한다. 핵심어와 핵심 문장은 요약의 결과가 원문과 일관성을 가지게 하는 데에 중요한 역할을 한다. 핵심어를 찾을 때는 글에 반복적으로 등장하는 단어가 무엇인지 확인하는 방법을 사용할 수 있다.

참고자료

어두운 부분 ▹ 핵심 내용 ⇒
굵게 쓴 글씨 ▹ 핵심어 ⇒

누구나 **원하는 것**을 **가질** 수는 없다. 모든 사람들이 좋은 위치의 아름다운 집과 두세 대의 고급 승용차를 가지기를 원하고, 좋은 호텔에서 휴가를 즐기기를 바란다. 그러나 미국처럼 부유한 나라에서도 대부분의 사람들은 그 모든 것을 누릴 수 없다. 따라서 그들은 선택을 해야만 한다. 디즈니랜드에 갈 것인지 아니면 더 좋은 차를 살 것인지 뒤뜰이 작은 집을 살 것인지 아니면 땅값이 싼 대신에 직장에서 멀리 떨어진 집을 살 것인지 등을 선택해야 한다.

그러나 그들이 **원하는 것** 모두를 **가질** 수 없는 이유가 **한정된 수입** 때문은 아니다. **시간** 역시 하루 24시간으로 **한정되어** 있다. 시간이 유한하기 때문에 어떤 일을 하기 위해서 시간을 보낸다는 것은 다른 일을 하지 않기로 결정한 것과 같다. 즉 시험공부를 하는 데 시간을 쓰기로 했다면 밤에 영화를 보러 가지 않기로 결정한 것이다. 사람들은 한정된 시간을 위해서 돈을 기꺼이 지불한다. 예를 들어 편의점은 일반 슈퍼마켓보다 더 비싸게 물건을 판매한다. 그러나 시간에 쫓기는 사람들은 멀리 떨어져 있는 슈퍼마켓에 가는 것보다 돈을 조금 더 지불하더라도 시간을 절약할 수 있는 편의점에서 물건을 구입한다.

개인들은 왜 **선택**을 해야만 할까? 궁극적인 이유는 **자원**이 **희소**하기 때문이다. 여기에서 자원(resource)은 다른 무언가를 생산하는 데 사용되는 모든 것을 뜻한다. 경제의 자원을 열거할 때 토지, 노동(노동자들의 가능한 근로시간), 자본(기계, 건물 그 밖의 사람이 만든 생산적인 자산), 그리고 인적 자본(교육 정도와 숙련도)을 생각한다. 자원의 양이 모든 생산에 필요한 만큼 충분하지 않으면 자원이 희소(scarce)하다고 한다. 광물, 목재, 석유와 같은 천연자원도 희소한 자원 중의 하나이다. 노동, 숙련도, 지성 등과 같은 인적 자본 역시 희소하다. 그리고 경제성장과 함께 인구가 폭발적으로 증가하고 있는 세계에서는 깨끗한 공기와 물도 희소한 자원이 된다.

자원이 **희소**하기 때문에 **개인**과 마찬가지로 **사회**도 **선택**을 해야만 한다. 사회가 선택을 하는 한 가지 방법은 시장경제에서 주로 택하는 것처럼 개인적 선택에 맡긴 후 그 결과를 **사회**의 **선택**으로 받아들이는 것이다. 예를 들어 미국인들은 편의점에 가서 시간을 아끼는 대신 더 싼 가격에 물건을 사기 위해 슈퍼마켓에 가는 데 얼마나 많은 시간을 쓰려고 하는가에 대한 질문에 답하기 위해서 개개인이 포기하고자 하는 시간을 더하면 된다. 따라서 사회 전체의 선택은 수백만 개인이 어디에서 물건을 살 것인지에 대한 선택을 더한 것이 된다.

Paul Krugman · Robin Wells. 『크루그먼의 경제학(제2판)』. 2009.
김재영 외 역. 서울:시그마프레스, 2011.

4 불필요한 내용 삭제하기

핵심어와 핵심 문장 이외의 문장은 삭제하거나 짧게 줄인다. 이런 문장은 필자가 핵심 내용을 더 명확히 설명하기 위해 예를 들거나 설명을 보충한 것이기 때문에 요약할 때는 삭제가 가능하다.

참고자료

누구나 **원하는 것**을 **가질** 수는 없다. ~~모든 사람들이 좋은 위치의 아름다운 집과 두 세 대의 고급 승용차를 가지기를 원하고, 좋은 호텔에서 휴가를 즐기기를 바란다. 그러나 미국처럼 부유한 나라에서도 대부분의 사람들은 그 모든 것을 누릴 수 없다. 따라서 그들은 선택을 해야만 한다. 디즈니랜드에 갈 것인지 아니면 더 좋은 차를 살 것인지, 뒤뜰이 작은 집을 살 것인지 아니면 땅값이 싼 대신에 직장에서 멀리 떨어진 집을 살 것인지 등을 선택해야 한다.~~

'예시'이므로 삭제 가능

그러나 그들이 **원하는 것** 모두를 **가질** 수 없는 이유가 **한정된 수입** 때문은 아니다. **시간** 역시 하루 24시간으로 **한정되어** 있다. 시간이 유한하기 때문에 어떤 일을 하기 위해서 시간을 보낸다는 것은 다른 일을 하지 않기로 결정한 것과 같다. ~~즉 시험공부를 하는 데 시간을 쓰기로 했다면 밤에 영화를 보러 가지 않기로 결정한 것이다. 사람들은 한정된 시간을 위해서 돈을 기꺼이 지불한다. 예를 들어 편의점은 일반 슈퍼마켓보다 더 비싸게 물건을 판매한다. 그러나 시간에 쫓기는 사람들은 멀리 떨어져 있는 슈퍼마켓에 가는 것보다 돈을 조금 더 지불하더라도 시간을 절약할 수 있는 편의점에서 물건을 구입한다.~~

'예시'이므로 삭제 가능

개인들은 왜 **선택**을 해야만 할까? 궁극적인 이유는 **자원**이 **희소**하기 때문이다. 여기에서 자원(resource)은 다른 무언가를 생산하는 데 사용되는 모든 것을 뜻한다. ~~경제의 자원을 열거할 때 토지, 노동(노동자들의 가능한 근로시간), 자본(기계, 건물 그 밖의 사람이 만든 생산적인 자산), 그리고 인적 자본(교육 정도와 숙련도)을 생각한다. 자원의 양이 모든 생산에 필요한 만큼 충분하지 않으면 자원이 희소(scarce)하다고 한다. 광물, 목재, 석유와 같은 천연자원도 희소한 자원 중의 하나이다. 노동, 숙련도, 지성 등과 같은 인적 자본 역시 희소하다. 그리고 경제성장과 함께 인구가 폭발적으로 증가하고 있는 세계에서는 깨끗한 공기와 물도 희소한 자원이 된다.~~

자원에 대한 '부연' 설명이므로 삭제 가능

자원이 **희소**하기 때문에 **개인**과 마찬가지로 **사회**도 **선택**을 해야만 한다. 사회가 선택을 하는 한 가지 방법은 시장경제에서 주로 택하는 것처럼 개인적 선택에 맡긴 후 그 결과를 **사회**의 **선택**으로 받아들이는 것이다. ~~예를 들어 미국인들은 편의점에 가서 시간을 아끼는 대신 더 싼 가격에 물건을 사기 위해 슈퍼마켓에 가는 데 얼마나 많은 시간을 쓰려고 하는가에 대한 질문에 답하기 위해서 개개인이 포기하고자 하는 시간을 더하면 된다. 따라서 사회 전체의 선택은 수백만 개인이 어디에서 물건을 살 것인지에 대한 선택을 더한 것이 된다.~~

Paul Krugman · Robin Wells. 『크루그먼의 경제학(제2판)』. 2009.
김재영 외 역. 서울:시그마프레스, 2011.

'예시'이므로 삭제 가능

5 남은 문장을 적절하게 바꾸어 문장 다듬기

3 과 **4** 를 통해 정리된 내용을 한 문장씩 써 본다. 원문의 핵심 문장을 그대로 가져오면 자신의 문체와 맞지 않는 경우가 많으므로 표현이나 문장 구조를 자신의 글에 맞게 바꿔서 써야 한다. 이때 핵심 내용을 유지하기 위해서 핵심어는 다른 표현으로 대체하면 안 된다.

참고자료

- 누구나 **원하는 것**을 **가질** 수는 없다.

  → 원하는 것을 다 가질 수 있는 사람은 없다.

- 그러나 그들이 **원하는 것** 모두를 **가질** 수 없는 이유가 **한정된 수입** 때문은 아니다. **시간** 역시 하루 24시간으로 **한정되어** 있다.

  → 사람들은 돈(수입)이나 시간이 한정되어 있기 때문에 원하는 것을 모두 가질 수 없다.

- **개인**들은 왜 **선택**을 해야만 할까? 궁극적인 이유는 **자원**이 **희소**하기 때문이다.

  → 개인들이 선택을 해야 하는 이유는 자원의 희소성 때문이다.

- **자원**이 **희소**하기 때문에 **개인**과 마찬가지로 **사회**도 **선택**을 해야만 한다.

  → 자원이 희소하기 때문에 개인뿐만 아니라 사회도 선택을 해야 한다.

- 사회가 선택을 하는 한 가지 방법은 시장경제에서 주로 택하는 것처럼 개인적 선택에 맡긴 후 그 결과를 **사회**의 **선택**으로 받아들이는 것이다.

  → 사회는 개인들에게 선택을 맡기고 그 결과를 사회의 선택으로 받아들인다.

Paul Krugman · Robin Wells. 『크루그먼의 경제학(제2판)』. 2009.
김재영 외 역. 서울:시그마프레스, 2011.

6 하나의 완성된 글로 다듬기

5 에서 정리한 문장을 원문의 순서 그대로 나열하는 경우 자신의 글의 맥락에 맞지 않을 수 있다. 자신이 쓰고자 하는 글의 의도와 맥락을 고려해 문장이나 단락의 순서를 바꾸어 재구성하는 것이 필요하다.

원하는 것을 다 가질 수 있는 사람은 없다. 사람들은 돈이나 시간이 한정되어 있기 때문에 원하는 것을 모두 가질 수 없다. 개인들이 선택을 해야 하는 이유는 자원의 희소성 때문이다. 자원이 희소하기 때문에 개인뿐만 아니라 사회도 선택을 해야 한다. 사회는 개인들에게 선택을 맡기고 그 결과를 사회의 선택으로 받아들인다.

⇩

요약문

원하는 것을 다 가질 수 있는 사람은 없다. 돈, 시간과 같은 자원이 한정적이기 때문이다. 이러한 자원의 희소성으로 인해 개인뿐만 아니라 사회도 선택을 해야 한다. 사회는 개인들에게 선택을 맡기고 그 결과를 사회의 선택으로 받아들인다.

7 원문과 비교하며 읽어 보기

요약한 글이 원문의 핵심 내용을 잘 반영했는지를 확인하며 글을 다시 읽어 본다. 이때 다음과 같은 점을 고려한다.

- 원문의 핵심 내용은 잘 반영되어 있는가?
- 더 줄일 수 있는 부분이 있는가?
- 글의 맥락이 자연스러운가?

확인하기

✔ 다음은 아래의 과제를 보고 대학생이 쓴 보고서의 일부이다. 주어진 참고자료를 읽고 질문에 답해 보자.

앤서니 기든스의 『현대사회학』에 제시된 〈르봉의 군중 행위 이론〉을 요약하고 이에 대한 자신의 견해를 밝히라.

참고자료

군중 행위에 대한 가장 영향력 있는 초기 연구 가운데 하나가 1895년 출간된 르봉(Gustave Le Bon)의 저서 〈군중(The Crowd)〉이다. 르봉의 저작은 프랑스 혁명 기간 동안의 혁명적 폭도에 대한 자신의 연구로부터 진척된 것이었다. 그의 견해에 의하면, 군중이라는 집합적인 감정에 사로잡혔을 때의 사람들의 행동은 소집단내에서의 자신들의 행위와는 상당히 다르다. 초점 맞추어진 군중(focused crowed)의 영향 하에서 개인들은 야만적인 행동이나 영웅주의적인 행동을 하게 되어 홀로 숙고할 수 없게 된다. 예컨대, 바스티유 감옥을 뛰쳐나온 혁명적 폭도들은 그들이 과거에 당했던 고통에도 불구하고 그러한 행동을 했고, 1789년 거리의 군중들은 무수한 야만적인 행동을 자행했다.

무엇이 그러한 결과를 초래했는가? 르봉에 따르면, 군중에 의해 창출된 집합적인 흥분 상태에 몰입하면 사람들은 대개 그들이 일상적인 생활에서 발휘하고 있던 비판적인 사유 능력의 일부를 일시적으로 상실한다. 그들은 매우 피암시적이 되어 폭도의 지도자나 선동가의 권고에 쉽게 동요된다. 군중 속에서 개인들의 행동은 매우 반동적인 '원시적' 유형으로 퇴행한다. 르봉은 다음과 같이 쓰고 있다. "한 사람이 홀로 있을 때에는 교양인일 수 있다. 하지만 그는 군중 속에서는 야만인이 된다. 즉, 본능에 의해 행동하는 피조물이 된다. 그는 충동성, 폭력성, 광포성 그리고 또 원시인과 같은 열광주의와 영웅주의를 갖게 된다."(Le Bon, 1960, p.12) (후략)

앤서니 기든스. 『현대사회학』. 1989. 김미숙 외 역. 서울: 을유출판사, 1992.

르봉의 군중 행위 이론의 요약과 의견

르봉의 군중 행위 이론은 다음과 같이 요약할 수 있다.

군중 행위에 대한 연구서인 르봉(Gustave Le Bon)의 〈군중(The Crowd)〉에 따르면 군중이 되었을 때 사람들은 소집단 내에서의 행동과 다른 행동을 하게 된다. 이런 상황이 되었을 때 개인들은 야만적인 행동이나 영웅주의적인 행동을 하게 되어 사유 능력을 상실하게 된다.

르봉은 이런 행동을 하게 되는 이유에 대해 군중에 의해 생긴 집합적인 흥분 상태에 몰입하면 사람들은 그들이 일상적 생활에서 나타나는 비판적인 사유 능력의 일부를 일시적으로 잃어버린다고 하였다. 그리고 이로 인해 폭도의 지도자나 선동가의 권고에 쉽게 동요된다. 그리고 반동적인 '원시적' 유형으로 퇴행해 군중 속에서는 야만인이 되기도 한다.

르봉의 군중 행위 이론이 설명하고 있는 군중들의 모습은 실제 주변에서 자주 접할 수 있는 상황이라고 생각한다. 스포츠 경기에서 자신의 팀이 패배했을 때 사람들이 판단력을 잃고 경기장에 뛰어들어 상대가 누구인지에 상관없이 폭력을 휘두르는 모습은 르봉의 군중 행위 이론에서 말하는 집합적인 흥분 상태의 결과일 것이다. 이를 통해 알 수 있는 것은 군중 속에 들어갔을 때 자신이 가지고 있는 이성적인 판단력을 상실하여 평소와 다른 모습을 보이고 그로 인해 부정적인 상황에 직면할 수 있다는 것이다. 따라서 집단을 등에 업고 개인들을 선동하거나 특정 상황을 권고받는 상황에 직면하였을 때 개인은 그것에 대해 이성적으로 판단할 수 있도록 노력할 필요가 있다. 군중 안에 들어가기 전에 그들이 요구하는 바가 올바른지에 대해 비판적으로 생각하여 이성적이고 합리적이라고 판단이 될 때 이를 따르는 것이 합리적이라고 본다.

(1) 원문이 요약된 부분은 어디인가?

(2) 원문의 핵심 내용이 잘 전달되었는가?

(3) 글의 맥락이 자연스러운가?

연습하기 1

✔ 참고자료의 내용을 요약하는 연습을 해 보자.

1. 다음 글에서 핵심어를 찾아보자. 그리고 핵심 문장을 찾아 밑줄 쳐 보자.

(1)

문학은 그것을 수용하는 독자들에게 즐거움을 준다. 한 편의 소설을 읽고 그 속에서 재미를 느끼며, 한 편의 시를 통해 즐거움을 느끼기도 한다. 문학이 주는 즐거움은 작품에 따라 다르며, 그것을 읽는 독자에 따라서도 달라질 수 있지만, 문학이 즐거움을 준다는 사실만은 부인할 수 없다. 아름다운 시의 리듬을 통해 마음을 가다듬을 수 있고, 해학이 담긴 소설을 읽으면서 유쾌한 웃음을 지을 수 있다. 또한 복잡한 추리소설이 호기심을 충족시킬 수도 있다.
(중략)

그러나 문학이 반드시 즐거움만을 선사하는 것은 아니다. 문학은 그것을 읽는 독자에게 끊임없이 감동을 준다. 문학은 단순히 즐겁다든가, 슬프다든가, 무섭다든가 하는 느낌만을 전달하는 것이 아니라, 무엇인가를 느끼고 생각할 수 있도록 만들어 준다. 문학이 주는 감동이란 독자의 마음속에 어떤 변화를 불러일으킨다는 말이다. 예를 들면, 김소월의 시 「진달래꽃」을 읽고 이별의 슬픔을 느꼈다거나, 심훈의 소설 『상록수』를 읽고 봉사 정신을 키우고자 결심하였다고 말할 수 있는 것이다.

문학은 독자에게 어떤 느낌을 주기도 하고, 무엇인가를 가르쳐 주기도 한다. 문학작품을 읽는 독자는 비록 그 내용이 분명하지는 않지만, 자신의 정신문화를 어느 정도는 감지할 수 있다. 이러한 문학의 영향은 흔히 교화라는 말로 설명되기도 한다. 독자가 문학을 통해 얻어 내는 정신적인 교훈을 생각한다면, 문학은 언제나 교화의 기능을 담당하고 있는 셈이다. 물론, 위대한 사상이나 새로운 지식이 반드시 문학만을 통해서 전달되는 것은 아니다. 철학은 사상을 전달하고, 과학은 새로운 지식을 가르친다. 문학은 철학이나 과학처럼 직접적으로 어떤 지식을 전달하지는 않지만, 풍부한 내용을 통하여 감동적인 교훈을 남겨 준다.

권영민. 『문학의 이해』. 서울: (주)민음사, 2009.

(1) 이 글의 핵심어를 다섯 개 내외로 찾아보자.

(2) 각 단락의 핵심 문장은 무엇인가?

(2) 어떤 영화를 소개할 때 그 영화의 장르가 무엇인지를 묻는 경우가 많다. 대부분의 영화는 코미디, 멜로드라마, 스릴러 등 어떤 특정한 장르에 속한다. 우리는 이들 장르를 단순히 영화의 구분의 기준 정도로만 이해한다. 하지만 어떤 영화를 '장르영화'라 함은 그저 어떤 장르에 속한다는 의미가 아닌 해당 장르의 문법에 매우 충실한 영화를 일컫는 말이다. 그래서 흔히 장르영화는 상업 영화라는 말과 거의 동일한 용어로 사용되기도 한다.

도대체 왜 장르영화를 상업 영화라고 부르는 것일까? 그 이유는 간단하다. 어떤 영화가 해당 장르에 가장 충실한 문법과 형식을 따르는 것은 그렇게 해야지만 일반 관객들이 거부감 없이 가장 편안하게 그 영화를 볼 수 있기 때문이다. 대부분의 영화가 상업적 이윤이라는 자본의 논리에서 움직여지는 한 관객들의 기호에 맞추는 것은 곧 그 영화의 성공과 직결되는 문제다. 장르영화는 한마디로 말해서 자신이 속한 고유한 장르에 가장 전형적인 문법에 충실한 영화다.

조광제 외. 『예술, 인문학과 통하다』. 서울: 웅진지식하우스, 2008.

① 핵심 내용은 무엇인가?

② 핵심어와 핵심 문장을 찾아보자.

③ 삭제가 가능한 부분을 찾아보자.

④ 글의 구성과 내용을 고려해 글로 완성해 보자.

연습하기 2

✔ 다음의 과제를 수행하고자 한다. 주어진 참고자료를 요약해 글을 완성해 보자.

『의학, 인문학으로 치유하다』의 1장을 요약하고 이에 대한 자신의 견해를 쓰라.

참고자료

우리 몸에서 구별하기 어려운 정상과 비정상

전체 인구 집단에서 특정 질병을 가지고 있는 사람들을 수치화한 것을 '유병률(有病率)'이라 한다. 대부분의 사람은 스스로 어떤 질병을 갖고 있지 않다고 생각하겠지만, 의학적으로는 질병을 가진 사람이 그렇지 않은 사람보다 훨씬 많다.

눈이 나빠서 안경을 끼는 것은 안과학에서 질병으로 분류한다. 또 발가락 사이에 무좀이 있거나, 특정 음식을 먹으면 피부에 두드러기가 나는 등 알레르기가 발생하는 현상, 피부를 긁으면 붉게 일어나는 현상, 머리카락이 빠지는 현상 등은 피부과학에서 모두 질병으로 구분된다. 나이가 들면서 바로 얼마 전에 경험한 일이 기억나지 않거나, 피부에 점 또는 검버섯이 생기거나, 음식을 먹으면 소화가 잘 안 되거나, 과거와 다르게 눈물을 잘 흘리거나, 잠잘 때 코를 골거나 잠이 잘 오지 않는 경우 등 의학교과서에 나오는 질병은 참으로 많고 다양하다. 그렇게 따질 경우 1인당 평균 4개 이상의 질병을 지니고 있다는 계산이 나온다.

의학을 "인간을 질병으로부터 구하고 건강법을 모색하는 학문", 의료를 "의술로 병을 고치는 일"이라 정의한다면, 의학과 의료를 아주 좁은 의미로 정의했다고 할 수는 있어도 틀린 정의라고 할 수는 없다. 오늘날 의학이 관여하는 분야가 훨씬 넓어졌을 뿐, 불과 얼마 전까지만 해도 이와 같은 정의가 흔히 사용되었기 때문이다. 그런데 현대의학의 관점에서 볼 때 이 정의에는 심각한 문제가 있다. 질병이냐 아니냐를 구별하는 것이 쉽지 않기 때문이다.

노화, 작은 키, 나이가 들면 허리가 굽는 현상, 주름살 등이 정상인지 비정상인지는 쉽게 판단할 수 없다. 의학이 질병을 해결하는 학문이라면, 또 노화가 정상적인 현상이라면, 폐경 이후에 신체에 나타나는 증상을 완화하기 위해 호르몬 치료를 받는 일은 중단해야 할 것이다. 현재 행해지는 의학적 처치 중에는 미용성형처럼 비정상이라 할 수 없는 분야를 다루는 경우도 많다. 따라서 의학은 질병을 해결한다거나 질병이 발생하지 않도록 예방조치를 하고 보건 향상에 힘쓰는 학문이라기보다, "사람들의 건강과 일상생활에 대한 만족도를 증진시키기 위한 학문"과 같은 넓은 의미로 정의해야 할 것이다.

예병일.『의학, 인문으로 치유하다』. 서울: 한국문학사, 2015.

1. 참고자료의 내용을 요약해 보자.

(1) 핵심 내용은 무엇인가?

(2) 핵심어와 핵심 문장을 찾아보자.

(3) 삭제가 가능한 문장을 찾아보자.

(4) 글의 구성과 내용을 고려해 글로 완성해 보자.

2. 참고자료에 대한 자신의 견해는 어떠한가? 간단히 메모해 보자.

3. 앞에서 요약한 내용과 메모를 바탕으로 하여 글을 완성해 보자.

4. 옆 사람과 쓴 글을 바꿔 읽어 보자. 읽으면서 그 글이 아래의 항목을 충족하고 있는지 평가해 보자.

- 원문의 핵심 내용은 잘 반영되어 있는가?
- 더 줄일 수 있는 부분이 있는가?
- 글의 맥락이 자연스러운가?

5. 옆 사람과 함께 서로의 글에서 개선되어야 할 부분은 무엇인지 이야기해 보자. 그리고 그 부분을 고쳐서 다시 써 보자.

자기평가

자신이 이 장의 내용을 잘 이해했는지, 배운 대로 글을 쓸 수 있게 되었는지 아래의 질문에 답해 보자.

- 원문의 핵심 내용을 파악할 수 있었는가?
- 글의 맥락과 구성에 맞게 원문을 요약할 수 있었는가?
- 요약문을 이용해 글을 완성할 수 있었는가?

6

참고자료 활용하여 쓰기(1)

주제를 설명하는 글 인용하여 쓰기

들어가기

'스키너의 행동주의 이론과 반두라의 사회학습 이론을 비교하여 설명하라.'

'한국 복식의 변천에 대해 설명하라.'

글쓰기 과제 중에는 어떠한 주제에 대해 설명하거나 분석해야 하는 유형이 있다. 이때 주제를 충분히 설명하기 위해 참고자료를 읽고 필요한 내용을 적절히 인용해야 한다.

알아보기

설명적인 참고자료를 인용해 글을 쓰는 과정을 알아보자.

1 과제 파악하기

먼저 써야 할 과제의 내용이 무엇인지 정확하게 이해한다. 아래와 같은 과제를 보고서로 쓰기 위해서는 먼저 4차 산업혁명의 정의나 특징과 같은 내용이 핵심 내용이라는 것을 파악해야 한다.

4차 산업혁명에 대해 설명하고 이에 대한 자신의 견해를 밝히라.

핵심 내용 ① (4차 산업혁명에 대해 설명) / 핵심 내용 ② (자신의 견해)

2 글의 구조 계획하기

과제의 핵심 내용을 파악한 후에는 글의 전체적인 구조를 계획한다. 이때 전문적인 정보나 지식이 인용되어야 할 곳은 어디인지 판단한다.

- 4차 산업혁명의 정의
  - → 4차 산업혁명이란?
  - → 4차 산업혁명의 배경은?
  - (★이 부분에 참고자료를 인용할 것!)
- 4차 산업혁명의 특징
  - → 4차 산업혁명이 지닌 특징은 무엇인가?
  - (★이 부분에 참고자료를 인용할 것!)
- 4차 산업혁명에 대한 나의 견해
  - → 전망, 우려 등 생각해 볼 것

3 참고자료를 찾아 선별하기

4차 산업혁명을 검색어로 하여 다양한 자료를 수집한다. 수집한 자료 중 **2** 에서 계획한 내용을 잘 설명할 수 있는 것을 선별한다. 선별한 자료를 다시 읽으면서 어떤 부분을 내 글에 인용할지 표시한다.

〈선별한 자료 목록〉

◇ 단행본

- 한석희 외. 『인더스트리 4.0: 미래를 결정지을 제4차 산업혁명』. 서울: 페이퍼로드, 2015.

◇ 학술 논문

- 한동숭. 「4차 산업혁명 시대, 대학 교육과 콘텐츠」. 『인문콘텐츠』 42(2016): 9-24.
- 유철규. 「저성장과 4차 산업혁명에 대한 대응 과제」. 『동향과 전망』 97(2016): 213-225.

참고자료 1

4차 산업혁명은 사물인터넷(IoT), 로봇, 인공지능(AI), 빅데이터 등의 최첨단 기술이 나노기술(NT), 바이오기술(BT), 정보기술(IT), 인지과학(CS)의 융합 기술로 발전하여, 이러한 사이버 물리적 시스템이 생산을 주도하는 사회구조적 혁명이다. 현재의 단계는 발달된 정보통신기술을 기반으로 사람과 사물, 사물과 사물이 네트워크로 연결된 초연결성, 이 네트워크로 전송된 막대한 양의 데이터를 분석하여 일정한 패턴을 파악하는 초지능성 그리고 이런 분석으로 미래를 판단하는 예측 가능성을 특징으로 한다.

한동숭. 「4차 산업혁명 시대, 대학 교육과 콘텐츠」. 『인문콘텐츠』 42(2016): 11쪽.

4차 산업혁명의 정의
▷ 인용할 것

4차 산업혁명의 특징
▷ 예측 가능성 부분을 인용할 것

참고자료 2

스마트공장으로의 진입

제4차 산업혁명의 특징은 무엇일까? 한마디로 '스마트한 세상'으로 요약될 수 있을 것이다. 스마트제품, 스마트공장, 스마트홈, 스마트빌딩 등…. 세상은 온통 스마트한 것들로 들어찰 것이고, 제품-공장-집은 물론 도시와 국가, 아니 어쩌면 세계의 모든 것이 서로 연결될지도 모른다. 최근 사물인터넷이 세상의 관심을 많이 받고 있는 이유이기도 하다. 특히 산업현장에서는 공장의 재료, 기계설비, 부품, 반제품, 완제품들이 서로 정보를 자동으로 주고받으면서 스마트공장 시대가 열릴 것이다. 궁극적으로는 사람 없이도 기계나 설비의 수리까지 자동적으로 가능하게 될 것이라는 주장도 제기되고 있다. (중략)

4차 산업혁명의 특징: 가변적 역동성 ▷ 인용할 것

만약 이 모든 것이 그대로 실현된다고 가정하면, 독일이 주도하는 인더스트리4.0만으로도 제품을 만드는 과정에서 지금과는 전혀 다른 수준의 변화가 나타날 것이다. 제품의 기획, 엔지니어링, 제조, 운영 및 물류라는 제품개발과 처리과정에서 놀라울 정도의 가변적 역동성이 나타나는 것이다. 이러한 변화는 먼저 제조원가에 긍정적인 영향을 미쳐, 어느 누구도 따라올 수 없는 수준의 합리적인 제조원가가 확보될 것이다. 또한 시장 변화에 대응하는 변동성 측면에서도 매우 긍정적이고 획기적인 영향을 줄 것이다. 이러한 역량을 갖춘 기업들이 제품의 시장 선점과 확산도 매우 빠르게 이룰 수 있을 것임은 자명하다. 게다가 모든 자원을 합리적으로 소비함으로써 재고로 고심하는 일 따위 없이 합리적인 기업 운용이 가능해질 것이며, 나아가 사회적인 측면에서 환경문제에도 긍정적인 영향을 미칠 것이다.

4차 산업혁명의 특징: 인간과 기계의 소통, 통합 ▷ 참고자료3과 비슷

결과적으로 시장의 무수한 다양성을 실시간으로 만족시킬 수 있게 되면서 인류가 제조업을 통해 꿈꾸던 이상이 비로소 실현될 것이다. 공장과 공장 간의 연결고리가 더욱 밀접하게 연결되도록 진화하게 되면서, 시장이 원하면 언제든 필요한 생산라인이나 공장이 스스로 만들어지는 것이다. 인간은 기계들의 자생적 조직 생성 및 운용을 촉진하기 위한 원칙과 관련된 소통, 그리고 의사결정방식, 또 이와 관련된 규칙과 표준을 만드는 일에 더욱 노력을 기울이게 될 것이다. 그리고 이런 기계들과 소통하기 위한 인간과 기계 사이의 인터페이스에도 획기적인 방법들이 생겨날 수 있을 것이다.

한석희 외. 『미래를 결정지을 제4차 산업혁명 인더스트리 4.0』. 서울: 페이퍼로드, 2015. 58-60쪽.

참고자료 3

'4차'라는 용어는 미국의 오바마 대통령, 독일의 메르켈 수상 등이 수년 전부터 언급했으며, 올 초 다보스에서 열린 세계경제포럼에서 주요 주제로 논의되면서 세계적으로 확산되었다. 인공지능(AI), 로봇 기술, 사물인터넷(IoT), 빅 데이터 축적과 활용 등 새로운 과학기술의 등장에 주목하는 것인데, 기존에 기업 간, 산업 간, 국가 간의 경계 안에 개별적으로 진행되던 컴퓨터 기술과 인터넷 이용의 발전이 서로간의 경계를 넘어 이전과 다른 차원에서 통합되는 상황을 일컫는다. 이전의 생산 자동화 및 사무 자동화나 금융과 유통 혁신들 간의 경계를 허물고 통합이 진행되고 있다. 인공지능이 통합의 중심에 자리 잡고 있는 듯이 보인다. 이미 빅데이터와 머신러닝(Machine Learning, 기계가 스스로 학습하는 것)을 결합해서 모든 제조 과정과 물류 과정을 분석하고 통합하는 자동화 과정이 상용화 단계에 들어서 있다.

4차 산업혁명의 특징 : 융합과 통합 > 인용할 것

유철규. 「저성장과 4차 산업혁명에 대한 대응 과제」. 『동향과 전망』 97(2016): 222쪽.

4 참고자료의 정보 조직하기

다음으로는 참고자료에서 필요하다고 선별한 내용을 내 글에 어떻게 활용할 것인지 생각한다. **2** 에서 계획한 글의 구조에서 참고자료를 어디에 넣을지 판단한다.

- 4차 산업혁명의 정의
  → 4차 산업혁명이란? 참고자료 1
  → 4차 산업혁명의 배경은?
- 4차 산업혁명의 특징
  → 4차 산업혁명이 지닌 특징은 무엇인가?
  (1) 가변적 역동성 – 참고자료 2
  (2) 융합과 통합 – 참고자료 3
  (3) 예측가능성 – 참고자료 1
- 4차 산업혁명에 대한 나의 견해
  → 전망, 우려 등

5 초고 쓰기

4 의 개요를 바탕으로 초고를 쓴다. 초고를 쓸 때에는 어휘나 문법보다는 글의 전체 내용을 생각하면서 빠른 속도로 써 내려간다.

참고자료를 그대로 가져옴 ▷인용 표현에 맞게 수정할 것

오늘날 4차 산업혁명 시대를 맞이하게 되었다. 4차 산업혁명이란 사물인터넷, 로봇, 인공지능, 빅데이터 등의 최첨단 기술인 나노기술, 바이오기술, 정보기술, 인지과학의 융합기술로 발전하여 이러한 사이버 물리적 시스템이 생산을 주도하는 사회구조적 혁명이다. (한동숭)

4차 산업혁명의 특징은 세 가지이다. 가변적 역동성을 지닌다. 제품을 만드는 과정이 지금까지와는 많이 다르다. 제품의 기획, 엔지니어링, 제조, 운영 및 물류라는 제품개발과 처리과정에서 역동성 있다. (한석희 외)

컴퓨터 기술과 인터넷 이용의 발전이 서로 간의 경계를 넘어 이전과 다른 차원에서 통합된다. (유철규)

컴퓨터 자료를 이용해 미래를 예측하는 특성이 있다. (한동숭)

특징 세 가지가 잘 드러나게 수정할 것

6 인용의 형식에 맞게 글 다듬기

초고를 읽으면서 어떠한 방식으로 인용할 것인지를 판단하고 인용의 형식에 맞게 글을 수정한다.

4차 산업혁명의 정의

오늘날, 과학기술이 발전하면서 4차 산업혁명 시대를 맞이하게 되었다. 한동숭(2016:12)에서는 4차 산업혁명이란 "사물인터넷, 로봇, 인공지능, 빅데이터 등의 최첨단 기술인 나노기술, 바이오기술, 정보기술, 인지과학의 융합기술로 발전하여 이러한 사이버 물리적 시스템이 생산을 주도하는 사회구조적 혁명을 뜻한다."라고 하였다. 3차 산업과는 달리 융합 기술을 통한 새로운 시스템이 중요한 핵심으로 보인다.

특징① 가변적 역동성

4차 산업혁명의 특징을 살펴보면 다음의 세 가지로 나누어 볼 수 있다. 첫째, 산업혁명은 가변적 역동성을 지닌다. 가변적 역동성은 제품의 기획, 엔지니어링, 제조, 운영과 관련된 제품의 생산 과정 및 처리 과정에 이르기까지 지금까지와는 다른

변화를 맞이하게 될 것임을 의미한다(한석희 외, 2015:59). 제품을 생산하고 처리하는 과정에서 수많은 변수가 작용하며 그에 따라 서로 다른 결과를 가져오게 되었는데, 이러한 환경 변화는 기존에 비해 더 역동적이라는 특성을 갖는다.

특징② 융합과 통합 ⟹ 둘째, 융합과 통합의 특징이 있다. 유철규(2016:222)에 따르면 컴퓨터 기술, 인터넷의 발전은 지금까지 이루어진 방식과는 달리 서로 다른 차원의 통합이 이루어진다는 특징이 있다. 벽을 허물고 새로운 통합의 시대가 열리게 된 것이다. 인공지능, 네트워크 강화, 사물인터넷 등으로 인해 기계와 기계들이 서로 정보를 주고 받고, 기계 학습이 이루어지면서 융합과 통합이 한층 더 가속화되고 있다.

특징③ 예측 가능성 ⟹ 셋째, 예측가능성이 있다. 한동승(2016:12)은 빅데이터를 활용한 데이터 분석을 통해 미래에 일어날 수 있는 일들을 떠올려 볼 수 있는 예측가능성이 있다고 제시한다.

7 고쳐 쓰기

과제의 핵심 내용이 글에 모두 다 포함되었는지 확인하고 주제에 대한 설명이 부족하다면 내용을 보충한다. 그리고 인용의 방식이 적절한지 인용 표현이 정확하게 사용되었는지 확인한다.

확인하기

✔ 다음은 아래의 과제를 보고 대학생이 쓴 보고서의 일부이다. 잘 읽고 질문에 답해 보자.

신경건축학이란 무엇이며, 건축의 기능적 측면을 고려할 때 이것이 우리의 생활에 어떠한 영향을 미치는지 설명하라.

신경건축학이란 "인간의 인지사고과정이 공간에 영향을 받는다는 가설에 기반을 둔 학문"이다(정재승, 2014 : 58). 신경건축학에서는 건축을 통해 인간의 생각이 달라질 수 있고, 이것이 행동 변화로까지 이어질 수 있다고 본 것이다.

건물은 예로부터 여러 기능을 수행해 왔다. 정승진(2008 : 11)에서는 고대사회에서의 건축은 외부로부터 자신을 보호하기 위한 용도가 강하였으나 현대의 건축은 복잡한 기능을 수행한다고 보고 안락함과 편안함을 주는 것이 중요하다고 보았다. 이를 위해 건축은 거주자들의 다양한 요구를 충족시켜 주는 것이 필요하다고 하였다.

건축이 더 이상 인간을 환경으로부터 보호하려는 수동적인 역할을 하는 것이 아니라 거주자의 요구를 반영하는 것이라고 할 때, 이 요구가 충족되는 건물에서 거주자들은 행복하고 편안한 생활을 누리고자 할 것이다. 예를 들어 서재가 있는 집을 원하는 사람에게는 서재의 공간에 더 신경을 써야 하고, 마당을 원하는 사람에게는 바깥과 연결되는 공간을 마련해 주어야 한다. 스턴버그(2013 : 43-44)은 건축공간이 건강에 영향을 줄지 모른다는 생각을 하게 된 것이 신경건축학의 태동이라고 보았다. 또한 물리적 장소가 사람의 마음을 편안하게 해 주어 정신 건강을 밝게 해 줄 것이며 불편함을 주는 공간은 병을 키울 수 있다고 하였다.

-1-

<참고문헌>

정승진. 『세계건축의 이해』. 서울: 기문당, 2008.

정재승. 「신경건축학」. 『환경논총』 53(2014): 58-62.

에스더 M. 스턴버그. 『공간이 마음을 살린다』. 2009. 서영조 역. 서울:더퀘스트, 2013.

-7-

(1) 과제의 핵심 내용은 무엇인가?

(2) 위의 글에 인용된 자료의 내용은 무엇인가? 어떤 방법으로 인용되었는가?

(3) 자료를 인용함으로써 핵심 내용이 충분히 설명되었는가?

연습하기 1

✔ 설명하는 참고자료를 인용해 글을 쓰는 연습을 해 보자.

1. 다음 주제에 대해 보고서를 쓰고자 한다. 글을 쓰기 전에 아래의 질문에 답해 보자.

> 매슬로우의 욕구이론을 설명하고, 이 이론을 바탕으로 청년 문제의 원인과 해결의 필요성을 제시하라.

· 핵심 내용은 무엇인가?

· 어떠한 구조로 글을 계획하면 좋겠는가?

· 주제를 설명하기 위해 어떤 내용의 참고자료가 필요하겠는가?

2. 다음 제시된 참고자료 가 와 참고자료 나 를 읽고 매슬로우의 욕구 이론에 대해 파악해 보자.

참고자료 가

매슬로우(Abraham Maslow)는 인간이 특정한 목적의식을 가지고 어떠한 행동을 하는 것은 단순히 인간이 가지고 있는 논리적인 사고의 결과가 아니라 그 내면에 잠재해 있는 욕구충족의 필요성 때문이라고 본다(Maslow, 1954). 그의 임상적인 관찰에 의하면 일반적으로 인간은 문화권이 달라도 같은 종류의 욕구를 가지고 있으며 이 욕구들은 생리적인 욕구, 안전욕구, 소속과 애정욕구, 존경욕구 및 자기실현욕구 등 다섯 가지로 나뉘고 있다. 그리고 인간의 행동은 이 욕구들 중 충족필요성의 강도가 가장 높은 욕구의 작용에 지배를 받게 된다는 것이다. 좀더 구체적으로 설명하면 만약 사람이 잠이 부족하게 되면 인간의 욕구 중에 잠을 자고 싶어 하는 생리적인 욕구가 자극이 된다. 이로 인해 그 사람은 긴장감, 불안감 등 심적인 불균형 상태를 겪게 되어 이 욕구의 충족을 통한 욕구의 균형 상태를 이루려 하므로 이 욕구는 행동동기의 에너지로서 작용하고 그 사람은 이 욕구를 충족시키고자 하는 곳에 모든 관심이 집중된다.

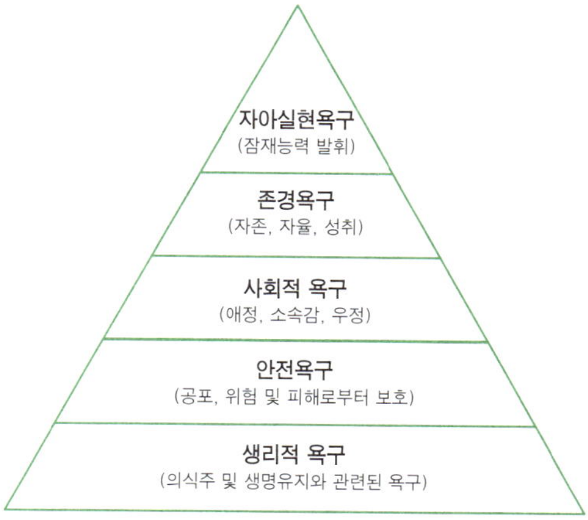

〔그림 2-1〕 매슬로우의 욕구 5단계

일단 이 욕구가 충족이 되면 이는 행동의 동기로서 힘을 잃게 되고 다른 욕구가 행동을 지배하게 된다. 여기서 매슬로우가 지적한 중요한 사실은 이 욕구들이 행동의 동기로서 힘을 발휘하기 위해서는 계층성이 있다는 것이다. 즉 [그림 2-1]에서 보는 바와 같이 욕구는 피라미드 구조로 구성되어 있는데 하층욕구가 충족되지 않는 한, 상층의 욕구는 행동동기로서 힘을 발휘할 수 없다는 것이다. 따라서 생리적 욕구가 충족된 이후에 안전욕구 충족의 자극을 받게 되고, 또 안전욕구가 충족된 다음, 소속과 애정의 욕구충족을 바라고 그것을 위해 특정한 행동을 하게 된다는 것이다. 이 과정을 매슬로우의 분류에 따라 하위욕구로부터 좀더 구체적으로 설명하면 아래와 같다.

송운석. 『인간관계의 이론과 실제』. 서울: 삼영사, 2007. 47-48쪽.

참고자료 나

매슬로우(A.H. Maslow)는 '개인행동은 일반적으로 특정 시점에서 가장 강한 욕구에 의해서 결정된다.'라고 정의하면서 개인욕구를 5단계로 정형화하여 욕구 5단계설을 주장하였다. 욕구5단계는 생리적 욕구, 안전욕구, 애정과 소속의 욕구, 자존의 욕구, 자아실현욕구로 구분하여 처음에는 1단계 욕구인 생리적 욕구가 가장 강력하게 나타나지만, 생리적 욕구가 충족되면 2단계인 안전의 욕구가 가장 강력하게 나타나며, 다음으로 3단계, 4단계, 5단계 순으로 이어진다고 하는 것이다[1].

(1) 생리적 욕구

생리적 욕구(psychological needs)란 기본적 욕구(basic needs)라고도 하는데, 이는 생존과 결부되는 본능적인 욕구로서 생존본능인 의, 식, 주와 종족본능으로서 성욕과 같은 것이 포함된다.

(2) 안전의 욕구

안전의 욕구(safety needs)는 생리적 욕구가 충족되면 다음으로 나타나는 욕구로 자신과 가족의 건강과 생명의 안전에 대한 욕구와 직무에 대한 안정이나 고용에 대한 안정을 기대하게 되는 것이다.

(3) 애정과 소속의 욕구

애정과 소속의 욕구(affection and belongingness needs)는 사회적 욕구(social needs)라고도 하는데, 이는 인간은 사회적 동물이므로 집단에 소속하여 상호작용을 하면서 살아가기를 원하게 된다는 것이다. 즉, 인간은 동료 간이나 이성 간에 우정과 애정을 나누면서 살아가기를 바라고 있는 것이다. 이와 같은 욕구가 충족되지 못하면 부적응하게 되거나 대인관계가 악화될 수 있다는 것이다.

(4) 자존의 욕구

자존의 욕구(esteem needs)란 인간은 자신을 높게 평가한다든가 자기존중, 자존심을 가지며 타인으로부터 존경과 선망의 대상이 되고 싶어 하는 욕구를 말한다.

(5) 자아실현 욕구

자아실현욕구(self-actualization needs, self-realization needs)라고 하는 것은 모든 욕구가 충족되었을 때 최후로 나타나게 되는 욕구로서 자기가치를 추구하여 좀 더 보람이 있고 가치가 있는 삶을 추구하게 되는 것이다. 즉, 화가·음악가·

시인이 금전적 보상을 위해서 일하는 것이 아니라 불후의 명작을 남기기 위하여 일 그 자체에 높은 가치를 부여하고 싶어 하는 것을 의미하며, 자기완성을 의미하기도 한다.

1) A. H. Maslow, A Theory of Human Motivation, Psychological Reveiw, July 1946, pp.370-396.

박양근 외. 『인간관계론』. 서울: 양서원, 2015. 39-40쪽.

3. 참고자료를 다시 읽고 인용할 부분에 밑줄을 쳐 보자.

4. 밑줄 친 부분은 어떤 방식으로 인용하는 것이 좋은가? 인용 방식에 맞게 써 보자.

5. 다음에 제시된 참고자료 다 를 읽고 매슬로우의 욕구 이론과 청년 문제가 어떻게 관련되는지 생각해 보자.

참고자료 다

오늘날 청년 문제는 이들이 제대로 된 일자리를 구하는 데 겪는 어려움에서부터 출발한다. 학벌이 나쁘거나 집안이 어려운 이들은 물론이고, 소위 'in Seoul'의 명문대를 졸업한 젊은이들조차 취업은 하늘의 별따기라는 표현이 심심찮게 들려온다. 특히 이러한 상황이 경제위기의 경우처럼 일시적으로 나타나는 것이 아니라 점차 일상으로 자리잡아 간다는 데 문제의 심각성이 있다.

통계청에 따르면, 금년 3월 청년층(15-29세) 실업자는 52만 명을 돌파했으며, 지난 2월에는 역대 최고치인 12%를 넘어선 바 있다. 또한 국내 30대 그룹의 신규 채용 규모는 전년 대비 4% 이상 줄어들 것으로 집계되면서 실업난이 장기화될 우려까지 나오고 있다. 실업은 단순히 개인의 불행이나 급여의 문제로 끝나지 않고 소위 3포 세대, 5포 세대와 같은 신조어에서 드러나듯 사회 전반적인 문제로 이어진다. 한 사회의 다음 세대가 연애, 결혼, 출산, 인간관계, 그리고 내 집 마련을 포기한다는 것, 그 여파는 단순히 청춘의 낭만이 사라지는 데 그치지 않고 사회구조와 경제양상의 변화를 야기하기 마련이다.

관련 논의들을 들여다 보면 적지 않은 주장들이 청년에게서 문제의 원인을 찾고 있음을 발견하게 된다. 보수 일각에서 제기되는 이른 바 '온실 속 화초론'이 그것이다. 요지인 즉슨, 과거보다 삶의 여건이 훨씬 나아졌음에도 불구하고 정신적으로 나약해진 오늘날 청년들이 돌파구를 찾지 못하고 헤매고 있다는 것이다. 이는 특히 3D업종을 포함한 중소기업 기피 현상, 군대 내 자살사건 등과 결부되어서 예전보다 여러모로 풍요로운 여건 속에서도 청년 세대가 편안함만을 추구하기 때문에 청년 문제가 발생한다는 주장으로 이어진다.

다른 한 편에서는 IMF 이후 한국을 지배해온 신자유주의와 최근 지구촌이 직면한 저성장 기조가 문제의 원인으로 꼽히기도 한다. 최장집 교수에 따르면, 오늘날 청년 문제는 신자유주의적 경제 운영 원리(시장 경쟁과 효율성의 가치, 민영화, 탈규제, 노동시장 유연화 우선시)와 세계화가 결합하는 과정에서 우리 사회에 가해진 충격이 청년 세대에게 직격탄으로 돌아가면서 야기되었다고 한다.

또한 세계 경제가 뉴노멀, 혹은 신창타이(新常態)라고 불리는 중저성장의 늪으로 들어가면서 청년 문제 해결은 점점 요원해지고 있다는 것이다.

2008년 글로벌 금융위기로 인한 대침체 또한 직접적인 원인으로 꼽힌다. 이탈리아의 경제학자 에도아르도 캄파넬라는 2009년 7660만명을 기록한 16-24세 사이의 청년 실업자 수가 2014년에도 7300만명 수준을 유지하고 있음을 지적하면서 국제사회가 아직 이 충격에서 벗어나지 못했음을 지적한다 (국제노동기구 ILO 통계).

김용재.『한국 청년 문제, 무엇이 문제인가? : 비교적 관점에서 본 청년 문제』.
한반도선진화재단 기타 단행본, 2016.13-14쪽.

6. 어느 부분을 인용할지 밑줄을 친 후 적절한 인용 표현을 사용하여 문장을 써 보자.

연습하기 ②

✔ 다음의 과제에 대한 보고서를 쓰고자 한다. 참고자료를 찾아 인용하여 한 편의 보고서를 완성해 보자.

> 다문화 사회에서의 용광로 정책과 모자이크 정책을 비교하고, 이에 대한 자신의 입장을 밝히라.

1. 다음은 과제와 관련된 질문들이다. 질문에 대해 옆 사람과 같이 이야기하면서 주제에 대한 나의 입장을 정리해 보자.

· 다문화 사회는 어떤 사회인가?

· 다문화 사회에서는 어떤 정책이 필요하겠는가?

2. 어떠한 내용으로 글을 구성할 것인지 생각해 보고 개요로 정리해 보자.

3. 개요에서 참고자료의 인용이 필요하다고 생각되는 부분에 표시해 보자.

4. 다음은 주제와 관련된 참고자료의 목록이다. 아래의 참고자료를 찾아 읽고 인용할 부분을 선별해 보자.

◇ 단행본

- 김범수 외. 『알기 쉬운 다문화교육』. 파주: 양서원, 2010.
- 전숙자 외. 『다문화 사회의 새로운 이해』. 서울: 그린, 2009.
- 최충옥 외. 『다문화교육의 이론과 실제』 제2판. 파주: 양서원, 2009.

◇ 학술 논문

- 심성보. 「호주 다문화주의의 역사적 변화와 다문화교육 정책」. 『초등도덕교육』 45(2014): 183-208.
- 이현주. 「초, 중등교사의 다문화교육 인식과 경험에 대한 내러티브 탐구」. 『교육의 이론과 실천』 19(2)(2014): 75-95.

5. 인용할 자료의 내용을 바탕으로 하여 한 편의 보고서를 완성해 보자.

6. 옆 사람과 쓴 글을 바꿔 읽어 보자. 글을 읽으면서 아래의 항목을 충족하고 있는지 평가해 보자.

- 과제의 핵심 내용을 충분히 설명했는가?
- 참고자료의 내용을 적절히 구성했는가?
- 인용 표현이 올바르게 사용되었는가?

7. 옆 사람과 함께 서로의 글에서 개선되어야 할 부분은 무엇인지 이야기해 보자. 그리고 그 부분을 고쳐서 다시 써 보자.

자기평가

자신이 이 장의 내용을 잘 이해했는지, 배운 대로 글을 쓸 수 있게 되었는지 아래의 질문에 답해 보자.

- 참고자료를 읽고 인용할 내용을 잘 선별할 수 있었는가?
- 참고자료를 활용해 과제의 핵심 내용을 충분히 설명할 수 있었는가?
- 글의 흐름에 맞게 참고자료의 내용을 인용할 수 있었는가?

7

참고자료 활용하여 쓰기(2)

나의 견해를 뒷받침하는 글 인용하여 쓰기

들어가기

'인간은 본래 선한 존재라고 생각하는가? 아니면 악한 존재라고 보는가? 성악설과 성선설 중 하나를 선택하여 자신의 입장을 밝히라.'

'유전자 가위 기술은 인류에게 축복인가 재앙인가? 이에 대한 자신의 생각을 쓰라.'

글쓰기 과제 중에는 하나의 쟁점을 놓고 대립되는 입장 중에서 하나를 선택하여 자신의 논지를 밝혀 쓰는 유형이 있다. 이러한 글을 쓸 때에는 나의 입장을 명확하게 밝히고 논리적인 근거를 들어 독자를 설득하는 것이 중요하다. 이때 글의 설득력을 더 높이기 위해서는 나의 견해를 뒷받침해 줄 자료를 글에 적절하게 인용해야 한다.

알아보기

나의 견해를 뒷받침해 줄 참고자료를 인용해 글을 쓰는 과정을 알아보자.

1 주제와 쟁점 파악하기

먼저 핵심어와 쟁점이 무엇인지 이해한다. 아래의 과제에 대한 보고서를 쓰기 위해서는 핵심어인 '표현의 자유'의 의미를 잘 알아야 한다. 이를 위해 핵심어의 개념을 알 수 있는 참고자료를 찾아 의미를 이해하고 쟁점을 파악한다.

예술에서 표현의 자유를 규제하는 것이 옳다고 생각하는가? 이에 대한 자신의 의견을 쓰라.

참고자료 1

표현의 자유의 의미

표현의 자유는 민주주의 발전에 필연적인 기본권 중 하나이다. 표현의 자유란 정부를 포함해 그 누구의 제한도 받지 않고 자유롭게 생각하고 자유롭게 의견을 말하고, 쓰고, 인쇄하고, 공표할 수 있는 자유이자 권리를 의미한다. 표현의 자유에 대한 보장 없이 민주주의를 기대할 수는 없다. 동서양을 막론하고 오랜 세월에 걸친 투쟁을 거쳐 이룩한 민주주의의 역사는 말을 막으려는 자와 자유롭게 말을 하고자 하는 자들 사이에 일어나는 갈등과 조정 과정이라고도 요약할 수 있을 만큼, 표현의 자유는 인간이 추구하는 모든 자유 중 가장 으뜸이 되는 자유일 뿐만 아니라 표현의 자유가 보장되어야만 다른 자유도 비로소 누릴 수 있는 것이다.

표현의 자유가 필요한 이유

김영호. 『방송심의』. 서울: 커뮤니케이션북스, 2014. 6쪽.

논쟁의 쟁점
▷ 예술에서 표현의 자유가 중요한 이유는 무엇인가? 그럼에도 불구하고 표현의 자유를 규제해야 한다면 그 이유는 무엇인가?

2 입장 결정하고 글의 구조 계획하기

다음으로는 쟁점에 대한 나의 입장을 결정하고 이유와 근거를 메모하면서 전체적인 글의 내용을 구성한다. 이때 나의 글에 전문적인 지식이나 견해가 뒷받침되어야 하는 곳을 찾아 인용에 대한 계획을 세운다.

주제문: 예술에서 표현의 자유는 보장되어야 한다.

이유: 1) 표현의 자유를 규제하면 예술의 존재 가치가 훼손될 수 있다.

→ 예술의 존재 가치는 창조성이라는 예술의 특성에 기인함. 따라서 표현의 자유를 규제하는 것은 예술의 존재 가치를 훼손시킬 수 있음.

(★이 부분에 대한 참고자료 인용할 것!)

2) 표현의 자유를 규제하면 권력 집단이 이를 악용할 수 있다.

→ 오히려 한 사회의 정치·경제·문화가 후퇴할 수 있음.

3 참고자료를 찾아 선별하기

위에 메모한 내용만 가지고도 한 편의 글을 쓸 수는 있지만 나의 입장을 뒷받침해 줄 수 있는 전문가의 견해를 적절하게 인용하면 글의 설득력을 더 높일 수 있다. 주제와 관련한 권위 있는 참고자료들을 찾아 읽고 아래와 같이 인용할 부분을 찾아 표시를 한다.

<검색한 자료 목록>

◇ 단행본

- 김영호. 『방송심의』. 서울: 커뮤니케이션북스, 2014.

◇ 학술 논문

- 장재옥·이인호. 「정보화 예술의 자유; 예술 표현의 자유와 한계를 중심으로」. 『중앙법학』 4-2(2002): 119-117.

◇ 칼럼

- 김준기. 「김준기의 사회예술 비평(29); 표현의 자유」. 경향신문, 2015년 9월 11일.

참고자료 2

인간은 예술이라는 창조적 활동을 통해 그의 인격을 발현시켜 나간다. 또한 예술은 공동체의 정신적 유산을 형성하며 공동체 특유의 문화를 발전시켜 나간다. 예술의 본질은 개인적 기분, 인상, 느낌, 경험을 특별한 형태의 언어로 표현하는 것이다. 예술은 그 무엇에도 구속받지 않는 창조성을 지니고 있다. 또한 기존의 것을 부정하는 혁신성을 지니고 있다. 또한 예술은 객관화되거나 체계화되기 어렵다는 점에서 높은 수준의 주관성을 지닌다.

장재옥 · 이인호.「정보화 예술의 자유; 예술 표현의 자유와 한계를 중심으로」. 『중앙법학』4-2(2002): 121-122쪽

예술의 본질적 특성, 첫 번째 이유와 관련됨. ▷ 인용할 것

4 초고 쓰기

2 의 개요를 바탕으로 초고를 쓴다. 초고를 쓸 때에는 어휘나 문법보다는 글의 전체 내용을 생각하면서 빠른 속도로 써 내려간다.

예술의 전제, 표현의 자유

예술에서 표현의 자유를 규제하는 것에 대한 다양한 의견이 있다. 최근 이 화제는 '혐오 표현, 사회적 약자'와 같은 문제와 결부되면서 찬반 논쟁이 심화되는 양상을 보인다. 사회 질서를 위해 표현의 자유를 규제해야 한다고 보는 견해도 있지만 예술이 예술 작품으로서 갖는 가치를 실현하기 위해서는 표현의 자유가 보장되어야 할 것이다. 사회 질서를 위해 표현의 자유를 통제하는 것은 예술의 본질적 특성인 창조성과 상반되기 때문이다. 집단을 위해 개인이 지닌 표현의 자유를 통제하면 예술의 본질적 특성에 기인하는 예술 작품의 존재 가치가 사라지게 된다.

예술의 본질적 특성 추가할 것

5 참고자료의 내용 인용하기

초고를 다시 읽으면서 어느 부분에 참고자료를 인용해야 하는지를 판단한다. 그리고 적절한 방식과 표현을 사용해 참고자료의 내용을 인용한다. 그다음에는 인용한 내용에 대한 나의 해석을 덧붙인다.

예술을 위한 최소한의 전제, 표현의 자유

예술에서 표현의 자유를 규제하는 것에 대한 다양한 의견이 있다. '길거리에 설치된 조각품, 벽에 그려진 낙서 형태의 그림, 청소년이 듣기에 적절하지 않은 노래 가사'와 관련된 사회적 이슈가 이 주제와 관련있다. 최근에는 '혐오 표현, 사회적 약자 보호'와 같은 문제와 결부되면서 표현의 자유에 대한 논쟁이 심화되는 양상을 보인다. 예술의 고유 가치를 지키기 위해 모든 예술 작품에서 표현의 자유를 허용해야 하는가? 아니면 어떤 예술 작품은 누군가에게 폭력으로 다가올 수 있기 때문에 표현의 자유를 규제해야 하는 것이 옳은가?

이와 관련하여 다양한 의견이 있지만 예술이 예술 작품으로서 갖는 가치를 실현하기 위해서는 표현의 자유가 보장되어야 한다고 본다. 사회 질서를 위해 표현의 자유를 통제하는 것은 예술이 지닌 본질적인 특성과 상반되며 이는 예술의 존재 가치를 훼손시킬 수 있기 때문이다. 실제로 장재옥·이인호(2002:121)에서는 예술의 특성으로 '창조성, 혁신성, 주관성'을 꼽은 바 있다. 예술은 어떤 것에도 구속받지 않으며 과거의 것을 부정함으로써 탄생된다는 것이다. 또한 예술 작품에는 예술가의 개인적 경험이나 느낌이 투영되어 있기 때문에 일정한 기준에 의해 객관화되기 어렵다고 하였다. 장재옥·이인호(2002)에서 언급한 예술의 특성은 단순한 예술의 특징이 아니라, 인류 문명을 발전시켜 온 예술의 기능과도 직결된 것이다. (후략)

참고자료의 내용을 간접 인용

인용한 내용에 대한 나의 해석을 덧붙임

6 고쳐 쓰기

글을 다시 한 번 읽어 보고 흐름이 매끄러운지, 참고자료의 내용이 글의 앞뒤 맥락에 적절하게 인용되었는지 확인한다.

- 글의 전체 흐름이 주제에 맞게 일관성을 갖추고 있는가?
- 참고자료에 대한 인용이 적절하게 이루어졌는가?
- 참고자료의 내용이 나의 견해를 잘 뒷받침하고 있는가?
- 참고자료의 내용에 대해 나의 해석을 잘 덧붙였는가?

확인하기

✔ 다음은 아래의 과제를 보고 대학생이 쓴 보고서의 일부이다. 잘 읽고 질문에 답해 보자.

최근 전 지구적으로 발생하고 있는 기상이변 현상이 인간 활동으로 인한 결과인지, 지구의 자연적인 기온 변동으로 인한 현상인지에 대한 논의가 뜨겁다. 두 관점 중 하나를 선택하여 자신의 입장을 밝혀 쓰라.

최근 전 지구적 차원에서 지구 온난화 문제에 대한 관심이 모아지고 있다. 지구 온난화란 지구 표면의 평균 온도가 상승하는 현상을 말한다. 현재 세계 각국에서는 지구 온난화로 인한 각종 이상 기후 현상이 발생하여 인적·물적 피해가 초래되고 있다.

이 지구 온난화 현상을 자연스러운 기후 변화 현상의 일종이라고 보는 입장도 존재한다. 이들은 지구는 역사적으로 늘 기후 변화를 경험해 왔으며 예전에 빙하기가 존재했던 것처럼 현재는 온난기에 들어서 있는 것일 뿐이라고 말한다. 지구의 평균 온도가 지금까지 지속적으로 변동해 왔다는 사실 자체는 부정할 수는 없지만, 현재의 지구 온난화 현상을 초래하고 있는 원인이 단지 '자연의 순리'에만 있다고 단정하기는 어렵다. 왜냐하면 인간의 경제 활동이 지구 온난화 현상을 가속화하고 있음을 증명하는 근거들이 많기 때문이다.

먼저 산업혁명 이후 화석연료의 사용이 크게 증가했다는 것을 입증하는 연구가 많다. 먼저 문하영(2008:12)은 산업혁명 이전의 대기 중 이산화탄소 농도는 280ppm이었으나, 2005년에는 379ppm으로 35%나 증가했다고 하였다. 이 연구에서는 인간이 화석연료를 지금과 같이 사용할 경우 2100년까지 대기 중 이산화탄소 농도가 540~970ppm으로 증가하며 지구 평균기온은 최대 6.4도 상승할 것이라고 보는 견해가 국제 과학계에서 일반적이라고 덧붙였다.

- 1 -

〈참고문헌〉

문하영. 『지구 변화의 경제학』. 서울: 매경, 2008.

Houghton John Theodore. 『지구온난화』. 2004. 이민부·최영은 역. 파주: 한울아카데미, 2009.

권오성·김정수. 「3년째 평균기온 최고치 경신; 온난화 폭주하는 지구」. 『한겨레』. 2017년 1월 19일. A2면

-7-

(1) 필자는 지구 온난화에 대해서 어떤 입장을 취하고 있는가?

(2) 위의 글에는 어떤 참고자료가 인용되어 있는가? 인용된 자료의 내용은 무엇인가?

(3) 자료가 인용됨으로써 어떤 효과가 발생했다고 생각하는가?

연습하기 1

✔ 나의 견해를 뒷받침해 줄 참고자료를 인용해 글을 쓰는 연습을 해 보자.

1. 다음의 과제에 대한 에세이를 쓰고자 한다. 글을 쓰기 전에 아래의 질문에 답해 보자.

도시의 치안 강화를 위해 CCTV(closed circuit television)를 증설해야 하는가?

· CCTV의 증설 여부에 대한 논의에서 쟁점은 무엇이겠는가?

· CCTV의 증설을 반대하는 입장의 글을 쓴다면 어떠한 내용으로 구성해야 하겠는가?

2. 나의 견해를 뒷받침할 참고자료를 인용해 글을 쓰려고 한다. 다음 제시된 참고자료 가 와 참고자료 나 를 읽고 둘 중 어느 것을 나의 글에 인용하는 것이 적절할지 판단해 보자.

참고자료 가

이상에서 강남구의 CCTV 설치에 대해 첫 보도가 이루어진 2002년 10월을 전후하여 범죄건수의 변화를 살펴보았다. 이 분석결과는 다음의 몇 가지로 요약할 수 있다.

첫째, 강도범죄와 절도범죄의 경우 일관되게 강남구의 CCTV 설치보도 후 강남구에서 줄어드는 것으로 나타났다. 그러나 강간, 살인, 폭행범죄와 같은 표출적 범죄의 경우 CCTV 보도로 인한 범죄의 억제효과가 나타나지 않았다.

둘째, CCTV가 강남구에서만 설치됨으로써, 범죄의 전이가 나타날 수도 있었지만, 자료의 분석결과는 오히려 혜택의 확산이 일어났음을 보여준다. 다시 말해서 강남구에서 최초로 CCTV가 설치된다는 것이 보도됨으로써, 강남구와 인접한 서초, 수서, 송파, 광진구에서도 강도와 절도의 감소가 나타났다.

셋째, 이러한 혜택의 확산은 CCTV 설치보도의 전후 각 6개월을 기준으로 분석한 것보다는 전후 각 3개월을 기준으로 분석한 결과에서 더 강하게 나타났다. 이것은 혜택의 확산이 단기적으로 더 강하게 나타난다는 것을 보여준다.

이상의 분석결과는 CCTV의 설치로 인한 물리적 환경의 변화가, 주로 감정을 표출하는 살인, 폭행, 강간 등의 범죄에는 별다른 효과가 없지만, 상대적으로 합

리적으로 선택되는 범죄인 강도나 절도범죄에 대해서는 범죄예방효과가 있다는 점을 보여준다. (후략)

박철현·최수형.「서울시 강남구의 CCTV 설치가 범죄예방에 미치는 효과」.『형사정책연구』 20-3(2009): 234쪽.

참고자료 나

다원화, 정보화된 현대 사회에서 범죄는 날로 흉포화, 기동화, 치밀화되어 가고 있고 범죄를 예방하고 제거하여 국민의 안녕과 질서를 유지해야 하는 경찰에게는 예산, 인력, 장비상의 한계가 존재하여 대처에 어려움을 겪고 있다. 이러한 한계를 보완해 줄 수 있는 가장 적절한 수단이 CCTV의 설치 및 활용이다. CCTV의 적절한 설치 및 운영은 앞에서 살펴본 듯이 직접적인 범죄의 예방과 억제효과를 가져올 뿐 아니라 실제 발생한 사건에 대하여 범인의 발견과 체포를 용이하게 해 주며, 이에 수반하여 일반 국민에게도 범죄에 대한 두려움을 감소시켜 주는 효과가 있다. 또한 범인의 체포뿐만 아니라 녹화된 CCTV로 인하여 증거획득과 확보를 쉽게 하여 범인의 처벌에 결정적으로 기여할 수 있다. 더불어 일반 국민의 법감정 역시 CCTV의 설치·운영에 호의적이므로 추후 지속적으로 CCTV는 설치·운영되어 범죄의 예방과 수사 등에 도움을 줄 수 있을 것이다. 경찰작용은 전형적인 침해 작용이므로 엄격한 법률의 근거를 요하는 바 CCTV의 설치와 운영을 위해서는 좀 더 체계화된 법률의 근거가 필요하다. 물론 CCTV의 설치와 운영은『헌법』제10조 후문에서 규정하는 국가의 기본권 보장의무를 근거로 한다고 해석할 수 있지만 좀 더 구체적으로 여러 개별 법률에서 설치와 운영의 근거를 확실히 하여야 한다. 현재의 입법례는 여러 법률에서 CCTV의 설치, 운영, 사용 등을 규정하고 있으나 이를 조금 더 구체화, 체계화하여 단일법률에서 법률적 근거를 마련하는 방법도 생각해 볼 수 있다. (후략)

박창석.「범죄예방과 수사를 위한 경찰CCTV의 필요성과 문제점」.『법학논총』 18-1(2011): 216-217쪽.

3. 위에서 선택한 참고자료를 인용하여 글을 쓰고자 한다. 참고자료를 다시 한 번 읽으면서 인용할 부분에 밑줄을 쳐 보자.

4. 밑줄 친 참고자료의 내용을 다음 문장 뒤에 연결하여 쓰고자 한다. 정확한 표현을 사용하여 참고자료의 내용을 인용해 보자.

첫째, CCTV가 모든 범죄를 예방할 수는 없다. CCTV가 도시에 다수 설치되면 계획적인 범죄는 낮출 수는 있으나 우발적인 범죄에는 영향을 미칠 수 없을 것이다. 왜냐하면 계획범죄라는 말 자체에서도 알 수 있듯이 범죄자는 범죄를 계획하는 단계에서 주변 환경에 대해서 사전 조사를 행할 가능성이 높기 때문이다.

5. 위의 참고자료 외에 다음의 참고자료의 내용도 글에 인용하고자 한다. 참고자료 다 에서 어느 부분을 인용할지 밑줄을 친 후, 적절한 인용 표현을 사용하여 써 보자. 그 다음 이에 대한 자신의 의견을 덧붙여 문단을 완성해 보자.

참고자료 다

(전략) CCTV 설치가 범죄 예방 효과는 크지 않은 반면 승객들의 사생활을 침해할 우려가 크다는 이유로 반대하는 목소리도 높다. 회사원 권모(45)씨는 "일거수일투족이 고스란히 촬영된다는 사실 자체가 불쾌할 때가 많다"며 "과연 CCTV 설치가 실제 범죄를 줄여주는 것에 기여할지도 의문"이라고 말했다.

서울시 시민인권보호관은 CCTV의 시민 사생활 침해 가능성을 조사한 '서울 지하철 객실 내 CCTV에 의한 인권침해 사건 조사결과'를 내놓기도 했다.

당시 조사를 담당한 시민인권보호관 연구원은 "조사결과에 따르면 지하철 내 성범죄 사건의 62.8%가 출·퇴근 시간대에 발생하지만 사람이 붐비는 탓에 전동차 앞뒤 천장에 설치된 CCTV로는 승객의 머리 윗부분만 확인할 수 있어 범죄를 적발해내기도, 예방하기도 쉽지 않다"고 설명했다. 이 관계자는 또 "전동차에 설치된 CCTV는 평소에 기관사의 임의조작과 승객의 얼굴 식별이 가능할 뿐 아니라 여름철에는 승객의 신체와 속옷 등이 노출될 수 있어 설치 운영 시 각별한 주의가 필요하다"고 덧붙였다.

이동호 인천대 안전공학과 교수는 "CCTV가 있다 해도 이를 충분히 모니터링하고 관리할 인력이 충분히 확보되어 있는지가 문제"라며 "CCTV 설치 하나만 생각할 게 아니라 인력 운용, 시민 사생활 보호 등 여러가지 측면을 함께 고려해 신중히 결정 내려야 한다"고 말했다. (후략)

김보영. 「"범죄예방" VS "사생활 침해"…지하철 CCTV 어떻게 생각하십니까」. 이데일리, 2018년 4월 10일.

연습하기 2

다음의 과제에 대한 보고서를 쓰고자 한다. 자신의 견해를 뒷받침할 수 있는 참고자료를 찾아 인용하여 한 편의 보고서를 완성해 보자.

GMO 식품의 생산 및 유통을 활성화해야 하는가?

1. 다음은 과제와 관련된 질문들이다. 질문에 대해 옆 사람과 같이 이야기하면서 어떤 내용을 써야 할지 정리해 보자.

· GMO란 무엇인가?

· GMO 식품에 대한 논의의 쟁점은 무엇인가?

· GMO 식품에 대한 나의 입장은 무엇인가?

2. 어떠한 내용으로 글을 구성할 것인지 생각해 보고 개요로 정리해 보자.

3. 개요에서 참고자료의 인용이 필요하다고 생각되는 부분에 표시해 보자.

4. 다음은 주제와 관련된 참고자료의 목록이다. 아래의 참고자료를 찾아 읽고 인용할 부분을 선별해 보자.

◇ 단행본

- 박수철 외. 『GMO 바로 알기』. 서울: 식안연, 2015.
- 최낙언. 『모든 생명은 GMO다; GMO에 대한 합리적인 생각법』. 서울: 예문당, 2016.
- Robin, Marie-Monique. (2009). 『몬산토 : 죽음을 생산하는 기업』, 이선혜 역. 파주: 이레, 2009.

◇ 신문 기사

- 윤승민. 「밥상 위의 GMO, 거부권이 없다; 안전성·범위 논란 '현재진행형'」. 경향신문, 2016년 9월 19일.

◇ 컬럼

- 이철호. 「GMO식품 안전성, 과학계 목소리 들어야」. 한국경제, 2016년 10월 25일.

5. 제시된 참고자료 외에 자신의 견해를 뒷받침할 참고자료를 더 찾아 읽고 인용할 부분을 선별해 보자.

6. 인용할 자료의 내용을 바탕으로 하여 한 편의 보고서를 완성해 보자.

7. 옆 사람과 쓴 글을 바꿔 읽어 보자. 글을 읽으면서 아래의 항목을 충족하고 있는지 평가해 보자.

- 참고자료의 내용이 나의 견해를 잘 뒷받침하고 있는가?
- 참고자료의 내용에 대해 나의 해석을 잘 덧붙였는가?
- 인용 표현이 올바르게 사용되었는가?

8. 옆 사람과 함께 서로의 글에서 개선되어야 할 부분은 무엇인지 이야기해 보자. 그리고 그 부분을 고쳐서 다시 써 보자.

자기평가

자신이 이 장의 내용을 잘 이해했는지, 배운 대로 글을 쓸 수 있게 되었는지 아래의 질문에 답해 보자.

- 자신의 견해를 뒷받침할 참고자료를 선별할 수 있었는가?
- 참고자료의 내용을 적절하게 인용할 수 있었는가?
- 인용한 부분에 대해 나의 견해를 덧붙일 수 있었는가?

8

참고자료 활용하여 쓰기(3)

나의 견해와 반대되는 글 인용하여 쓰기

들어가기

'이종 배아 실험은 허용되어야 하는가? 이에 대한 자신의 견해를 쓰라.'

'개인 정보 수집법은 효율적인 국가 통제를 위해 필요하다는 주장에 대해 어떻게 생각하는가? 이에 대한 자신의 의견을 근거를 들어 제시하라.'

찬반 논쟁이 있는 주제에 대한 보고서를 쓸 때에는 나와 반대된 입장에서 기술된 자료를 인용해야 하는 경우가 있다. 이렇게 하면 양쪽 입장을 객관적으로 이해한 상태에서 자신의 주장을 펼치고 있다는 것을 독자들에게 알릴 수 있다. 또한 반대 입장이 갖는 한계를 지적하고 이를 반박함으로써 글의 설득력을 높일 수 있다.

알아보기

✎ 자신과 반대되는 견해를 가진 참고자료를 인용해 글을 쓰는 과정을 알아보자.

1 핵심어와 쟁점 파악하기

먼저 핵심어와 쟁점이 무엇인지 이해한다. 아래의 과제에 대한 보고서를 쓰기 위해서는 핵심어인 '방송 사전 심의 제도'가 무엇인지 이해한 후 이와 관련하여 어떤 쟁점이 있는지 알아보아야 한다.

> 방송 사전 심의 제도에 대한 자신의 견해를 밝혀 쓰시오.

참고자료 1

방송심의의 개념 ⇒ 방송심의는 방송의 공적책임을 강화하기 위해 이루어지는 내용규제로, 현재 방송통신심의위원회에서 '방송심의에 관한 규정'에 따라 방송내용을 심의하고 문제되는 내용을 제재하고 있다. 방송심의는 포괄적으로 방송사 내의 사전심의도 포함하고 있으나, 이는 자율적 심의로서 한계를 지니고 있으며, 실질적으로는 방송통신심의위원회의 사후심의가 가장 중요한 역할을 담당한다. (중략)

쟁점 ⇒ 방송심의에 있어서 가장 중요한 논란은 방송심의가 표현의 자유라고 하는 헌법적인 가치를 훼손하는지에 대한 것이다. 방송심의가 사후심의라고는 하나, 궁극적으로 이후 방송내용에도 영향을 미친다는 점에서 위헌의 '소지'가 있고, 특히 방송위원회가 '보도'까지 심의하는 것은 국가 권력을 감시하고 견제해야 하는 언론을 오히려 국가가 감시하는 격이라고 비판하고 있다(강남준, 2006). 또한, 방송법상 심의결과는 방송사 재허가 시 평가 점수에 반영되어 이중 부담이 되고 있으며, 명예훼손, 음란물 처벌 등 타 법률이나 다른 규제조항 등으로 해결할 수 있기 때문에 상설심의위원회를 두어 내용을 규제한다는 것은 문제가 있다(최영묵, 2005)는 지적도 있다. 위의 지적에도 불구하고 현재까지는 구 방송위원회의 심의가 사후 심의로서 공익을 위한 것이기 때문에 적법한 것으로 평가받고 있다. (후략)

(반대 입장: "방송내용에도 영향을 … 비판하고 있다" / 찬성 입장: "구 방송위원회의 심의가 … 평가받고 있다")

이창현. 「공정성 관련 방송심의를 둘러싼 사회적 갈등 분석」. 『방송통신연구』 11(2001): 46-48쪽.

방송 심의: 방송의 공공성을 강화하기 위해 방송 내용을 규제하는 것

▷ 쟁점: 방송 심의가 표현의 자유라는 헌법 가치를 훼손하는가?

▷ 찬성(공익을 위해 필요) vs 반대(표현의 자유 침해)

2 입장 결정하고 글의 구조 계획하기

다음은 쟁점에 대한 나의 입장을 결정한 후 이를 뒷받침할 수 있는 근거를 생각하며 글의 전체 흐름을 계획한다. 이때 다음을 생각하며 인용이 필요한 곳을 판단한다.

- 독자들에게 나의 주장을 객관적으로 전달해야 할 부분은 어디인가?
- 나와 반대되는 입장에서 지적할 가능성이 있는 부분은 어디인가?
- 반대 입장에서 제시한 근거 중 내가 반박할 수 있는 부분은 어디인가?

주제문: 방송 심의를 통한 공익 추구보다 표현의 자유 보장이 우선되어야 한다.

이유: 1) 자율 규제를 통해 공정성과 객관성을 스스로 확보할 수 있음.

→ 타율 규제 기관은 정치권의 영향을 받을 수 있음.

(★이 부분에 참고자료 인용할 것!)

2) 방송에 대한 검열은 표현의 자유를 억압하는 것으로 헌법에 위배됨.

→ 방송과 보도의 자유는 반드시 지켜져야 할 중요한 권리임.

3 참고자료를 찾아 선별하기

참고자료를 검색할 때에는 반대 입장에서 제시하는 근거들이 잘 정리되어 있는 자료를 선택하는 것이 좋다. 선별한 참고자료를 읽으면서 반박할 수 있는 내용을 찾아 표시한다.

<선별한 자료 목록>

◇ 단행본

- 김영호. 『방송심의』. 서울: 커뮤니케이션북스, 2014.

◇ 학술 논문

- 박경신. 「방송 공정성 심의의 헌법적 한계」. 『민주법학』 48(2012): 239-275.
- 윤석민·박아현. 「방송통신 융합시대 방송의 공익성과 내용규제정책」. 『방송통신연구』 66(2008): 209-232.

◇ 신문 기사

- 최성준. 「품격 높은 언어문화 확산 위한 방송의 역할」. 한국일보, 2016년 11월 27일.

참고자료 2

방송심의 제도가 유지되어야 하는 근거 ▷ 인용할 것

자율 심의 제도의 한계 ▷ 인용할 것

그렇다고 이를 완전히 자율 심의에만 맡기기에는 그렇잖아도 정치권력으로부터 독립성과 공정성을 의심받는 방송사 스스로의 판단과 평가를 신뢰할 수 있느냐는 문제와 지상파 방송을 제외하면 과연 이를 제대로 수행할 만한 역량을 갖춘 방송사가 얼마나 될 것인가 하는 현실적인 문제가 대두된다. 또한 한국방송협회와 한국케이블TV협회 등 방송 사업자 단체 산하에 법조계, 학계, 언론계, 시민단체 등의 추천으로 구성한 위원회를 설치해 심의를 하자는 방안(방윤현, 2009) 역시 개별 방송 사업자에서 단체로 바뀌었을 뿐 결국은 위원회 구성 등에서 주도권을 쥐고 있는 방송사업자들에게 심의를 맡기는 것이기 때문에 완전 자율 심의로 넘기자는 방안과 크게 다를 바 없다고 생각한다. 더욱이 다채널 시대를 맞아 날이 갈수록 경쟁이 심해지는 방송 환경에서 방송사 스스로의 자율 심의나 사업자 단체에 심의를 맡기는 것은 심하게 표현하면 '고양이한테 생선 맡기는' 격이 될 수도 있기 때문이다. (후략)

김영호. 『방송심의』. 서울: 커뮤니케이션북스, 2014. 108쪽.

4 초고 쓰기

2 에서 계획한 글의 내용을 바탕으로 초고를 쓴다. 초고를 쓸 때에는 어휘나 문법보다는 글의 전체 내용을 생각하면서 빠른 속도로 써 내려간다.

방송 심의 제도의 문제점과 대안

방송에서 심의 문제는 그 정당성이나 타당성을 두고 여러 가지 대립되는 주장이 있을 수 있는 주제이다. 방송심의는 방송의 공적 책임을 강화하기 위해 방송 내용을 규제하는 것이다. 방송심의는 방송의 공공재로서의 성격을 우선할 것인지, 표현의 자유를 우선할 것인지에 따라 서로 의견이 첨예하게 갈리는 문제라고 할 수 있다.

방송심의는 다음과 같은 점에서 우리사회에서 더 이상 불필요한 제도이다. 먼저, 방송심의위원회와 같은 타율 규제 기관보다는 자율 규제 기관을 통해서도 방송의 공공성을 지킬 수 있다. 즉, 방송을 직접 제작하고 내보내는 방송사나 언론인, 시민단체 등으로 구성된 자율 규제 기관을 두는 것이 방송에 대한 책임 의식을 높이고, 스스로 공정성을 확보할 수 있는 방법일 것이다.

둘째, 방송을 특정 기관이 사전 또는 사후에 심의를 한다는 것은 곧 표현의 자유를 제한하는 것이다. 특히 제도적으로 뉴스 보도에 대한 심의까지 하는 것은 언론의 자유를 심각하게 침해하는 것으로 헌법 정신에 위배된다고 할 수 있다. (후략)

5 참고자료의 내용 인용하기

참고자료를 인용할 때에는 서로 반대되는 입장이 분명하게 드러날 수 있는 곳을 선택하는 것이 좋다. 그다음 참고자료 2 에서 밑줄 친 부분을 적절한 인용 표현을 사용하여 인용하고 이에 대한 나의 해석을 덧붙인다. 이때 인용한 내용을 일부 인정하면서 한계를 지적하거나, 논리적으로 반박하며 나의 주장을 강조한다.

방송 심의 제도의 문제점과 대안

방송에서 심의 문제는 그 정당성이나 타당성을 두고 여러 가지 대립되는 주장이 있을 수 있는 주제이다. 방송 심의는 방송의 공적 책임을 강화하기 위해 방송 내용을 규제하는 것이다. 방송 심의는 방송의 공공재로서의 성격을 우선할 것인지, 표현의 자유를 우선할 것인지에 따라 서로 의견이 첨예하게 갈리는 문제라고 할 수 있다. (중략)

방송 심의는 다음과 같은 점에서 우리사회에서 더 이상 불필요한 제도이다. 먼저, 방송심의위원회와 같은 타율 규제 기관보다는 자율 규제 기관을 통해서도 방송의 공공성을 지킬 수 있다. 즉, 방송을 직접 제작하고 내보내는 방송사나 언론인, 시민 단체 등으로 구성된 자율 규제 기관을 두는 것이 방송에 대한 책임 의식을 높이고, 스스로 공정성을 확보할 수 있는 방법일 것이다. 방송 심의 제도를 찬성하는 입장에서는 이미 정치권력으로부터의 독립성과 공정성을 의심받는 방송사의 판단과 평가를 신뢰할 수 없으며, 다채널 시대의 경쟁 구도에서 방송사에게 자율 규제를 맡기는 것은 바람직하지 않다고 주장한다. **물론** 방송사가 시청률을 위해 선정적이거나 자극적인 콘텐츠를 제작하는 경우도 있다는 점에서 **이러한 주장도 일리가 있다. 하지만** 방송사가 높은 시청률을 추구하는 것은 자연스러운 일이라는 점에서 이것만으로 방송사가 스스로를 규제할 능력이 없다고 보는 주장은 **설득력이 떨어진다.** 오히려 자율 심의 제도를 시행하면, 방송 콘텐츠에 대한 1차 책임을 방송사가 지도록 하는 효과가 있어 스스로 방송 내용을 자정할 수 있는 기회가 될 것이다. 또한 방송사를 견제할 수 있도록 시민 단체를 심의 과정에 참여하게 하면 공정성 문제도 해소할 수 있다고 여겨진다.

둘째, 방송을 특정 기관이 사전 또는 사후에 심의를 한다는 것은 곧 표현의 자유를 제한하는 것이다. 특히 제도적으로 뉴스 보도에 대한 심의까지 하는 것은 언론의 자유를 심각하게 침해하는 것으로 헌법 정신에 위배된다고 할 수 있다. (후략)

참고자료의 내용을 간접 인용

반대 입장을 일부 인정

반대 입장이 설득력이 떨어진다는 점을 지적

반대 입장을 반박 + 대안 제시

6 고쳐 쓰기

초고를 작성한 후 쓴 글을 읽으면서 고쳐 써야 할 부분이 없는지 확인한다. 글을 점검할 때는 다음과 같은 점을 고려한다.

- 글의 전체 흐름이 주제에 맞게 일관성을 갖추고 있는가?
- 참고자료에 대한 인용이 적절하게 이루어졌는가?
- 참고자료의 내용이 나의 견해를 잘 뒷받침하고 있는가?
- 참고자료의 내용에 대해 나의 해석을 잘 덧붙였는가?

확인하기

✔ 다음은 아래의 과제를 보고 대학생이 쓴 보고서의 일부이다. 잘 읽고 질문에 답해 보자.

최근 '보호수용법'을 적용하는 방안이 추진됨에 따라 엄벌주의적 형벌에 대한 논쟁이 있다. 우리 사회의 질서 유지를 위해 엄벌주의적 형벌은 불가피한 선택인가? 이에 대한 자신의 입장을 쓰라.

최근 '묻지 마 범죄' 등 사회 불안을 초래하는 강력 범죄가 잇따름에 따라 '보호수용법'의 필요성에 대한 논의가 활발하게 이루어지고 있다. '보호수용법'은 심각한 범죄를 일으킨 흉악범에 한해 형기를 다 마친 이후에도 최장 7년 동안 사회로부터 격리하도록 하는 법안이다.

이러한 '보호수용법'을 찬성하는 입장은 엄벌주의적 접근에 기초를 두고 있다고 볼 수 있는데, 이런 입장에서는 범죄 가해자에게 무거운 형벌을 내리고 나아가 사회와 격리함으로써 우리 사회의 안전을 최우선으로 지켜야 한다고 본다. 이헌(2014:66)에서는 '보호수용법'을 통해 재범을 방지할 수 있고, 나아가 범죄 예방 효과도 있어 다수의 국민을 강력범죄로부터 지킬 수 있기 때문에 반드시 필요하다고 강조하고 있다.

하지만 '보호수용법'과 같은 엄벌주의적 형벌은 범죄자도 한 사람의 국민이기 때문에 한 개인의 인권을 침해할 가능성이 있다는 점에서 정당화될 수 없다. 다수의 기본권을 보장하기 위해 한 개인을 언제든지 재범을 할 수 있는 잠재적 범죄자로 규정하고 사회로부터 격리하는 것은 이중 처벌에 해당하며, 나아가 개인의 자유를 빼앗는다는 점에서 또 다른 인권 침해에 해당한다. 실제로 국가인권위원회는 보호수용이 자유를 박탈한다는 점에서 이중 처벌의 가능성이 있다고 지적한 바 있다.

또한 강력 범죄의 재범을 방지하기 위해서는 주어진 형벌 내에서 충분히 자신의 죄를 반성하고 교화할 수 있도록 하는 방법이 우선적으로 마련되어야 한다. 무조건 엄벌을 내리고 사회로부터 격리를 하는 것이 재범을 방지할 수 있는 근본적인 대책은 아니다.

– 1 –

〈참고문헌〉

박상민. 「보호수용법안에 대한 비판적 분석과 입법론적 대안」. 『비교형사법연구』 18-2(2016): 145-172.

이헌. 『보호수용법(안) 관련 토론회』. 서울: 국가인권위원회, 2014.

김일창. 「인권위 '보호수용법 거듭처벌 소지… 바람직하지 않아」. 뉴스1, 2016년 11월 17일.

-7-

(1) 필자는 보호수용법에 대해 어떤 입장을 취하고 있는가?

(2) 위의 글에는 어떤 참고자료가 인용되어 있는가? 인용된 자료의 내용은 무엇인가?

(3) 자료가 인용됨으로써 어떤 효과가 발생했다고 생각하는가?

연습하기 1

✔ 자신의 견해와 반대되는 입장의 참고자료를 인용해 글을 쓰는 연습을 해 보자.

1. 다음의 과제에 대한 보고서를 쓰고자 한다. 글을 쓰기 전에 아래의 질문에 답해 보자.

> 안락사의 법적 허용에 관한 논란을 알아보고, 이에 대한 자신의 견해를 밝혀 쓰라.

· 안락사의 법적 허용과 관련된 논의에서 쟁점은 무엇이겠는가?

· 안락사 허용을 찬성하는 입장의 글을 쓴다면 어떠한 내용으로 구성해야 하겠는가?

주제문: 품위 있는 죽음을 선택할 권리를 위해 안락사는 허용되어야 한다.

이유: 1) 환자가 자신의 존엄성을 지키면서 죽음을 선택할 권리를 보장해야 한다.

→ 개인은 자기 자신의 신체와 생명에 대한 자기결정권을 가지므로 환자는 치료를 거부할 권리가 있고, 의사는 환자의 권리를 침해해서는 안 됨.

2)

→

2. 자신의 견해와 반대되는 입장의 참고자료를 인용해 글을 쓰려고 한다. 다음에 제시된 참고자료 가 와 참고자료 나 를 읽고 둘 중 어느 것을 나의 글에 인용하는 것이 적절할지 판단해 보자.

참고자료 가

우리는 "어떤 특수한 상황에서라면, 의사가 환자에게 자살할 수 있는 지식이나 수단(혹은 둘 다)을 제공하는 행위가 도덕적으로 허용 가능할 뿐만 아니라 더 나아가 법적으로도 허용되어야 한다"고 주장하고자 한다. 이런 식으로 의사가 환자의 자살을 도와주는 행위를 의사조력자살physician-assisted suicide이라 한다. 그리고 의사가 환자를 죽음에 이르게 하는 최종적인 인과 단계를 직접 수행했을 때, 따라서 결과적으로 그 환자를 죽인 것이라 말할 수 있을 때, 그것을 안락사라 부를 것이다.

의사원조 자살을 찬성하는 근거가 무엇인지 밝히는 것은 어렵지 않다. 그것은 주로 죽어가는 환자가 그 과정에서 가지는 권리, 즉 가능한 한 고통 없이 그리고 존엄하게 죽고 싶다는 권리에 기반한다. 그것은 또한 죽을 시기와 방법을 결정할 수 있는 환자의 권리에도 근거한다. 의사 결정의 자율성autonomy과 고통으로부터의 해방relief from pain은 우리 모두가 인정할 수 있는 중요한 가치들이다. 그러나 그 가치들을 인정하면서도, 많은 사람들은 그런 가치들을 위해 의사가 환자들의 죽음을 돕거나 혹은 환자들을 죽일 수 있도록 해야 한다는 주장에 대해서는 유달리 반대하고 있는 것 같다. 우리는 그런 반대 의견들이 잘못된 것이라고 생각한다. 따라서 그 반대 의견들이 잘못된 것임이 증명된다면, 결국 위에서 말한 '의료적으로 도움을 받는 죽음medically assisted dying'에 대한 찬성 근거들에 따라 우리가 원하는 결론이 도출되리라 믿는다.

우리 논변의 기본적인 전략은 본질적으로 '인간적 호소 논법ad hominem'이다. 즉 의료적으로 도움을 받는 죽음에 반대하는 사람들이 원하는 정책이 결국 우리가 바라는 것과 도덕적으로 다를 바 없음을 보이는 것이다. 이 논의는 의료적으로 도움을 받는 죽음에 대해 반대하는 사람들도 동의하는 다음과 같은 주장에서 출발한다. 즉 정상적인 판단력을 가진competent 환자라면 설령 자신이 죽는다는 것을 알고 있다 할지라도, 자신에게 제안된 치료법을 거부하거나 진행 중인 치료를 중지시킬 권리가 있다는 것이다. 그런데 이 점에 동의한다면, 환자가 의사원조 자살이나 안락사(어떤 특별한 조건 아래에 있는 환자라면)를 요구할 수도 있다는 사실과, 의료 종사자들도 특정 조건하에서 그 요구에 응할 수 있고 그것이 결코 범죄 행위로 취급되어서는 안 된다는 사실 또한 받아들일 수밖에 없을 것이다. 이것이 바로 우리 논변의 개괄적인 전략이다.

제럴드 드워킨 외. 『안락사논쟁』. 1998. 석기용 · 정기도 역. 서울: 책세상, 1999. 15-16쪽.

참고자료 나

이에 대해 반대론자들은 쐐기논증(the wedge argument)으로 대응한다. 그것은 다음과 같은 4단계의 논증으로 구성된다. 즉 첫째, 인간의 생명은 존엄하며 어떤 상황에서도 침해될 수 없다. 둘째, 그럼에도 불구하고 우리가 환자의 동의에 의해 인간 생명을 죽이는 자발적 안락사를 허용한다면, 이것은 미끄러운 경사길 쐐기의 얇은 끝(thin end of a wedge of a slippery slope)의 역할을 할 것이다. 셋째, 이로써 의사, 가족 구성원 및 이해 당사자들에 의해 남용될 가능성이 매우 높다. 넷째, 의사의 오진이 밝혀지고 새로운 처방의 가능성이 죽음 직후에 나타날 것이므로 어떤 경우에도 안락사는 허용돼서는 안 된다는 것이다.

결국 반대론자들은 이런 쐐기논증을 가지고 죽음의 허용(allowing to die) 자체를 반대한다. 티룩스에 의하면 이에 대한 반대논증의 근거는 다음과 같다. 첫째, 죽음을 허용하는 것은 죽어가는 사람을 포기하는 것과 같다. 둘째, 새로운 치료법의 발견 등 기적이 일어날 수 있다. 셋째, 생명은 결코 선택의 대상이 아니다. 넷째, 사람을 죽도록 허용한다는 것은 신의 신성한 계획에 간섭하는 것이다.

이을상. 『죽음과 윤리』. 서울: 백산서당, 2006. 283-284쪽.

3. 위에서 선택한 참고자료를 인용하여 글을 쓰고자 한다. 참고자료를 다시 한 번 읽으면서 인용할 부분에 밑줄을 쳐 보자.

4. 밑줄 친 참고자료의 내용을 다음 문장 뒤에 연결하여 쓰고자 한다. 정확한 표현을 사용하여 참고자료의 내용을 인용해 보자.

첫째, 환자가 자신의 존엄성을 지키기 위해 죽음을 선택할 수 있는 권리를 보장해야 한다. 즉, 인간은 자기 자신의 신체와 생명에 대한 자기결정권을 가지므로 환자는 고통에서 벗어나기 위해 치료를 거부할 수 있는 권리를 가지며, 의사는 환자의 권리를 침해해서는 안 된다.

5. 위의 참고자료 외에 다음의 참고자료의 내용도 글에 인용하고자 한다. 참고자료 다 와 참고자료 라 에서 어느 부분을 인용할지 밑줄을 친 후 적절한 인용 표현을 사용하여 써 보자. 그다음 이에 대한 자신의 의견을 덧붙여 단락을 완성해 보자.

참고자료 다

누군가의 생명을 죽일 수 있는 것이 권리로서 한번 고려되면, 치매나 혼수 상태에 빠진 환자의 요청이 그만큼 용이해질 것이다. 세계 최초로 안락사를 합법화한 네덜란드에서는 안락사당하는 환자들의 분명한 사전 허락(informed consent) 없이 안락사가 실행되었는데, 이는 비자의적 안락사의 실제적 사례로서 여러 차례 보고되고 있다. 다른 법들과 마찬가지로 안락사의 남용에 대한 엄격하고도 자발적인 적용이 없다면 위반은 일상화될 가능성이 많다. 네덜란드에서는 안락사 행위에 대한 의사의 보고가 10% 이하이며, 거의 완전하게 법적인 처벌 없이 진행되고 있다.

안락사에 대한 결정과정에서 환자 가족이 부담해야 할 경제적인 이해득실을 따져 유용성의 원리를 적용하다 보면 환자의 '죽을 권리'는 남은 가족들을 위해 '죽을 의무'로 변할 수 있다. 또한 안락사는 환자의 살려는 의지를 좌절하게 만들고 쉽게 포기하게 만드는 경향이 있다. 일단 안락사가 합법화될 경우 이러한 강요의 가능성을 배제할 수 없게 된다.

또한 생명권과 반대되는 개념으로 죽음의 권리는 오해의 소지가 많다. 안락사를 일종의 죽음의 권리로 이해하게 되면 마땅히 안락사를 선택해야 할 의무사항으로 여겨지기 쉽다. 안락사가 합법화되면 보다 간편하고 쉬운 방법으로 안락사를 선택하도록 요구하는 교묘하면서도 직접적인 강요를 받게 될 가능성이 많다. 특히 불치병이나 정신적, 신체적 결함을 지닌 장애인의 경우 삶의 질과 연관된 죽음의 권리는 이들에게 죽음을 선택하도록 강요하는 잘못을 범할 수 있다. (후략)

이종원. 「안락사의 윤리적 문제:의사조력자살을 중심으로」. 『철학탐구』 21(2007): 176-177쪽.

참고자료 라

이른바 '존엄사법'으로 불리는 '호스피스 · 완화의료 및 임종 과정에 있는 환자의 연명의료 결정에 관한 법률'(연명의료결정법)이 올해 2월 4일 시행된 후 10개월 만에 9만명에 가까운 사람들이 연명의료를 거부하고 자연스러운 죽음에 이르는 길을 택한 것으로 나타났다.

27일 국가생명윤리정책원에 따르면 이달 3일 기준 사전연명의료의향서 등록자는 8만6천691명으로 집계됐다. 남자 2만8천323명, 여자 5만8천368명이다.

사전연명의료의향서는 '나중에 아파서 회복 불가능한 상태에 빠졌을 때 연명의료를 받지 않겠다'는 의사를 미리 밝혀두는 서류로, 19세 이상이면 건강한 사람도 지정 등록기관을 통해 충분한 설명을 듣고 작성할 수 있다.

사전연명의료의향서 등록기관으로 지정된 기관은 94개다. 지역보건소 23개, 의료기관 49개, 비영리법인 및 단체 21개, 공공의료기관 1개 등이다. 의향서 등

록기관에는 약 1천200명의 상담사가 활동하고 있다. (중략)

같은 기간 말기 환자나 임종 과정 환자 중에서 더는 연명의료를 받지 않겠다고 연명의료계획서를 작성한 환자는 1만3천182명이었다. 남자 8천300명, 여자 4천882명이다.

연명의료계획서는 의료기관윤리위원회가 설치된 의료기관에서 담당 의사가 암 등의 말기 환자나 사망이 임박한 상태에 있는 환자로 판단 받은 환자를 대상으로 작성한다. 이 과정에서 환자 스스로 담당 의사에게 연명의료를 시행하지 않겠다거나 시행 중인 연명의료를 중단하겠다는 의사를 밝히면 된다.

김잔디. 「존엄사법 10개월…사전연명의료의향서 등록 9만명 육박」. 『연합뉴스』, 2018년 12월 27일.

연습하기 2

✔ 다음의 과제에 대한 보고서를 쓰고자 한다. 자신의 견해와 반대되는 입장의 참고자료를 찾아 인용하여 한 편의 보고서를 완성해 보자.

최근 국제 난민의 수용 문제가 전 세계적인 화두가 되고 있다. 국제 난민의 수용 문제에 대한 자신의 견해를 밝혀 쓰라.

1. 다음은 과제와 관련된 질문들이다. 질문에 대해 옆 사람과 같이 이야기하면서 어떤 내용을 써야 할지 정리해 보자.

· 국제 난민은 어떤 사람들을 가리키는가?

· 국제 난민의 수용에 대한 논의의 쟁점은 무엇인가?

· 국제 난민 수용에 대한 찬성과 반대 입장에서는 각각 무엇을 주장하겠는가?

2. 국제 난민의 수용에 **찬성하는 입장**에서 글을 쓴다면, 어떠한 내용으로 글을 구성할 것인지 생각해 보고 개요로 정리해 보자.

3. 개요에서 참고자료의 인용이 필요하다고 생각되는 부분에 표시해 보자.

4. 다음은 주제와 관련된 참고자료의 목록이다. 아래의 참고자료를 찾아 읽고 인용할 부분을 선별해 보자.

◇ 단행본

- 박흥순 외. 『국제기구와 인권, 난민, 이주』. 서울: 오름, 2015.
- 김대순. 『국제법론』. 서울: 삼영사, 2015.

◇ 학술 논문

- 권한용. 「난민문제에 대한 국제적 논의와 한국난민정책에 대한 시사점」. 『아주법학』 10-1(2016): 213-249.

◇ 신문 기사

- 김병수. 「EU, 더 꼬이는 난민문제, "더 못 받아" vs "이행 거부하면 처벌"」. 연합뉴스, 2016년 9월 19일.
- 진동영. 「한국서 돈 받으며 불법체류, '가짜 난민' 늘리는 난민법」. 서울경제, 2016년 9월 26일.

5. 제시된 참고자료 외에 자신의 견해와 반대되는 입장에서 쓰인 참고자료를 더 찾아 읽고 인용할 부분을 선별해 보자.

6. 인용할 자료의 내용을 바탕으로 하여 한 편의 보고서를 완성해 보자.

7. 옆 사람과 쓴 글을 바꿔 읽어 보자. 글을 읽으면서 아래의 항목을 충족하고 있는지 평가해 보자.

- 참고자료의 내용이 나의 견해를 잘 뒷받침하고 있는가?
- 참고자료의 내용에 대해 나의 해석을 잘 덧붙였는가?
- 인용 표현이 올바르게 사용되었는가?

8. 옆 사람과 함께 서로의 글에서 개선되어야 할 부분은 무엇인지 이야기해 보자. 그리고 그 부분을 고쳐서 다시 써 보자.

자기평가

자신이 이 장의 내용을 잘 이해했는지, 배운 대로 글을 쓸 수 있게 되었는지 아래의 질문에 답해 보자.
• 자신과 반대되는 입장의 참고자료를 인용해 글을 쓸 수 있었는가?
• 참고자료의 내용을 적절하게 인용할 수 있었는가?
• 인용한 부분에 대해 나의 견해를 덧붙일 수 있었는가?

9

참고자료 활용하여 쓰기(4)

객관적 자료 인용하여 쓰기

들어가기

'한국 경제가 시장경제로 전환된 과정을 조사하고, 이 과정에서 발생한 구조적인 문제점을 제시하라.'

'환경 친화에 바탕을 둔 기업 혁신 성공 사례를 찾아 분석하라.'

글쓰기 과제 중에는 어떤 주제에 대한 분석을 바탕으로 자신의 논지를 제시해야 하는 유형이 있다. 이러한 유형의 글쓰기를 할 때 주제와 관련된 통계, 설문조사 결과, 조사 자료 등의 객관적인 참고자료를 인용하면 글의 타당성과 신뢰성을 확보할 수 있다.

객관적인 자료를 인용해 글을 쓰는 과정을 알아보자.

1 과제 파악하기

먼저 과제에서 분석의 대상이 되는 핵심어가 무엇인지 파악한다. 아래의 과제에 대한 보고서를 쓰기 위해서는 핵심어인 '고령화 사회'가 무엇인지 이해해야 한다. 그다음 과제의 핵심 내용이 무엇인지 파악한다.

'오늘날 우리 사회는 고령화 사회에 진입하면서 여러 문제들이 발생하고 있다. 고령화 사회의 문제점과 해결 방안에 대해 논하라.'

(고령화 사회: 핵심어 / 고령화 사회의 문제점: 핵심 내용 ① / 해결 방안: 핵심 내용 ②)

참고자료 1

고령화 사회의 정의 ⇒ 고령화 사회란 전체 인구 대비 노인 인구의 비율이 계속해서 증가하는 상태, 즉 인구의 고령화가 진행 중에 있는 사회를 의미한다. 일반적으로 65세 이상 노인 인구의 비율이 전체 인구의 7% 이상인 사회를 '고령화 사회(aging society)', 14% 이상인 사회를 '고령 사회(aged society)'로 구분하고 있다. 우리나라의 고령화 사회에 대한 인식은 인구구조에서 인구연령층의 변화에 관심을 가지면서 시작되었다. 한국의 인구구조 변화는 다른 국가들과 달리 인구전환현상(demographic transition) 및 인구 재분배 현상(population redistribution)에 의해 이루어졌다(조성남, 2004; 장혜경, 2005). 즉, 고령화 사회화의 원인 ⇒ 정부의 인구 억제정책과 국가 계획에 의한 출산율 저하, 위생 및 의학 발달로 인한 사망률 저하 그리고 이촌향도형 인구 이동에 의한 가족 형태변화의 결과에서 인구구조 변화가 나타났다. 이 중에서도 저출산으로 인한 인구감소가 한국의 가장 심각한 고령화 원인으로 지적되어 왔다(홍성태, 2007; Hewitt, 2009).

정순둘 외. 「'고령화 사회(Aging society)'에 관한 인식과 대책」. 『한국사회복지학』 63-4(2011): 205쪽.

고령화 사회란?

▷ 정의: 전체 인구 대비 65세 이상 노인 인구의 비율이 7% 이상인 사회

▷ 원인: 출산율 저하, 사망률 저하, 가족 형태 변화

2 글의 구조 계획하기

다음으로는 글의 전체 흐름을 개요로 작성한다. 이때 통계나 설문조사 결과와 같은 객관적인 자료가 인용되어야 할 곳이 어디인지 판단한다.

주제문: 고령화 사회의 문제를 해결하기 위한 정책 마련이 시급하다.

- 고령화 사회의 현황과 실태

  → 고령화 사회를 넘어 초고령 사회로 진입하고 있음.

  (★이 부분에 초고령 인구의 증가 수치 자료 인용할 것!)

- 고령화 사회의 문제점

  → 노인 복지 비용 증가, 노동 인구 감소, 의료비 증가 등

- 고령화 사회에서 나타나는 문제의 해결 방안

  → 노인 일자리 창출, 퇴직연금제도 개선 등 정책 마련

3 객관적 자료 수집하기

객관적 자료의 가치는 그 출처의 객관성과 신뢰성에 달려 있다고 할 수 있다. 그러므로 조사 과정이 타당하고 그 결과를 신뢰할 수 있는 자료를 참고하는 것이 좋다. 객관적 참고자료를 찾을 때는 다음과 같은 웹사이트를 활용할 수 있다.

◇ 조사 자료

- 설문조사: 한국 갤럽 (www.gallup.co.kr)
- 정책 및 현황 보고: 정보통신정책연구원 (www.kisdi.re.kr)
  국가정책연구포털 (www.nkis.re.kr:4445)

◇ 통계 자료

- 국가통계포털 (http://kosis.kr/)
- e-나라지표 (http://www.index.go.kr)
- 통계분류포털 (https://kssc.kostat.go.kr)

4 자료를 선별하기

자료를 수집한 뒤에는 어떤 자료를 내 글에 인용하는 것이 적절한지를 판단한다. 만약 어떤 현상을 설명하는 글을 쓰고자 할 때에는 추이를 보여 주는 통계 자료를 활용하면 된다.

〈선별한 자료 목록〉

◇ 단행본

- 서혜경. 『고령화 사회와 노인 인권』. 서울: 경춘사, 2012.
- 전도근. 『100세 쇼크』. 서울: 북포스, 2011.

◇ 학술 논문

- 계봉오. 「인구고령화, 사회경제적 발전, 사회불평등의 관계」. 『경제와 사회』 106(2015): 41-72.

◇ 신문 기사

- 안지혜. 「내년부터 인구절벽 가시화, 10년 후 '초고령사회' 진입」. 뉴시스, 2016년 12월 8일.

◇ 통계자료

- 문화체육관광부. 「국민여가활동조사: 노인 구성비와 고령화지수」. 통계청, 2006.
- 통계청. 「장래인구추계: 2015~2065년」. 통계청, 2016.

5 자료를 해석하고 인용할 부분 결정하기

자료를 선별한 후에는 자료의 정보를 해석한다. 객관적 자료는 참고자료 2 의 (가)와 같이 그래프나 표 등의 시각 자료로 되어 있는 경우와 (나)와 같이 글로 서술된 경우가 있다. 자료에 나온 수치의 의미를 해석한 다음에는 인용할 부분을 찾아 표시를 한다.

참고자료 2

(가)

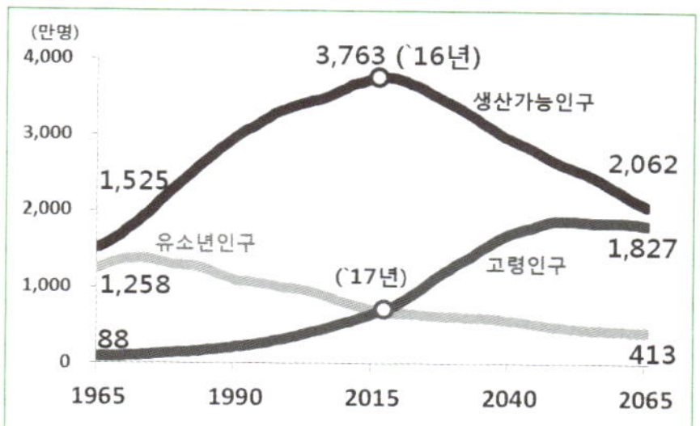

〈연령별 인구구조, 1965~2065년〉

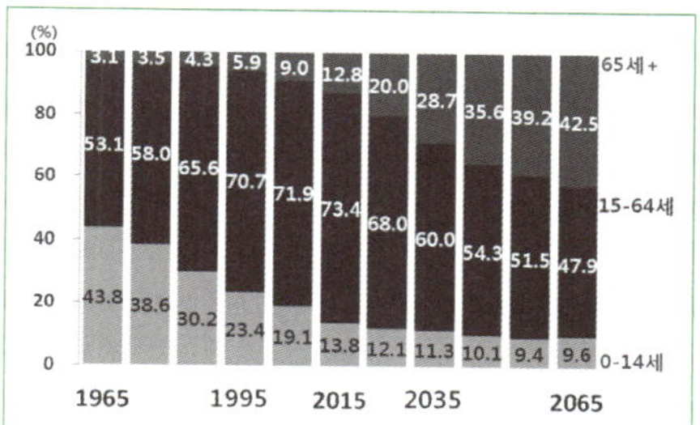

〈연령별 인구구성비, 1965~2065년〉

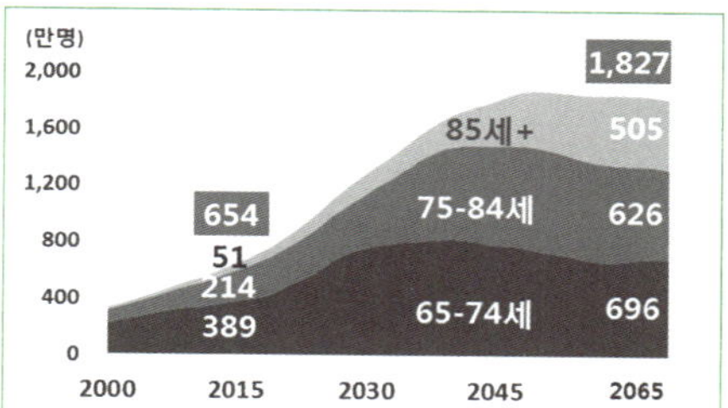

〈고령인구, 2000~2065년〉

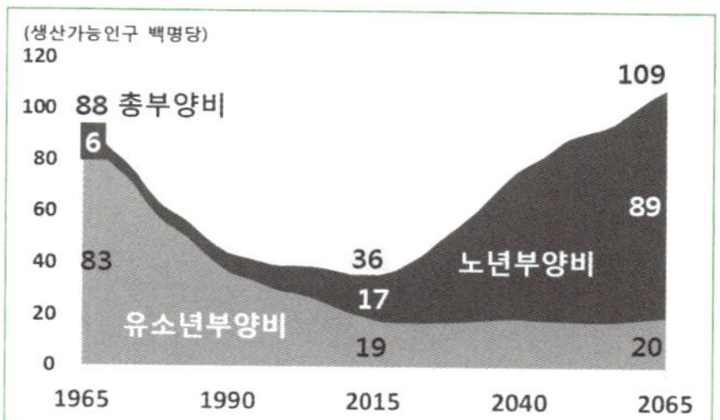

〈부양비, 1965~2065년〉

(나)

- **〈연령구조〉** 2015년과 2065년의 연령별 인구 구성비를 보면, 15~64세 생산가능인구 비중은 감소(73.4% → 47.9%), 65세 이상 고령인구 비중은 증가(12.8% → 42.5%), 0~14세 유소년인구 비중은 감소(13.8% → 9.6%)할 전망

- **〈생산가능인구〉** 2016년 3,763만 명을 정점으로 감소, 2065년 2,062만 명 수준
  - 베이비붐 세대가 고령인구로 빠져나가는 2020년대에는 연평균 −34만 명, 2030년대는 연평균 −44만 명씩 감소

고령인구의 꾸준한 증가 ▷인용할 것

- **〈고령인구〉** 2015년 654만 명에서 2025년에 1,000만 명을 넘고, 2065년에는 1,827만 명까지 증가할 전망

- **〈유소년인구〉** 2015년 703만 명에서 2020년 657만 명, 2065년 413만 명으로 감소할 전망

- **〈학령인구: 6~21세〉** 2015년 892만 명에서 2025년 708만 명으로 감소, 향후 10년간 184만 명이 감소할 전망

- **〈중위연령〉** 2015년 40.9세에서 2033년 50세를 넘고, 2065년 58.7세까지 증가할 전망

총부양비 증가 추세 ▷인용할 것

- **〈총부양비〉** 생산가능인구 1백 명당 부양할 인구는 2015년 36.2명(노인 17.5명)에서 계속 높아져 2065년 108.7명(노인 88.6명)까지 증가할 전망

- **〈노령화지수〉** 유소년인구 1백 명당 고령인구는 2017년부터 100명을 넘고, 2065년 442.3명으로 4.4배가 될 전망
  - 고령인구 구성비는 2015년 12.8%에서 빠르게 증가하여 2026년 20%, 2037년 30%, 2058년 40%를 초과할 전망

초고령인구 증가 추세 ▷인용할 것

  - 85세 이상 초고령인구는 2015년 51만 명에서 2024년에 100만 명이 넘고, 2065년 505만 명으로 2015년 대비 10배 수준으로 증가
    - 85세 이상 인구 구성비는 2015년 1% 수준에서 2065년 11.7%로 증가할 전망

통계청. 『장래인구추계: 2015~2065년』. 통계청, 2016.

6 초고 쓰기

2 에서 계획한 글의 내용을 바탕으로 초고를 쓴다. 초고를 쓸 때에는 어휘나 문법보다는 글의 전체 내용을 생각하면서 빠른 속도로 써 내려간다.

고령화 사회의 문제점과 해결 방안

최근 저출산과 수명 연장에 따라 고령화 사회화가 가속되고 있다. 지금의 추세로 보면 한국은 곧 고령층의 인구가 청년층의 인구를 넘어서는 인구구조의 역전 시대에 접어들 것으로 보인다. 그러나 여전히 이런 고령화 사회에 대한 구체적인 대비책이 마련되고 있지 않아 문제가 심각한 상황이다.

고령화 사회란 UN의 기준에 근거하여 65세 이상의 노인 인구가 전체 인구의 7% 이상을 차지하는 사회를 말한다(정순둘 외, 2015: 205). 초고령 사회는 일반적으로 노인 인구가 20% 이상인 사회를 의미한다. 한국은 이미 고령화 사회를 넘어 점점 초고령 사회로 진입하고 있다.

고령화 사회에서 나타날 수 있는 문제는 여러 가지가 있다. 먼저, 고령인구 증가에 따른 부양비 증가 문제이다.

이런 문제들을 해결하기 위해서는 무엇보다 고령화 사회에 맞는 체제로 사회 구조를 재편할 필요가 있다. 또한 고령인구를 위한 사회보장제도를 마련하는 것이 중요하다.

7 자료의 내용 인용하기

초고를 다시 읽으면서 어느 부분에 참고자료를 인용해야 하는지를 판단한다. 그리고 적절한 방식과 표현을 사용해 참고자료의 내용을 인용한다. 만약 설문조사 결과나 통계 자료를 인용한다면 이 자료의 조사 대상, 시기, 내용, 방법 등을 간략히 소개하는 것이 좋다.

고령화 사회의 문제점과 해결 방안

최근 저출산과 수명 연장에 따라 고령화 사회화가 가속되고 있다. 지금의 추세로 보면 한국은 곧 고령층의 인구가 청년층의 인구를 넘어서는 인구구조의 역전 시대에 접어들 것으로 보인다. 그러나 여전히 이런 고령화 사회에 대한 구체적인 대비책이 마련되고 있지 않아 문제가 심각한 상황이다.

고령화 사회란 UN의 기준에 근거하여 65세 이상의 노인 인구가 전체 인구의 7% 이상을 차지하는 사회를 말한다(정순둘 외, 2015: 205). 초고령 사회는 일반적으로 노인 인구가 20% 이상인 사회를 의미한다. 한국은 이미 고령화 사회를 넘어 점점 초고령 사회로 진입하고 있다. **통계청이 2015년부터 2065년까지의 인구 변화를 추정한 '장래인구추계'에 따르면**, 65세 이상의 고령인구는 2015년 12.8%에서 급속도로 증가하며 2026년에는 20%까지 증가하고 2065년에는 40%를 넘어설 것이라고 한다. **특히** 85세 이상 초고령인구는 2015년 1% 수준에서 2065년이 되면 11.7%로 증가할 전망이다. 이에 따라 생산가능인구당 부양할 인구 역시 계속해서 증가할 것으로 조사되었다. (중략)

고령화 사회에서 나타날 수 있는 문제는 여러 가지가 있다. 먼저, 고령인구 증가에 따른 부양비 증가 문제이다.

이런 문제들을 해결하기 위해서는 무엇보다 고령화 사회에 맞는 체제로 사회 구조를 재편할 필요가 있다. 또한 고령인구를 위한 사회보장제도를 마련하는 것이 중요하다.

인용할 자료를 소개

참고자료의 내용을 간접 인용

'특히' 뒤에 더 강조하고 싶은 내용을 인용

8 인용한 부분에 나의 해석 덧붙이기

자료를 인용한 다음에는 그에 대한 나의 해석을 덧붙인다. 객관적 자료 자체는 어떤 문제나 현상에 대한 견해나 입장을 드러내지 않는다. 그러므로 이에 대한 자신의 해석이나 견해를 덧붙이는 것이 좋다.

고령화 사회의 문제점과 해결 방안

최근 저출산과 수명 연장에 따라 고령화 사회화가 가속되고 있다. 지금의 추세로 보면 한국은 곧 고령층의 인구가 청년층의 인구를 넘어서는 인구구조의 역전 시대에 접어들 것으로 보인다. 그러나 여전히 이런 고령화 사회에 대한 구체적인 대비책이 마련되고 있지 않아 문제가 심각한 상황이다.

고령화 사회란 UN의 기준에 근거하여 65세 이상의 노인 인구가 전체 인구의 7% 이상을 차지하는 사회를 말한다(정순둘 외, 2015: 205). 초고령 사회는 일반적으로 노인 인구가 20% 이상인 사회를 의미한다. 한국은 이미 고령화 사회를 넘어 점점 초고령 사회로 진입하고 있다. 통계청이 2015년부터 2065년까지의 인구 변화를 추정한 '장래인구추계'에 따르면, 65세 이상의 고령인구는 2015년 12.8%에서 빠르게 증가하며 2026년에는 20%까지 증가하고 2065년에는 40%를 초과할 전망이다. 특히 85세 이상 초고령인구는 2015년 1% 수준에서 2065년이 되면 11.7%로 증가할 전망이다. 이에 따라 생산가능인구당 부양할 인구 역시 계속해서 증가할 것으로 조사되었다. 이러한 통계 결과는 한국이 빠른 속도로 초고령 사회로 변화하고 있음을 보여 준다. 또한 고령인구 증가에 따른 부양 의무 역시 점점 가중되어 사회적으로 큰 문제가 될 수 있음을 암시한다. (중략)

인용한 내용에 대해 해석을 덧붙임

▷ 문제의 심각성을 강조하며 나의 주장을 뒷받침

고령화 사회에서 나타날 수 있는 문제는 여러 가지가 있다. 먼저, 고령인구 증가에 따른 부양비 증가 문제이다.

이런 문제들을 해결하기 위해서는 무엇보다 고령화 사회에 맞는 체제로 사회 구조를 재편할 필요가 있다. 또한 고령인구를 위한 사회보장제도를 마련하는 것이 중요하다.

9 고쳐 쓰기

초고를 작성한 후 쓴 글을 읽으면서 고쳐 써야 할 부분이 없는지 확인한다. 글을 점검할 때는 다음과 같은 점을 고려한다.

- 신뢰할 수 있는 자료를 활용했는가?
- 자료에 대한 인용이 적절하게 이루어졌는가?
- 자료의 내용에 대해 나의 해석을 잘 덧붙였는가?

확인하기

✔ 다음은 아래의 과제를 보고 대학생이 쓴 보고서의 일부이다. 잘 읽고 질문에 답해 보자.

사형제도 존폐 논란과 관련된 자신의 견해를 밝혀 쓰라.

통계청에서 발행한 2015년 '범죄분석통계'에 따르면, 한국의 범죄율은 1981년 인구 10만 명당 935건에서 2014년 2,015건으로 지난 30여 년간 2배 넘게 증가하였다. 특히 최근에는 살인이나 성범죄 등 강력 범죄가 발생하면서 사형제도 존폐를 둘러싼 논란이 재점화되고 있다.

사형제도 유지를 찬성하는 입장에서는 사형제도를 통해 범죄율을 낮출 수 있으리라는 논리를 제시한다. 그러나 많은 연구들에서 사형제도와 강력범죄의 발생률이 서로 유의미한 상관관계가 없음을 증명한 바 있다. (중략)

무엇보다 사형제도를 폐지하는 것은 전 세계적인 추세라고 할 수 있다. 많은 국가에서 사형제도를 완전히 폐지하고 있으며, 사형제도를 존치하는 국가에서도 실제로는 사형을 집행하지 않는 경우가 많다. 국제엠네스티가 발간한 2015년 연간보고서에 따르면, 2014년을 기준으로 모든 범죄에 대한 사형폐지국은 98개국이며, 일반 범죄에 대한 사형폐지국은 7개국, 사실상 사형폐지국은 35개국이었다. 사형 존치국은 58개국에 불과하다. 또한 사형제도를 폐지하는 국가는 점차 늘어나는 추세이다. 다음의 <그림 1>은 국제엠네스티에서 각국의 사형 집행 경향을 분석한 결과이다.

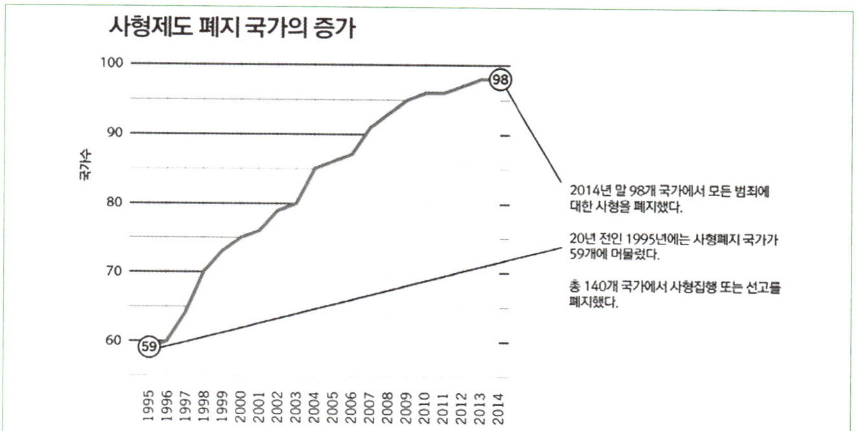

<그림 1> 1995~2014년 사형집행 경향분석(국제앰네스티, 2015; 경향신문 재인용)

<그림 1>에 따르면, 1995년에는 사형폐지 국가가 불과 59개국에 그쳤다. 그러나 2014년에는 98개 국가에서 모든 범죄, 즉 흉악 범죄의 경우에도 사형제도를 적용하지 않고 있다. 이러한 조사 결과는 점점 더 많은 국가에서 사형제도를 폐지하고 있다는 사실을 보여 준다. 그러므로 우리도 이러한 세계적 추세를 따를 필요가 있다. (후략)

- 1 -

<참고문헌>

검찰청. 『범죄분석통계』. 통계청, 2015.

국제엠네스티. 「2014 사형선고 및 집행현황」. https://amnesty.or.kr/.

-7-

(1) 필자는 사형제도에 대해 어떤 태도를 가지고 있는가?

(2) 위의 글에는 어떤 자료가 인용되어 있는가? 왜 그 자료를 인용했겠는가?

(3) 자료가 인용됨으로써 어떤 효과가 발생했다고 생각하는가?

연습하기 1

✔ 객관적 참고자료를 인용해 글을 쓰는 연습을 해 보자.

1. 다음의 과제에 대한 보고서를 쓰고자 한다. 글을 쓰기 전에 아래의 질문에 답해 보자.

현대 사회에서 외모가 갖는 권력에 대한 자신의 견해를 밝혀 쓰라.

· 현대 사회에서의 외모와 관련된 논의에서 쟁점은 무엇이겠는가?

· 현대 사회에서 외모가 권력을 갖는다는 관점에서 글을 쓴다면 어떠한 내용으로 구성해야 하겠는가?

주제문: 현대 사회에서 외모는 하나의 권력으로 작용한다.

이유: 1) 외모를 중요하게 생각하는 사회적 인식이 지배적이다.
→ 인생에서 외모가 중요하다는 사람들이 많음.
2) 고용 시장에서 외모가 갖는 경쟁력이 매우 크다.
→

2. 다음에 제시된 참고자료 가 와 참고자료 나 를 읽고 둘 중 어느 것을 나의 글에 인용하는 것이 적절할지 판단해 보자.

참고자료 가

외모와 성형수술에 대한 인식 조사(1994/2004/2015년 비교)

조사 개요

- 조사기간: 2015년 3월 25일~4월 15일(3주간)
- 표본추출: 2단계 층화 집락 지역 무작위 추출-표본 지점 내 성/연령별 할당 추출
→ (참고) 한국갤럽 옴니버스 조사 표본설계 보고서

- 응답방식: 면접조사원 인터뷰
- 조사대상: 전국(제주 제외) 만 19세 이상 남녀 1,500명
- 표본오차: ±2.5%포인트(95% 신뢰수준)
- 응답률: 31%(총 접촉 4,792명 중 1,500명 응답 완료)
- 의뢰처: 한국갤럽 자체 조사

조사 결과

● 우리 인생에서 외모는 '(매우+어느 정도) 중요하다' 86%

- 20년간 큰 변화 없는 가운데 남성(82%)보다 여성(91%)이 더 외모 중시

한국갤럽이 2015년 3월 25일부터 4월 15일까지 3주간 전국 만 19세 이상 남녀 1,500명에게 우리 인생에서 외모가 얼마나 중요하다고 생각하는지 물은 결과 '매우 중요하다' 25%, '어느 정도 중요하다' 61%, '별로 중요하지 않다' 13%, '전혀 중요하지 않다' 1%로 응답됐다. 성인 열 명 중 아홉 명(86%)이 '인생에서 외모가 중요하다'고 봤으며, 이는 1994년(87%)이나 2004년(87%)과도 비슷했다.

◉ 대부분의 응답자 특성별로 '인생에 외모가 (매우+어느 정도) 중요하다'는 의견이 80%를 넘었으며, 남성(82%)보다 여성(91%)에서 좀 더 높게 나타났다. 한편 '매우 중요하다'는 응답은 20대 여성에서 41%로 가장 두드러졌다.

질문) 귀하는 우리 인생이나 운명에서 외모가 얼마나 중요하다고 생각하십니까. 아니면 중요하지 않다고 생각하십니까?

		사례수 (명)	인생에서 외모는 얼마나 중요한가			
			매우 중요하다	어느 정도 중요하다	중요하다 (계)	전혀+별로 중요하지 않다(계)
1994년 5월 20일~6월 4일		1,500	42%	45%	87%	13%
2004년 9월 3~20일		1,518	29%	58%	87%	13%
2015년 3월 25일~4월 15일		1,500	25%	61%	86%	14%
성별	남성	744	23%	59%	82%	18%
	여성	756	27%	63%	91%	9%

연령별	19-29세	266	35%	53%	88%	12%
	30대	282	25%	62%	88%	12%
	40대	323	23%	68%	91%	9%
	50대	297	23%	62%	85%	15%
	60세 이상	332	22%	59%	81%	19%
성/연령별	남성 19-29세	140	29%	53%	82%	18%
	남성 30대	144	24%	60%	84%	16%
	남성 40대	164	21%	68%	89%	11%
	남성 50대	150	22%	59%	81%	19%
	남성 60세 이상	146	19%	53%	73%	27%
	여성 19-29세	126	41%	54%	95%	5%
	여성 30대	138	26%	65%	92%	8%
	여성 40대	159	25%	67%	92%	8%
	여성 50대	147	25%	65%	90%	10%
	여성 60세 이상	186	24%	63%	87%	13%
직업별	농/임/어업	34	-	-	-	-
	자영업	212	23%	63%	86%	14%
	블루칼라	442	27%	55%	82%	18%
	화이트칼라	285	23%	68%	91%	9%
	가정주부	364	24%	67%	91%	9%
	학생	91	35%	57%	92%	8%
	무직/은퇴/기타	72	27%	41%	68%	32%
지역별	서울	307	24%	59%	84%	16%
	인천/경기	443	26%	60%	87%	13%
	강원	46	-	-	-	-
	대전/세종/충청	156	23%	68%	91%	9%
	광주/전라	154	26%	59%	86%	14%
	대구/경북	155	22%	63%	84%	16%
	부산/울산/경남	239	27%	61%	88%	12%

* '전혀 중요하지않다' 1%, '별로 중요하지 않다' 13%

* 50사례 미만은 수치를 제시하지 않음. 한국갤럽

한국갤럽. 「외모와 성형수술에 대한 인식 조사(1994/2004/2015년 비교)」. www.gallup.co.kr.

참고자료 나

여대생의 다이어트, 미용성형 시술실태 및 건강에 미치는 영향

◇ 보건복지부(장관 김화중)는 서울대학교 의과대학 정신과(류인균 교수팀)에 의뢰하여 미용성형 등에 대한 여대생들의 관심과 부작용 등에 대하여 전국의 남여 대학생 2,034명(여자 1,565, 남자 469)을 대상으로 한 설문조사와 심층 면접조사 실시

◇ 조사결과 응답대상 여대생의 52.5%가 미용성형수술을 받았으며(미용성형 희망은 82.1%), 그 중 12%가 부작용을 경험

◇ 미용성형의 주된 동기는 자신감을 얻기 위함(43.5%)이나 성형 유경험자층은 무경험자층보다 자신감, 외모 만족도가 상대적으로 낮은 것으로 나타남

◇ 여대생의 미용성형, 체중감량의 기준은 매스컴을 통해 활동하는 유명 연예인들의 영향을 크게 받음

▪ 설문 응답자 중 미용성형 유경험자는 여대생 중 52.5%(남대생 5.8%)이며, 전체 여대생의 82.1%가 지방흡입 등 1가지 이상의 미용성형을 희망하였으며, 체중감량은 전체 여대생의 79.6%가 경험하였고 이 중 64.0%는 체중감량 시도에 불만족 (중략)

▪ (쌍커풀 이외) 미용성형 경험 여대생이 무경험자에 비해 대민 예민성, 우울, 불안, 적개심, 공포불안, 편집증 등 정신심리적 안정감이 낮았으며, 의존성 인격장애 등의 비율이 높음: 미용성형수술은 사전에 충분한 정신 건강진단을 받은 후 시행이 바람직함

▪ 미용성형 부작용 사례는 눈감기 어려움, 피부변색, 미세동작 곤란, 보형물의 움직임 등이며, 체중감량의 부작용으로는 피로감, 빈혈, 변비, 집중력 감소, 짜증, 무기력, 자기비하 등 신체적·정서적 어려움 등임

보건복지부. 『여대생의 다이어트, 미용성형 시술실태 및 건강에 미치는 영향』. 서울: 보건복지부, 2003. 9-11쪽.

3. 위에서 선택한 참고자료를 인용하여 글을 쓰고자 한다. 참고자료를 다시 한 번 읽으면서 인용할 부분에 밑줄을 쳐 보자.

4. 밑줄 친 참고자료의 내용을 다음 문장 뒤에 연결하여 쓰고자 한다. 정확한 표현을 사용하여 참고자료의 내용을 인용해 보자.

현대 사회에서는 이미 외모가 힘을 갖는다는 인식이 지배적이다. 이러한 인식은 외모가 주는 경제적 혜택이나 불이익을 직, 간접적으로 경험한 것에서 비롯된 것이다. 실제로 많은 사람들이 인생에서 외모가 중요하다고 인식하고 있다.

5. 위의 참고자료 외에 다음의 참고자료의 내용도 글에 인용하고자 한다. 참고자료 다 와 참고자료 라 에서 어느 부분을 인용할지 밑줄을 친 후 적절한 인용 표현을 사용하여 써 보자. 그다음 이에 대한 자신의 의견을 덧붙여 단락을 완성해 보자.

참고자료 다

외모는 '비호감'과 '약간 비호감'을 기준(reference)으로 '보통', '약간 호감', '호감'을 3개의 더미 변수로 만들어 추정하였다. 남자의 경우 각각 7.0%, 12.2%, 15.2% 임금이 높고 여자의 경우는 각각 10.4%, 15.5%, 18.2% 임금이 높아 외모가 임금에 큰 영향을 주고 있는 것을 알 수 있다. Hamermesh and Biddle(1994)에 의하면 '보통 이상'과 '보통 이하'의 외모 차이에 의한 임금격차는 약 9.2%-16.8%로 추정된다. 또한 Mobius and Rosenblat(2006)는 12.3%-16.7%의 외모 프리미엄(beauty premium)을 얻었다. 이것과 우리의 추정결과를 직접 비교할 수는 없으나 비슷한 결과로 볼 수 있다.

신장의 경우 키가 1cm 커짐에 따라 남자는 0.25%씩 임금이 증가하고 여자는 0.38%씩 증가한다. 20cm 신장 차이가 있다면 남자는 5.0% 임금이 높고 여자의 경우는 7.6% 임금이 높다. Persico, Postlewaite, and Silverman(2004)의 추정 결과 영국 NCDS 표본에서는 인치당 2.2%, 미국 NLSY 표본에서는 인치당 1.8%의 신장 프리미엄을 얻었고, 박기성 · 이인재(2010)도 Persico, Postlewaite, and Silverman(2004)과 매우 유사한 변수를 가지고 30대 남자에 대한 임금함수를 추정한 결과 인치당 2.3%의 신장 프리미엄을 얻었다.

김용민 외. 「외모와 신장이 임금에 미치는 영향」. 『응용경제』 14-1(2012): 8쪽.

참고자료 라

57%, 외모 때문에 불이익 줘

기업 10곳 중 6곳은 지원자의 외모가 채용 평가에 영향을 미치는 것으로 나타났다. 온라인 취업포털 사람인(www.saramin.co.kr 대표 이정근)이 기업 인사담당자 880명을 대상으로 '채용 시 지원자의 외모 평가 여부'를 조사한 결과, 63.8%가 '평가한다'라고 답했다.

그 이유로는 '대인관계가 원만할 것 같아서'(35.3%, 복수 응답)를 첫 번째로 꼽았다. 계속해서 '자기관리가 뛰어날 것 같아서'(34.8%), '외모도 경쟁력이라서'(29.8%), '근무 분위기에 활력을 줄 것 같아서'(24.2%), '자신감이 있을 것 같아서'(22.5%), '업무 성과에도 영향을 미쳐서'(16.9%) 등의 답변이 이어졌다.

외모 중 채용에 영향을 미치는 부분은 단연 '인상 등 분위기'(89.7%, 복수 응답)였다. 다음으로 '청결함'(37.4%), '옷차림'(36%), '체형'(19.1%), '헤어스타일'

(11.4%) 등을 보고 있었다.

채용 시 외모를 보는 직무 분야로는 '영업/영업관리'(50.3%, 복수 응답)가 1위를 차지했다. 뒤이어 '서비스'(43.3%), '마케팅'(21.4%), '인사/총무'(21.2%), '광고/홍보'(21%) 등의 순이었다.

또, '남성'(6.2%)보다는 '여성'(40.3%) 채용 시, '경력'(8.4%)보다는 '신입'(37.4%) 채용 시 외모를 평가하는 비중이 더 높았다.

그렇다면, 실제 지원자의 외모가 평가에 미친 영향은 얼마나 될까? 56.9%가 외모 때문에 감점을 주거나 탈락시킨 지원자가 있다고 밝혔다. 반대로, 51%는 스펙이 조금 부족해도 외모가 뛰어나 가점을 주거나 합격시킨 경험이 있었다.

한편, 전체 기업의 51.7%는 서류전형에서 지원자의 사진을 평가에 반영하고 있었으며, 입사지원서에 사진을 부착하지 않은 경우 무려 43.1%가 탈락 처리하는 것으로 조사되었다.

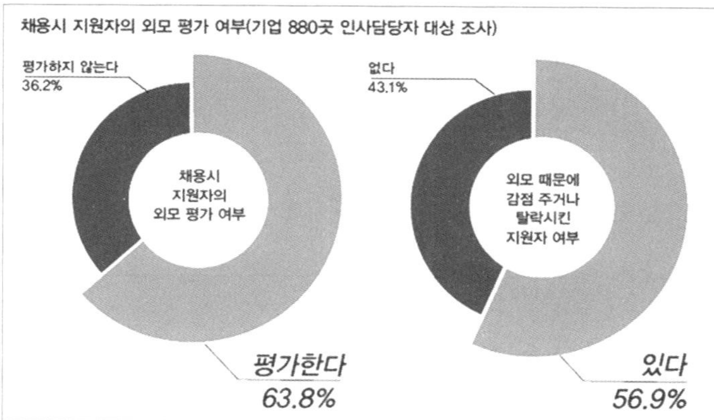

사람인.「기업 10곳 중 6곳, 채용 시 외모 평가해!」. 연합뉴스, 2015년 8월 5일.

연습하기 2

✔ 다음의 주제에 대해 설명하는 보고서를 쓰고자 한다. 직접 통계나 설문조사 등의 객관적 참고자료를 찾아 인용하면서 한 편의 보고서를 완성해 보자.

한국 고용 시장에서의 양성평등 실현 여부를 조사하여 분석하라.

1. 다음은 과제와 관련된 질문들이다. 질문에 대해 옆 사람과 같이 이야기하면서 어떤 내용을 써야 할지 정리해 보자.

· 고용에서의 양성평등은 무엇을 의미하는가?

· 고용에서의 양성평등에 대한 논의의 쟁점은 무엇인가?

· 한국 고용 시장에서 양성평등이 실현되고 있는지를 확인할 수 있는 객관적 자료에는 어떤 것들이 있겠는가?

2. 어떠한 내용으로 글을 구성할 것인지 생각해 보고 개요로 정리해 보자.

3. 개요에서 참고자료의 인용이 필요하다고 생각되는 부분에 표시해 보자.

4. 다음은 주제와 관련된 참고자료의 목록이다. 아래의 참고자료를 찾아 읽고 인용할 부분을 선별해 보자.

◇ 신문 기사

- 조효석.「높고 두터운 '유리천장' OECD 29개국 지수 보니 한국 또 꼴찌」. 국민일보, 2016년 3월 4일.

◇ 통계자료

- 중앙선거관리위원회.「여성 국회의원 비율」.『통계로 보는 선거 60년(통계편)』. 통계청, 2015.
- 통계청.「여성 고용 동향」.『경제활동인구조사』. 통계청, 2015.
- 통계청.『우리나라 성불평등 지수 현황』. 통계청, 2015.
- 고용노동부.「남성근로자 대비 여성근로자 임금 비율」.『고용형태별근로실태조사』. 통계청, 2015.

5. 제시된 참고자료 외에 자신의 견해를 뒷받침할 객관적 자료를 더 찾아 읽고 인용할 부분을 선별해 보자.

6. 인용할 자료의 내용을 바탕으로 하여 한 편의 보고서를 완성해 보자.

7. 옆 사람과 쓴 글을 바꿔 읽어 보자. 글을 읽으면서 아래의 항목을 충족하고 있는지 평가해 보자.

- 신뢰할 수 있는 자료를 활용했는가?
- 자료의 내용에 대해 나의 해석을 잘 덧붙였는가?
- 인용 표현이 올바르게 사용되었는가?

8. 옆 사람과 함께 서로의 글에서 개선되어야 할 부분은 무엇인지 이야기해 보자. 그리고 그 부분을 고쳐서 다시 써 보자.

자기평가

자신이 이 장의 내용을 잘 이해했는지, 배운 대로 글을 쓸 수 있게 되었는지 아래의 질문에 답해 보자.
• 자신의 견해를 뒷받침할 객관적 자료를 선별할 수 있었는가?
• 자료의 내용을 적절하게 인용할 수 있었는가?
• 인용한 부분에 대해 나의 견해를 덧붙일 수 있었는가?

10

보고서 쓰기의 실제

들어가기

'폐기물의 에너지화에 사용되는 기술을 설명하고 이것이 현대 사회에 미칠 영향에 대해 쓰라.'

보고서를 쓸 때에는 글의 내용과 구성을 계획한 후 쓰기 시작해야 한다. 특히 보고서의 서론, 본론, 결론에 각각 어떤 내용이 포함되어야 하는지 알고 적절한 표현을 사용하여 쓰는 것이 중요하다. 또한 완성된 보고서에는 제목과 목차, 서론, 본론, 결론 그리고 참고문헌 목록이 모두 포함되어 있어야 한다.

보고서의 형식과 표현에 대해 알아보자.

1 제목과 목차 쓰기

보고서를 쓸 때는 보고서의 내용에 맞게 제목을 정하고 전체 보고서의 흐름을 파악할 수 있도록 목차를 작성해야 한다. 제목은 글의 핵심어를 사용해 표현함으로써 글의 핵심 내용을 보여 줄 수 있도록 쓴다. 목차는 서론, 본론, 결론에 맞게 쓴다. 또한 보고서의 첫 페이지에는 작성자의 이름과 소속 등을 분명히 밝힌다.

대학생이 경험하는 스트레스에는 어떤 것들이 있는가? 스트레스의 원인과 해소 방안에 대해 쓰라.

- 대학생이 경험하는 스트레스: 핵심어
- 스트레스의 원인과: 핵심 내용 ①
- 해소 방안: 핵심 내용 ②

2017학년도 1학기 사고와 표현 기말 보고서

대학생이 경험하는 스트레스의 원인과 해소 방안

학 과: 기계공학과
학 번: 20171234567
이 름: 모하메드 알리

<목차>

1. 서론
2. 대학생 스트레스의 원인
   2.1. 학점과 학업
   2.2. 취업 준비
   2.3. 대인관계
3. 스트레스 해소 방안
   3.1. 심리 검사 및 상담
   3.2. 다양한 치료법
4. 결론

2 서론 쓰기

서론에서는 보고서를 왜 쓰는지 밝힘으로써 독자가 글을 읽을 준비를 하게 만든다. 서론에는 보고서의 목적, 주제와 관련된 현황과 문제, 보고서를 쓰기 위해 사용한 연구 방법을 소개한다. 이러한 내용들은 전형적인 표현을 통해 효과적으로 전달될 수 있다.

〈서론에 포함되는 내용〉

- **목적**: 보고서를 쓰는 이유
- **현황**: 주제와 관련된 현재의 상황(신문 기사, 통계자료, 실험 결과 등 활용)
- **문제 제기**: 현황의 문제점, 보완점 지적
- **연구 방법**: 문헌 연구, 설문, 인터뷰, 실험 등

스트레스는 삶에서 불가피하게 겪게 되는 경험이다. 생애 주기 중 청소년기에서 성인기로 넘어가는 전환기에 있는 대학생들은 특히 스트레스에 취약한 집단이라고 할 수 있다(심재명, 2016:252). 정동화(2009:12)에 따르면 대학생의 스트레스는 다양한 신체적, 정신적 스트레스 증상으로 발현되는데 두통, 위통과 위경련 같은 생리적 증상과 울음, 건망증 같은 행동적 증상, 우울과 분노, 불안 등의 정서적 증상을 나타낸다. 한편 청년실업률이 역대 최고치를 기록하는 가운데 한국고용정보원에서 전국 대학(교)에 재학 중인 19~29세 대학생 770명을 대상으로 취업 스트레스 수준과 영향 요인에 대해 연구한 결과에 따르면 고학년이며 성적이 낮은 집단일수록 더 높은 스트레스가 **나타나고 있었다**(서현주, 2016:15). 이와 같이 요즘 대학생들이 스트레스로 인하여 겪는 고통은 스트레스 관리 프로그램 개발이 필요할 정도로 **심각한** 수준이라고 할 수 있다. 그러나 그 심각성에 비해 대학생들의 정신적인 고통을 줄일 수 있는 방안에 대한 논의는 아직 미비한 실정이다.

이 보고서는 대학생들의 스트레스의 원인을 알아보고 그 해소 방안을 모색하는 데에 **목적이 있다**. 이를 위해 이 보고서에서는 기존의 자료들을 **검토하고** 설문조사와 인터뷰를 통해 스트레스를 발생시키는 요인이 무엇인지를 살펴본 뒤 각각의 요인에 맞는 해결 방안을 제안해 보도록 하겠다.

현황
예 -는 현상이 나타나고 있다
-는 상황이다
-는 추세이다

목적
예 이 보고서는 ~ -는 데에 목적이 있다
이 보고서에서는 ~ -고자 한다

문제 제기
예 -다는 문제가 있다
-(으)ㄹ 우려가 있다

연구 방법
예 을 검토하여 ~
설문조사/인터뷰를 통해 ~

3 결론 쓰기

결론은 본론의 내용을 정리하고 요약함으로써 독자에게 핵심 내용을 집약적으로 전달하는 역할을 한다. 따라서 결론에는 본론의 내용 요약, 보고서가 갖는 의의와 한계, 앞으로의 전망과 더 보충하고 싶은 말을 쓴다. 이러한 내용을 쓸 때에도 결론의 전형적인 표현을 사용하는 것이 좋다.

〈결론에 포함되는 내용〉

- **내용 요약**: 보고서의 핵심 내용을 정리 · 요약
- **의의**: 보고서에서 새롭게 밝힌 점
- **한계**: 보고서에서 밝히지 못한 점
- **전망 및 제언**: 주제에 대한 자신의 전망과 견해

중심 내용 요약
예 지금까지/이상 ~에 대해서 살펴보았다/검토하였다
이 보고서에서는 ~을 검토하였다

지금까지 대학생들의 스트레스의 원인과 그 해소 방안**에 대해서 살펴보았다**. 이 보고서에서는 기존 연구를 통해 요즘 대학생들은 학점 관리, 취업에 대한 불안감, 스펙 부족, 부모나 가족의 기대 등에서 큰 스트레스를 느끼고 있다는 점을 파악하였다. 그리고 스트레스의 해소 방안으로 전문 심리 검사 및 심리 상담 기관 이용, 음악 및 미술 치료, 주변 사람들과의 적극적인 의사소통 등을 **제안해 보았다**.

의의
예 이 연구의 의의는 ~-는 데에 있다

이 연구의 의의는 직접 대학생들에게 설문조사와 인터뷰를 실시하여 스트레스에 대한 그들의 생생한 의견을 알아볼 수 있었다는 **데에 있다**. 비록 설문조사와 인터뷰의 대상이 100명으로 제한되어서 조사 결과를 일반화하기 어려운 **점은 한계로 지적할 수 있다**.

한계
예 -는 한계로 지적될 수 있다

최근 대학생들이 느끼는 스트레스들은 주로 사회 구조나 경제 상황 등에서 비롯된 것이라고 할 수 있다. 대학생들의 스트레스 주요 원인을 볼 때 **앞으로** 대학생들 스트레스로 인해 생기는 문제들은 점점 더 다양하고 심각해질 것**으로 보인다**. 이러한 문제를 해결하**기 위해서** 장기적으로는 정부와 기업, 지자체 등이 사회 구조나 경제 상황을 개선해 나갈 수 있는 방안을 모색해**야 할 것이다**. 단기적으로는 대학생들의

전망 및 제언
예 앞으로/ 향후 ~로 보인다/전망된다
-기 위해서 ~ -아야 할 것이다.

심리적, 정신적 문제를 검사, 상담, 치료해 줄 수 있는 전문적인 기관들이 만들어져야 할 것이다. 이러한 전문 기관들의 설립을 구체화, 현실화하기 위한 연구가 더욱 활발하게 이어져**야 한다**.

4 참고문헌 목록 정리하기

보고서를 완성한 후에는 글을 쓸 때 참고한 모든 자료의 출처를 결론 뒤에 참고문헌 목록으로 작성한다. 참고문헌을 쓸 때는 국내 자료를 먼저 쓰고 국외 자료를 쓰는데 국내 자료는 저자 성의 자모(ㄱ~ㅎ)순으로 쓰고, 국외 자료는 저자 성의 알파벳(A~Z)순으로 쓴다. 동일한 저자의 자료는 출판연도가 빠른 것부터 쓴다.

〈참고문헌〉

- 김성경. 「대학신입생의 스트레스와 학교적응에 관한 연구」. 『청소년학연구』 10:2(2003): 215-237.
- 심재명. 「개별여가행위를 통해 본 대학생의 여가, 스트레스, 대처의 관계」. 『관광경영연구』 20:1(2016): 251-272.
- 정동화. 「대학생의 생활스트레스와 그에 따른 불안 및 우울에 대한 스트레스 대처의 효과」, 『교육문제연구』 33(2009): 221-244.
- 한광일. 『스트레스 치료법』. 서울: 삼호미디어, 2008.
- Lazarus, R. S. & Folkman, S. *Stress, appraisal, and coping*. New York :Springer. 1984.
- Wilkinson, G. 『스트레스』. 1996. 이홍식 편역. 서울: 아카데미아, 2005.

- 최윤아. 「待機(대기)만 3개월… 취업만큼 힘든 '대학생 고민상담'」. 조선일보, 2014년 3월 7일.

확인하기

✔ 다음은 아래의 과제를 보고 대학생이 쓴 보고서의 일부이다. 잘 읽고 질문에 답해 보자.

공공미술의 사회적 기능에 대해 설명하고 발전 가능성에 대해 전망해 보라.

2017학년도 1학기 사고와 표현

공공미술의 사회적 기능과 발전 가능성

학 과: 경영학과
학 번: 20177654321
이 름: 왕웨이

<목차>

1. 서론

최근 한국에서는 도심과 주택가 등 다양한 장소에서 공간과 어우러진 다양한 예술품을 접할 수 있다. 얼마 전에는 경기도 안양에 위치한 석수시장이 주변 환경을 활용하여 시작한 <석수아트프로젝트>가 전통시장을 활성화시켰다는 평가를 받으며 사람들의 관심을 끌기도 했다. 그러나 아직까지 공공미술이 무엇이며 어떤 기능을 하는 것인지 잘 알려져 있지 않은 실정이다. 양현미(2005:2)에 따르면 공공미술이란

- 1 -

"지역공동체와 함께 만들어서 공공에게 개방된 장소에 설치하는 모든 종류의 미술"을 말한다. 그렇다면 지역 공동체와 함께 만들고 향유되는 미술인 공공미술은 구체적으로 어떤 기능을 하는 것일까? 이 보고서에서는 공공미술의 사회적 기능과 역할에 대해 살펴본 후 공공미술이 발전할 수 있는 가능성을 모색해 보고자 한다. 이를 위해 이 보고서에서는 기존의 자료들을 검토하고 정리하여 발전 방안을 제안하도록 하겠다.

2. 공공미술의 사회적 기능

공공미술은 시간의 흐름에 따라 기능이 확대되어 왔다. 기존의 공공미술의 기능은 새로운 기능을 개척하는 데에 영향을 미치기도 했다. 이 보고서에서는 공공미술의 사회적 기능을 크게 세 가지로 나누어서 살펴보고자 한다.

2.1. 미적 가치 창출

(중략)

4. 결론

지금까지 공공미술의 사회적 기능과 발전 가능성에 대해 살펴보았다. 이 보고서에서는 기존 연구를 통해 공공미술의 사회적 기능에는 미적 가치 창출, 공공장소의 활성화, 도시 재생의 기능이 있다고 보았다. 또한 앞으로 공공미술이 더 발전하기 위해서는 국가 차원에서 중장기적인 계획을 수립할 필요가 있으며 정부와 지방단체, 민간이 서로 협력하여 통합 정책을 마련해야 한다고 제안했다. 이와 함께 지역 공동체가 주체적, 자발적으로 계획하는 프로젝트의 중요성도 제안해 보았다.

이 보고서는 최근 주목받고 있는 공공미술에 대해 기존 연구 자료를 꼼꼼히 검토하였으며 실제적인 발전 방안을 여러 차원으로 제안하였다는 데에 의의가 있다. 시간적인 문제로 설문조사나 인터뷰 같은 현장 조사가 추가로 이루어지지 못한 점은 한계라고 할 수 있다.

세계적으로 많은 나라와 도시들이 지역 개발과 환경 보호라는 두 마리의 토끼를 모두 잡을 수 있기를 원하고 있다. 이런 상황에서 앞으로 공공미술은 지역 공간 환경의 질적 수준뿐만 아니라 사람들의 삶의 질을 높이는 데에도 기여할 것으로 보인다.

이러한 공공미술의 기능이 실제적인 혜택으로 이어지기 위해서는 국가와 공동체, 개인 차원에서의 구체적이며 체계적인 노력들이 더 많이 시도되어야 할 것이다.

- 6 -

〈참고문헌〉

양현미.『공공미술 중장기 발전방안』. 서울: 한국문화관광정책연구원, 2005.

Malcolm. M.『미술, 공간, 도시: 공공미술과 도시의 미래』. 1997. 박삼철 역. 서울: 학고재, 2000.

Suzanne. L.『새로운 장르 공공미술: 지형그리기』. 1994. 이영욱, 김인규 역. 서울: 문화과학사, 2010.

김민경.「'서울은 미술관' 국제컨퍼런스, 공공미술을 통한 도시재생…13, 14일 개최」. 문화뉴스, 2016년 12월 3일.

오상도.「예술 입은 거리 통하겠습니까?」.『서울신문』, 2013년 10월 30일. 21면.

- 7 -

(1) 보고서의 첫 페이지에 포함된 정보는 무엇인가?

(2) 보고서에서 사용된 서론, 본론, 결론의 전형적인 표현은 무엇인가?

(3) 참고문헌 목록은 어떤 순서로 정리되었는가?

연습하기 1

✔ 배운 표현을 사용해 서론과 결론 쓰기를 연습해 보자.

1. 다음의 과제에 대한 서론을 쓰고자 한다. 주어진 내용을 적절한 표현을 사용하여 써 보자.

> 한국의 국민참여재판, 이대로 좋은가? 국민참여재판의 현황과 개선 방안에 대해 쓰라.

(1) 보고서의 목적

내용: 국민참여재판의 의의와 문제점을 알아보고 개정 방향을 제시함.

→

(2) 현황

내용: 시민참여로 사법절차의 신뢰성과 사법의 민주적 정당성을 고취시키기 위해 2008년 1월 1일부터 국민참여재판이 시행되었음.

→

(3) 문제 제기

내용: 배심원 선정, 배심원의 평가 결정, 경제적 · 시간적 부담 등의 문제점이 있음.

→

(4) 연구 방법

내용: 기존의 연구들을 정리함.

→

2. 주어진 결론의 내용을 적절한 표현을 사용하여 써 보자.

(1) 내용 요약

내용: 국민참여재판의 주요 내용과 문제점에 대해 알아봄. 개정 방향을 제시함.

→

(2) 의의

내용: 기존 연구를 꼼꼼히 살피고 현실성 있는 개정 방향을 제안함.

→ ....

....

....

(3) 한계

내용: 다른 나라의 사례 조사가 부족함.

→ ....

....

....

(4) 전망 및 제언

내용: 국민참여재판이 적용될 수 있는 범위가 더 커질 것이라고 봄. 제시한 개정 방향이 한국의 국민참여재판에 실제로 반영되기를 기대함.

→ ....

....

....

3. 위의 내용을 바탕으로 정확한 표현을 사용하여 서론과 본론을 완성해 보자.

(1) 서론

대한민국 헌법 제1조는 "모든 권력은 국민으로부터 나온다."이다. 이는 국민이 국가의 일에 직접 참여할 수 있는 권리를 가진다는 것이다. '국민의 형사재판 참여에 관한 법률안'도 이와 같은 맥락에서 마련된 것이며 이것이 구체적으로 실현된 것이 바로 국민참여재판이다.

(2) 결론

지금까지 한국에서의 국민참여재판의 주요 내용과 문제점에 대해 살펴보고 개정 방안에 대해 제시하였다. 이 보고서는

연습하기 2

✔ 다음의 과제에 대한 보고서를 쓰고자 한다. 참고자료를 찾아 인용하여 한 편의 보고서를 완성해 보자.

> 대학생의 자기효능감은 대학생활적응에 어떤 영향을 미치는지 정리하고 자신의 대학생활에서 자기효능감의 영향이 가장 크게 작용하는 부분이 무엇인지 쓰라.

1. 이 과제의 핵심어와 핵심 내용은 무엇인가?

2. 이 과제는 어떤 유형의 보고서로 쓰는 것이 좋을지 생각해 보자.

3. 어떠한 내용으로 글을 구성할 것인지 생각해 보고 개요로 정리해 보자.

서론	
본론	
결론	

4. 개요에서 참고자료의 인용이 필요하다고 생각되는 부분을 찾아 표시해 보자.

5. 다음은 과제와 관련된 참고자료의 목록이다. 아래의 목록을 포함하여 다양한 참고자료를 찾아 읽고 인용할 부분을 선별해 보자.

김아영 편. 『학업적 자기효능감』. 서울: 학지사, 2007.

김용래·유효현. 「자기효능감과 수업동기 및 학교생활적응간의 관계 탐색」. 『인문교육』 10(2002): 93~115.

문영애. 「자아개념과 자아효능감 및 학교적응간의 관계」. 2001. 홍익대학교 석사학위논문.

Albert Bandura. 『자기효능감과 삶의 질』. 1997. 박영신 역. 파주: 교육과학사, 2001.

6. 개요를 바탕으로 주제에 맞게 초고 쓰기를 해 보자.

7. 인용할 부분이 더 있는지 읽어 보고 추가로 참고자료를 찾아서 필요한 내용을 인용해 보자.

8. 보고서의 전형적인 표현이 잘 사용되었는지 확인하며 초고를 다듬어 보자.

9. 옆 사람과 쓴 글을 바꿔 읽어 보자. 글을 읽으면서 아래의 항목을 충족하고 있는지 평가해 보자.

- 글에 과제의 핵심 내용이 포함되었는가?
- 서론, 본론, 결론의 내용과 표현이 적절한가?
- 참고자료의 내용이 글의 흐름에 맞게 인용되었는가?
- 보고서의 제목과 목차, 참고문헌이 잘 작성되었는가?

10. 자신이 쓴 글을 다시 읽어 본 후 개선해야 할 부분을 고쳐 써 보자.

자기평가

✓ 자신이 이 장의 내용을 잘 이해했는지, 배운 대로 글을 쓸 수 있게 되었는지 아래의 질문에 답해 보자.
• 한 편의 보고서를 완성하는 과정을 이해할 수 있었는가?
• 보고서의 형식에 맞게 글을 쓸 수 있었는가?
• 서론·본론·결론에 맞는 내용과 표현을 쓸 수 있었는가?

외국인을 위한 대학 한국어 2
비판적 읽기와 학문적 글쓰기

초판 발행 2017년 3월 7일
개정판 1쇄 2019년 3월 7일
개정판 3쇄 2026년 3월 10일

지은이 고려대학교 기초교육원
사고와표현 교재편찬위원회
펴낸곳 고려대학교출판문화원
www.kupress.com
kupress@korea.ac.kr
(02841) 서울특별시 성북구 안암로 145
Tel 02-3290-4230, 4232
Fax 02-923-6311
찍은곳 네오프린텍(주)

ISBN 978-89-7641-928-6 03710

값 18,000원